MINSU SHUZIHUA YUNYING YU GUANLI

民宿数字化运营与管理

主　编　乔海燕　刘晓琳　高英英
副主编　张国丽　王　瑾　冯英梅

立体化教学资源

北京·旅游教育出版社

图书在版编目（CIP）数据

民宿数字化运营与管理 / 乔海燕，刘晓琳，高英英主编. -- 北京 : 旅游教育出版社，2024.3
ISBN 978-7-5637-4648-4

Ⅰ. ①民… Ⅱ. ①乔… ②刘… ③高… Ⅲ. ①旅馆－服务业－网络营销－高等职业教育－教材 Ⅳ. ①F719.2

中国国家版本馆CIP数据核字（2024）第025303号

民宿数字化运营与管理

乔海燕　刘晓琳　高英英　主编
张国丽　王　瑾　冯英梅　副主编

责任编辑	陈　志
出版单位	旅游教育出版社
地　　址	北京市朝阳区定福庄南里 1 号
邮　　编	100024
发行电话	（010）65778403　65728372　65767462（传真）
本社网址	www.tepcb.com
E - mail	tepfx@163.com
排版单位	北京旅教文化传播有限公司
印刷单位	北京柏力行彩印有限公司
经销单位	新华书店
开　　本	710毫米×1000毫米　1/16
印　　张	14
字　　数	208 千字
版　　次	2024 年 3 月第 1 版
印　　次	2024 年 3 月第 1 次印刷
定　　价	59.80 元

（图书如有装订差错请与发行部联系）

《民宿数字化运营与管理》
编委会

主　　编： 乔海燕　刘晓琳　高英英

副 主 编： 张国丽　王　瑾　冯英梅

参编人员： 章郑程　李　朋　林冰洁

前言 FOREWORD

随着“微度假”成为大众旅游消费新诉求，乡村民宿迎来黄金发展期。民宿作为一种具有当地特色和独特体验的住宿选择，在旅游市场中备受游客青睐，成为很多都市人出行的住宿选择，发展前景广阔。为此各地文旅部门多措并举积极推动民宿提质升级，培育文旅消费新热点，浙江、北京、四川、广东等地民宿逐步呈现出“集群化、品牌化、多元化”的特点，民宿成为当地住宿业的重要组成部分和游客度假休闲的选择，为乡村旅游高质量发展注入新的活力。面对新的市场环境和消费需求，民宿行业也遇到了极大的挑战，民宿数字化转型，是提升民宿品牌效应、推广与收入结构优化及提升员工服务质量和工作效率的有效策略和措施。

本教材的编写团队成员经过精心挑选，以嘉兴职业技术学院、山东旅游职业学院、湖州职业技术学院具有丰富教学和实践经验的“双师型”教学团队为主体，还包括多名在民宿业具有数十年实战实验的经营管理专家。多元化的专业背景使得本教材具有较为全面和丰富的内容，并充分考虑了职业院校教学的需求。同时，教材在编写过程中，充分体现了民宿服务乡村振兴、建设宜居宜业和美乡村的理念，聚焦乡村旅游产业发展和文化传承，切实推动乡村旅游业高质量发展。综上所述，本教材具有以下三个方面的特点：

第一，理念新颖，产教融合更加突出。本教材在编写过程中，以国家甲级民宿无它心舍、乙级民宿那年晚村为案例，在实践教学环节中充分体现了产教融合的特点。教材内容重点阐述民宿数字化运营和管理方面的知识，5G、大数据等新技术在运营经营与管理领域的场景应用与创新实践，既强调民宿企业要抓住数字化、网络化、智能化的发展机遇，同时还要坚持“游客至上、以人为本”的服务理念，帮助民宿业实现“智慧化”的跃迁，更加契合未来中国民宿业转型与变革的现实需要。

第二，实战性强，充分体现可读性和趣味性的特点。教材逻辑脉络清晰、内容丰富、启发性强、实战性强。既体现出民宿数字化运营与管理高屋建瓴的前瞻性战略思维，同时又具备战术层面的知识干货，内容涵盖民宿运营和管理的各个流程环节，对民宿行业的数字化转型提供了行之有效的实践策略与方法。教材内容穿插大量民宿数字化经营的实际案例与典型经验，可读性和趣味性较强，并为学习者链接了民宿发展的历史、社会特点、政策动态等相关信息，以满足不同层次读者的阅读需求。

第三，新形态教材，理实结合，在线资源丰富。本教材根据职业院校学生特点创新教材形态，理论与实际相结合，配套一体化的在线教学资源，包含文字和视频。可通过扫描二维码在线学习，在提升学习兴趣的同时，也提供了更多自主学习的空间。本教材可作为中高职旅游类专业教学用书，也可作为职业本科教学参考用书，同时也可供相关从业人士作为业务参考用书及培训用书。

本教材由嘉兴职业技术学院乔海燕老师牵头负责统稿并制订大纲体例。编写团队各成员分工合作如下：项目一“民宿数字化运营认知”由冯英梅、章郑程老师负责，项目二“民宿服务数字化与管理”由乔海燕、刘晓琳老师负责，项目三“民宿人才数字化培养”由乔海燕、李朋老师负责，项目四“民宿产品智慧化开发与设计”由张国丽老师负责，项目五“民宿数字化营销”由章郑程老师负责，项目六“民宿数字化运营”由乔海燕、林冰洁老师负责，项目七“民宿安全数字化管理”由王瑾、刘晓琳老师负责。教材在编写过程中江西省乡村民宿协会专家姜军、那年晚村民宿高英英女士、无它心舍民宿杨诗兵先生提供了相关案例和图片资源。此外，本书的顺利完成还要特别感谢旅游教育出版社。正是因为全体编写人员的共同努力以及诸多教师和专业人士的支持，本书才得以顺利完成。

需要特别指出的是，本教材的贡献在于对民宿数字化运营与管理的相关核心工作内容进行了梳理，对民宿数字化运营的基本技能进行了归纳。但由于信息技术的高速发展，民宿数字化运营和管理的理念、手段及方法时刻都在发生变化。后续本教材也会通过各方努力不断完善课程的在线数字化教学资源，及时动态更新实训任务。由于编写团队水平有限，书中还有诸多不完善之处，恳请各位老师指正，欢迎联系本人（qiaohaiyan0906@163.com）。

主编：

目录 CONTENTS

项目一　民宿数字化运营认知 …… 1

任务一　民宿数字化概述 …… 3

任务二　民宿数字化运营 …… 8

任务三　数字化时代的民宿发展 …… 15

项目二　民宿服务数字化与管理 …… 23

任务一　民宿服务数字化 …… 26

任务二　民宿接待服务 …… 29

任务三　民宿客户关系管理 …… 52

项目三　民宿人才数字化培养 …… 59

任务一　民宿管家的岗位职责 …… 62

任务二　民宿特色活动策划与服务 …… 66

任务三　民宿管家的数字化提升 …… 75

项目四　民宿产品智慧化开发与设计 …… 83

任务一　民宿智慧化产品开发 …… 87

任务二　民宿智慧化场景设计 …… 95
任务三　民宿智慧化体验设计 …… 100

项目五　民宿数字化营销 …… 115
任务一　民宿品牌 IP 化 …… 118
任务二　民宿数字化营销技能 …… 123
任务三　民宿数字化营销策略 …… 140

项目六　民宿数字化运营 …… 149
任务一　民宿 OTA 核心及订单管理 …… 152
任务二　民宿 OTA 平台数据分析 …… 168
任务三　民宿 OTA 运营竞争力提升 …… 172

项目七　民宿安全数字化管理 …… 193
任务一　民宿安全管理概述 …… 196
任务二　民宿安全应急管理 …… 201
任务三　民宿网络安全管理 …… 208

参考文献 …… 216

项目一 民宿数字化运营认知

项目导读

本项目主要介绍了民宿数字化的概念、特征及民宿数字化转型的举措。在“互联网 +”时代背景下，民宿数字化运营的发展现状，包括民宿业发展的特点、民宿品牌传播的主要模式，并且对民宿信息管理系统的应用也进行了描述。最后，就数字化时代民宿的发展特点进行了归纳总结。

素质目标

1. 具备“乡村振兴，守住乡愁”的社会责任感。
2. 坚定文化自信的理想信念和智慧化的思维意识。
3. 养成严谨的工作作风，树立匠人精神。

知识目标

1. 掌握民宿数字化的概念、特征和发展举措。
2. 掌握民宿数字化运营的发展现状。
3. 了解数字化时代民宿的发展特点。

能力目标

1. 能够掌握民宿数字化转型的相关举措。
2. 了解民宿信息管理系统的应用。
3. 能够具备民宿数字化运营的思维和素质。

思维导图

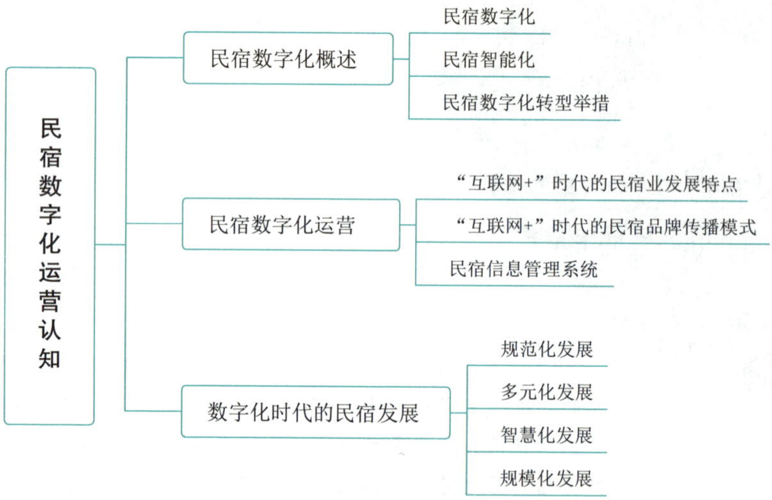

【案例导入】

公众接受度和消费意愿越来越高，民宿行业前景可期

作为一种新兴的非标准住宿业态，民宿对传统标准酒店住宿业起到明显的补充作用。美团民宿交易额占美团酒店交易额的比例约为4.8%，且整体呈现上升趋势。从各省份民宿交易额看，广东省民宿交易份额占据首位，占全国市场的11.6%，交易额排前10位的省市依次为广东省、北京市、四川省、江苏省、山东省、陕西省、重庆市、上海市、浙江省、湖北省，上述10省市交易额占全国民宿市场交易额比例超过65%。

数据显示，2019年民宿预订以女性消费者为主，占比达55.7%。从民宿产品用户年龄层分布来看，40岁以下人群占整体消费者比例达到86.2%，可见国内民宿产品受众偏向年轻化，其中“90后”是民宿消费的主力军，订单量占比约达58.9%。从消费品类偏好看，用户在住民宿期间，消费餐饮品类的比例约占30.8%，消费非餐饮品类的比例约占28.2%，这说明民宿消费对其他品类的消费具有带动作用。

微课视频 1-1：民宿数字化管理与运营

资料来源：四川人民网2020年2月5日

【想一想】

民宿业的数字化转型对于提高民宿服务质量、拓展民宿市场和增加民宿竞争力具有哪些重要意义？

任务一　民宿数字化概述

一、民宿数字化

随着人工智能、5G、物联网等科技领域的技术发展，科技赋能美好生活，人们已经从各个渠道、场景逐渐感受到智慧化生活的便捷。尤其是后疫情时代，人们对于品质生活有了更高的要求，消费场景正在被重塑，各行业的服务观念也转变为数字化、智慧化、定制化。对文旅民宿行业来说，数字化、品牌化转型升级更是逐渐成为应对新形势下激烈市场竞争的重要一环。

数字化时代，很多民宿企业开始利用数字化技术推广民宿产品，这种方式能给游客带来更直观、更立体、更真实的体验感。利用互联网和新媒体运

营手段，让每一个民宿成为一个“微店”，通过“一宅一品一主人”的运营理念，形成“民宿＋服务＋产品”的完整产业链。在实现用户数字化、产品数字化、场景数字化的基础上，对会员进行精准营销，将有效产品及时推送给客户。通过数字营销，游客可以线上选择一系列量身定制的服务，这既提高了游客的满意度与重视度，也带动了民宿产业的可持续发展。

综上，我们认为民宿数字化，是指以大数据为依托，以消费者为中心，通过精细化数据运营全产业链，以提升运营效率、服务效率和营销效率，将资源合理利用，打破数据壁垒，真正让数据赋能于民宿，根据数据来调整定价、市场拓展以及线上营销等，从而提升经营效能。

二、民宿智能化

世界形势日新月异，住宿行业亦是如此。由于行业特性，一直以来住宿业更偏重于面对面的交流和服务，而科技正在改变着这一切。在内外部环境剧变的情况下，住宿业开始拥抱数字化大趋势。

酒店行业率先开启数字时代，已经有越来越多的酒店开始加装各项智能设备，使用酒店机器人、自助式入住系统，以减少客人在入住期间不必要的社交，并在特殊时期降低运营成本。通过系列的智能设备，可减少运营成本并挖掘更多数据以为客户提供精准服务。

而民宿作为一种非标住宿产品，往往更看重情怀和服务。在日渐增加的家庭游、自助游中，出行群体也更看重高品质的服务，好的服务感受往往可以弥补硬件上的不足。

（一）民宿智能家居系统

提升智能服务、打造消费场景、提供个性化服务成为民宿行业的新风口。民宿内高科技的智能家居系统也在不断使用中。

1. 智能锁

配备智能锁可以帮助民宿减少烦琐的钥匙管理，实现一人一密码，提高客人的居住体验和安全性。客人无须携带钥匙，通过指纹密码锁即可开锁。同时客人离开后只需更换密码删除指纹即可，无须重新配钥匙。

2. 智能插座

可一次满足 N 个需求的智能插座，还具备定时充电、远程控制超强功能。雷雨天也不用怕客人忘了关电源。

3. 智能灯泡

可以通过手机应用进行控制，也支持物联网连接，还能根据不同时间、不同场景和对照明效果的要求进行微妙的调节，以增加民宿整体体验感。

4. 智能魔镜

“魔镜魔镜，今天谁最美？”“今天谁变得更健康？”伴随这样的智能语音播报，可每天给予用户温暖，在乎用户的出行，更送上订阅内容，不落下重要信息，手指轻松一滑，功能应用尽展眼前。

5. 燃气泄漏探测器

堪称“厨房小卫士”的燃气泄漏探测器可自动监测民宿室内（如厨房等）燃气泄漏程度，还能联网报警系统、智能通风或关闭气源，从而有效避免因燃气泄漏造成突发事故。

6. 智能摄像头

这是安装在室外实现手机远程监控、自动抓拍报警等基本防盗功能的。除此之外，它还具有远程视频、双向语音对讲等实用功能，让客人和服务人员实时沟通。

7. 智能影音

智能影音结合了传统家庭影院的功能，又融合了智能家居系统的实用功能，让民宿瞬间变成影院，但使用方法却化繁为简。

（二）智能民宿的优势

如今的智能化民宿更多的是代表了一种全新的生活模式，它应该是“智会”型民宿。其中，“智”指的是设置一整套智能化体系，打造智慧版民宿；“会”指的是“会生活”，民宿要让客人享受不一样的生活体验。智能民宿的优势如下。

图 1-1　可带给客人不一样生活体验的民宿——钓源“十里芳菲”
（图源：江西省乡村民宿协会）

1. 不破坏硬装，安装简便

智能家居系统的安装并不会破坏民宿原有的硬装，也不需要安装大型设备，就能够确保民宿完整的安装使用。

2. 防盗完善，安全性强

通过智能家居系统，能随时监控民宿的安全状况。而住客也能够通过对状况的判断来选择开启防卫、报警或者解除提示等。

3. 随时上手，使用便捷

智能家居系统，可用最简单的方式实现家居的智能化操纵，易学易用。

4. 满足观感享受，提升居住体验

高科技感十足的智能门锁、窗帘、空调等家电设施，智能洗浴功能的“魔镜”，富有设计感的装修风格，这些不仅能满足客人视觉上的观感享受，更能够大幅提升其居住体验。

拓展阅读 1-1：民宿经济 + 数字经济

三、民宿数字化转型举措

民宿数字化转型需要从营销、服务、管理等多个方面入手，积极引入新技术和新模式，不断优化和提升民宿的运营效率和质量。

（一）建立数字化营销体系

不少地方政府在智慧旅游规划中布局了第五代移动通信（5G）、大数据、云计算等技术，利用数字化技术建立酒店和民宿的营销体系，包括官网、OTA 渠道、社交媒体、电子邮件、短信等多种渠道，在发布气象预警、道路通行、游客接待量等实时信息上和旅游产品推介销售上有一定应用，以便更好地推广和销售民宿的产品和服务。

（二）实现服务数字化

通过数字化技术提高民宿服务的质量和效率，例如对灯光、窗帘、引导、互动电视、卫浴、机器人问答服务、监控等进行数字化植入，以入住客人的便捷、隐私、品质服务为核心，简化程序，以提升宾客的体验和满意度。

（三）引入智能化设备

引入智能化设备，例如智能音箱、智能照明、智能空调等，以提高民宿的智能化程度和宾客的舒适度。

（四）建立数字化管理体系

整合利用公域和私域流量，开发民宿小程序和主流网络平台旗舰店，通过数字化技术建立民宿的管理体系，包括数字化采购、数字化仓库、数字化物流等，推动民宿服务和销售的数字化，以提高民宿的管理效率和质量。

（五）实现能源管理智能化

通过数字化技术实现民宿的能源管理智能化，包括能源监测、控制和优化等，以降低能源成本并提升宾客体验，提升民宿营收能力。

（六）建立数据分析系统

通过数字化技术建立数据分析系统，利用 OTA 平台和其他主流网络平台对宾客数据、经营数据等进行深入分析，开发对应产品，改变营销策略，增强针对性和有效性，以支持民宿的决策和优化。

【课中训练】

时代发展过程中，民宿也在不断地发生变化。嘉兴有一家获得国字号认证的民宿——那年晚村坐落在桐乡市乌镇镇虹桥村，民宿主人是土生土长的乌镇人，对民宿怀着深厚的感情。2017 年 5 月，民宿主人将原来的村舍改建成民宿，借助邻近乌镇景区的优势，积极挖掘地方民俗文化，将其成功打造成为具有江南地域特色的民宿样板。那年晚村曾在 2019 年获评浙江省金宿级民宿。整个民宿用竹编篱笆和绿植与周围楼房分隔开来，虽然在视觉上还是无法完全规避周围的民宅，却也别有洞天。民宿装修风格清新自然，用树干做成的隔断、纯白的墙面、大量的木质元素和大面积的落地窗，一进入就能让人自然而然地放松下来。傍晚时分，灯光点点，景色更是别致，大家围坐在泳池边，烛光晚餐配着露天电影，喝酒谈天，在家门口也能拥有向往的生活。民宿主人让这里有了家的感觉，他们会向游客推荐乌镇当地的文化旅游资源和特色产品，游客游玩归来后，和民宿主人聊聊当地的风土人情，尝尝餐厅的特色美食，让旅程也有了更多归属感。

受疫情影响，生意惨淡。为了维持民宿的日常开销，民宿主开始在民宿里做起了“下午茶”生意。近年来，求婚、生日、纪念日、聚会、结婚等各类活动正在持续“升级”。“我就利用民宿的内部环境和条件，接一些商拍和户外策划类活动，尽可能减少损失。”民宿主告诉记者，停业期间，自己就在思考如何提升服务质量，可以让民宿在眼下这个特殊时期维持下去，“后来开始提倡在户外比较安全，所以我就抓住了这一点，利用民宿的场地优势，开展户外活动。”

结合所学知识，谈一谈那年晚村的数字化“出圈”之道。

任务二 民宿数字化运营

一、"互联网 +"时代的民宿业发展特点

(一)文化与旅游深度融合，民宿应运而生

旅游业进入发展新阶段，个性化旅游正取代传统的团队旅游，成为越来越多追求旅游质量的消费者的选择。旅游业正逐渐进入内容为王的时代，这也意味着旅游产品间的竞争，将不是价格战而是品牌战、品质战，有温度、有特点的旅游产品将在旅游业发展中受到热捧。

微课视频 1-2:民宿数字化运营现状

有专家表示，未来在文化与旅游的深度融合中，打造更多具有本土特色、更多原创性的旅游产品，将是中国旅游吸引全球游客、打造全球影响力的重要保障。从旅游到享受，从游览到生活，不少人已经将旅游视为转换生活方式的行为，因此，体验感强，深入人心，有感情、有温度的民宿产品更是游客所追求的。

(二)民宿经济与互联网结合，前景无穷

民宿的迅速崛起，和互联网旅游经济的快速发展，为民宿经济的互联网化准备了条件，"互联网 + 民宿"开始逐渐发展起来。在移动互联网的大趋势下，自 2011 年开始，包括民宿在内的非标准住宿领域内的一些专业的预订平台开始集中出现。通过互联网，游客可以在出发前了解各个城市和景区的民宿情况，利用网络支付手段，提前预订客栈民宿，并安排好以民宿为中心或节点的旅游路线和计划，与原来通过互联网来预订机票、酒店、景点门票等一样方便。

图 1-2 途家民宿预订网络截图

无论是携程、去哪儿、同程等 OTA 巨头，还是新兴的马蜂窝、淘在路上等平台，其移动端的表现都实现了爆发，"互联网 + 旅游"显出威力。无论是行前预订、行中购买、行后点评，在手机移动端应用快速发展的今天，都变得比以往更为容易。游客对移动端的接受度已经得到了提升，让人看到了移动端的趋势所在。

表 1-1　部分民宿互联网平台和网站

平台	介绍
途家网	途家网是一个定位于中高端的品质服务公寓预订平台，为旅行者提供旅游地度假公寓的在线搜索、查询和交易服务，旨在为旅行者提供优质的度假体验以及灵活的闲置资产托管增值服务。其度假公寓采用酒店式管理和服务，创造集酒店、家庭为一体的住宿环境。途家网强调居家体验、物超所值、房型多样、自在私密的特点，适合全家行、自由行、深度旅行和休闲养老。
KEYS	“互联网 + 民宿”平台的 KEYS，将自己定位为国内个性化住宿方式的定制者。“KEYS？今晚睡哪儿”系列产品服务，搜罗设计师的民宿，让游客能够在各种风格的房间里体验各种不同的设计味道。KEYS 在上海、北京、广州、厦门等全国六个城市都有独特的民宿提供，通过互联网，全国用户都可以方便预订到有特色的民宿居住。 KEYS 给客人提供的差异化体验让稍高的价格也显得物超所值：既保持好玩有趣的设计感，又支持民宿的社交氛围；比精品酒店价格更亲民，还比普通旅舍更轻奢舒适。
番茄来了	“番茄来了”免费客栈管理系统创立于 2013 年。“番茄来了”推出了供应商开放平台，吸引本地消费的各类供应商加入平台，将供应商的产品公开展示出来，实行透明返佣政策。同时，引入客栈民宿经营者的实名制评价，让客栈经营者能找到质量可靠、收益可靠的旅游产品，推荐给其客人，或者和其他房间打包做个性化旅行套餐。通过平台的强大议价能力，客栈经营者可以获得比以前更高的收入，对于供应商来说，信息化平台大大缩减其拓展成本，开发的评价系统也将促进其产品品质和服务水平的不断提升。 “番茄来了”聚力打造聚合平台，将房间和周边产品打包，通过数量众多的客栈小平台提供丰富的旅游产品套餐，以吸引更多的客人到店入住。通过抓取各个客栈平台提供的高性价比产品，做每天的精品推荐，以此为休闲度假游客提供“个性化的客栈住宿 + 高品质的本地游玩”的旅游体验。

（三）线上线下联动，民宿持续升温

民宿想要实现“升温”，不仅要民宿提升服务质量，更需要从预订开始贯彻民宿产品的独特性，线上预订平台与线下民宿服务相结合。线上平台主要强调与住客的互动。如国内小猪短租标榜的人情味，木鸟短租的地主之谊标签，都将民宿的人文内涵实体化或者概念化，突出民宿服务。平台助力民宿还可以对优质民宿予以页面突出位置，线上引导民宿主提升服务质量，增加增值服务与人文性服务。除了在房源上努力之外，平台的服务同样也很重要，木鸟短租 24 小时的客服服务，小猪与途家、木鸟短租网站的保险服务都是典型案例。

当然，除此之外，平台更应该摸索更多的个性化服务。例如平台针对家庭游客用户，在筛选时可以加入老人、儿童同游选项。针对追求个性化体验或者社交需求的用户可选择床位、沙发等选项，让住宿不仅仅是住宿，变成一种旅游体验。让民宿住宿不是变相地租住酒店，而是更有体验感、更有意义的旅行活动。

【课中训练】

民宿的“新潮”是不断与互联网相结合，在这个时代大背景下，那年晚村借助临近乌镇景区的优势，成功打造成为具有江南地域特色的民宿样板，它在与互联网结合方面是怎么做的？

微课视频 1-3：乌镇乌村民宿模式介绍

图 1-3　具有江南地域特色的民宿（图源：那年晚村）

二、“互联网 +”时代的民宿品牌传播模式

（一）纯预订平台模式

纯预订平台模式是指只为民宿主与住客搭建沟通、预订和交易的平台，如蚂蚁短租、游天下、美租网都是这种模式，平台主要通过向民宿收取交易佣金营利。这种模式的特点是轻资产化，可辐射的范围较大，但是缺点在于难以对服务品质实现有力把控。

（二）自建平台模式

自建平台是将包租来的房屋整改成民宿产品提供给用户，线下服务和运营全部由专业的预订平台来完成，这是一种比较传统的非标准住宿运营模式，它具备丰富的房务租赁和管理经验，但是线上平台获客能力相对不足。

（三）预订 + 自建平台模式

预订 + 自建平台模式的代表企业包括 HomeAway、途家、爱日租等，这些企业既做交易平台，同时介入线下民宿的管理，不但建立自营品牌，还为异地民宿主提供入户管家服务和托管服务。其盈利的来源是向民宿收取教育佣金和托管费。

（四）预订 + 增值服务模式

预订 + 增值服务的代表企业是去哪儿网旗下的去呼呼，它不仅是一个民宿产品的销售平台，还提供信息管理系统和智能门锁帮助民宿主通过物联网远程管理自己的民宿客房。其研发了一年多的智能门锁是其核心竞争力，住客可以通过“一客一密码”的方式，凭密码、身份证打开房间，为消费者提供了更好的安全保障。

（五）合作派单模式

合作派单模式是介于自营业务和平台业务之间的模式，既拥有自己的民宿产品，也拥有民宿主的房源。但不同于预订 + 自建平台模式，该种模式会向民宿主的产品植入标准化，消费者在线上检索到的民宿客房已经是完成标准化配置的房间。如安途短租是合作派单模式的典型代表企业，它通过标准化配备方案和培训，帮助民宿主销售房间，同时收取 12%~15% 的交易佣金。

三、民宿信息管理系统

（一）民宿信息管理系统建设的意义

在不断的自我发展和自我迭代当中，旅游行业必须要面对不断增大的客流量与更多的日常事务处理的困扰。在中国旅游业迅速发展的前提下，民宿与酒店行业对于日常管理的需求也水涨船高。为此，涌现出了一批优秀的酒店管理系统（Property Management System），以解决日益增长的订单数量与低效的管理方式之间的矛盾。“订单来了”正是其中的佼佼者之一。借助酒店管理系统，民宿可以方便快速地管理日常订单与收银情况，生成完整的数据资料与财务报表，对接各类线上 OTA 同步实时房态库存。

酒店管理软件的使用，标志着民宿进入了智慧化时代，民宿的管理与营销能力也因此获得了提升。通过使用优秀的酒店管理软件，不仅提升了客户的入住体验，也促使民宿行业从业人员，为旅游行业整体赋能，提质增效。

1. 将民宿管理人员从低下的沟通效率与烦琐的工作流程中解放，提升整体运营效率

民宿前台可以将客人的预订信息、订单来源与客户信息同步录入系统之中，并且在移动端与电脑上随时查看。民宿的客房打扫人员也可以根据入住退房情况对客房进行清理。民宿中的其他业态（如餐饮、商超、娱乐与其他资源）都可以实现与房态关联同步，借此完成账款的统一收取与管理。毫无疑问，这将大大优于原始的纸笔记录情况，前台在工作中对客户与订单可以处理得更加游刃有余。

2. 完美衔接线上预订平台，做到房态的实时互通，快速接单与账务管理

在使用酒店管理系统之前，民宿前台必须要到各个 OTA 后台对客户的订单判断接单或拒单，同时手动同步本地房量的剩余库存。在接入酒店管理系统的 OTA 直连功能之后，系统自动根据房量库存判断是否接单，同时关闭各个直连渠道的不可售房间。这个功能极大地减少了前台日常工作中的重复操作，也提升了订房客户的使用体验。

3. 为民宿运营带来信息化赋能，将经营过程中的销售与库存做统一管理，做到来去皆有记录

酒店管理系统将每一个订单和业务进行数据化记录，随时随地可以查看某个订单的实时情况（包括收银情况、订单状态与操作记录等）。也正是由于完整的记录，将极大地减少飞单漏单的风险。同时部分酒店管理软件支持进销存管理，对于民宿的餐饮与小商品销售的记录，为民宿副业的创收提供数据支持。

4. 为管理层运营提供数据基础，为财务提供翔实可靠的报表

酒店管理软件改变了民宿难以处理财务问题的困境。在此之前，财务需要从前台收入每一笔钱款，同时做好当天的入住情况与其他业态销售订单的记录，并将每一笔收入与订单完成匹配。整个过程低效且容易出错。在酒店管理软件接入之后，财务仅仅需要将钱款与系统自动形成的报表进行比对，每日的审核过程轻松便捷。民宿管理层可以通过订单数据对民宿的运营情况进行分析，在宣传营销方面做出更好的决策，提升民宿的整体盈利能力。

5. 提升民宿的销售及营销能力，解决售房难问题

由于酒店管理软件的使用，系统的实时房量可以随时与任何营销渠道进行对接，实现任何流量平台的直接变现。对于民宿未来的房量可以通过预售券形式进行售卖，进一步通过酒店管理软件提升淡季入住率，进而提升民宿整体运营能力。例如，目前手握巨量流量的抖音等平台，民宿也可以通过部分酒店管理软件实现抖音卖房。

6. 提升民宿融资能力，提供数据背书

通过日常工作的信息化，民宿的运营情况将不再是纸面的简单营收情况，而是有着全面的数据支持。酒店管理软件对接的相关金融运营服务，可以在大数据背景中，为民宿提供一站式的资金解决方案。

7. 为民宿业培养与储备人才

人员的流动与招聘，一直是民宿业时常面临的问题。通过标准化的酒店管理软件的使用，民宿前台人员的工作负担会减轻，效率会进一步提升。同时，由于工具对于人的塑造作用，在标准化地使用系统的过程中，会涌现出一批拥有一定技能储备的优秀人才，在不同工作场地都能随时发挥作用。酒店行业也会因此整体受益，为行业的提质增效迈出坚定的一步。

（二）常见的民宿信息管理系统

随着民宿市场的不断发展，民宿不再是一个非住宿载体，而成为一个多业态运营的综合体。不断涌现的优秀民宿品牌，都迫切地需要提升客人入住体验，以及塑造自身市场品牌形象，以拓展更多售房渠道。

在这个大背景下，民宿管理系统与时俱进，同步更新就显得异常重要。目前常见的民宿管理系统有："订单来了"、云掌柜、去呼呼、客栈通、"番茄来了"等。其中，"订单来了"因其更适合民宿灵活的经营业态，且在营销管理功能上的创新，成为品牌民宿的首选。现已与国内各大民宿连锁品牌建立起合作伙伴关系，目前客户数量已有上万家。且在国内民宿的头部客户中有较大影响力。其中西坡、大乐之野、原舍、呆住等一线民宿品牌均是其合作客户。

不少民宿管理系统在处理日常订单中以房态为主要业态，其他业态在产品设置中仅仅作为住宿业态的附属，这样一来便无法满足民宿日渐增长的全面发展的需求。相比而言，"订单来了"在产品设计时就着眼于多业态，为每一个业态都提供了健全实用的功能，充分满足民宿各种形式的业务开展。同时，多维度的报表数据更完整、清晰地呈现民宿的生意脉络，多业态的消费数据在会员管理上也更有参考价值。

【拓展阅读 1-1】

"订单来了"

如今，对于民宿来说，"订单从哪里来"始终是头号难题。"订单来了"是一款针对民宿类型酒店的云端服务器 PMS 管理软件。通过"订单来了"，民宿酒店可以统一管理住宿、餐饮、商超等业态的日常经营，获取完整健全的统计报表与日常经营数据，建立与客户消费行为强相关的会员系统，享受方便、高性价比的直销渠道以及与民宿经营过程中整个产业链相配套的各种增值服务。商户除了在“订单来了”上可以对全经营业态建立完整的管理与检测体系，还可以依凭系统内沉淀的数据完成数据授信，进行资金的募集；可在营销管理板块进行渠道直连及分销管理，如上线国内主要OTA渠道，如抵房券的售卖，快速回笼资金，或者在新媒体流量（如抖音、支付宝）上创建直销链接，完成房源的快速高效分销。其主要功能包括：

1. 多业态协同管理

“订单来了”支持多业态（包括住宿、餐饮、商超、娱乐、资源等经营类别）联合协同管理。各个业态的订单均可以单独下单，同时也支持多个订单联合收银。通过PC端与App端，在各个业态岗位的员工可以随时查看订单的状态并做出相应的操作，管理员也可以通过权限的分配限制每个账号可操作的业态，达成精细分工的管理目的。

2. OTA 渠道直连对接

“订单来了”提供与国内主流OTA平台（携程、去哪儿、艺龙、Airbnb、飞猪、途家等）进行直连绑定，也支持与自媒体渠道（几何文化、知宿、借宿、一田一墅、维拉度假等）进行直连绑定，而且可直连渠道方在持续扩展中，同时提供上直连渠道的指导与排名搜索优化服务。

3. 报表数据统计

订单来了提供实时变化的可视化数据报表与专业的统计报表，同时兼容满足民宿主对“方便快捷地查看报表”与“专业的财会报表”的不同需求，部分报表也支持在App端查看。在报表逻辑上，让民宿主不再囿于夜审等传统PMS的局限，灵活可变而准确的报表能极大地帮助民宿主随时掌握民宿的经营信息和财务信息，从而为经营决策提供依据。

4. 会员管理

“订单来了”提供全面实用的会员功能。会员体系包括可根据会员消费情况自动升级的会员体系与客户可购买相应权利的会员卡体系，这两个体系中民宿主可以自由地定义积分、充值规则与可支付项目等相关方案。通过系统中搭建会员体系，可以有效地帮助民宿提升客户黏性，快速回笼资金与收集客户信息。

5. 微官网直销

“订单来了”提供免费的在线订房直销功能。客户可以在微信公众号直接进行客房与其他业态的餐饮、商品和娱乐项目预订。完成预订后，订单来了可自动生成相应订单并完成关房操作，防止超订等情况出现。通过这项功能，民宿主可以有效地转化微信公众号以及各个渠道的流量，实现低成本流量变现。

6. 集团网络连锁管理

“订单来了”提供连锁民宿的集团管理功能。在集团版中可以实现中央预订并向门店派单，可统一管理整个品牌的会员资源，与统一制定会员规则，并以整个集团为维度生成相应报表。通过集团管理功能，民宿主可实现跨门店订单、会员管理，获得集团总体经营的整合报表。

7. 预售分销管理

“订单来了”提供与系统强关联的分销预售功能。民宿主可以自行设置分销的提成比例与有效时间，方便其邀请微信用户成为自己的分销商。同时，民宿主可通过“佣金来了”将房源和相关资源打包形成预售券，通过分销预售淡季房源的形式，解决淡季销售的民宿难题。分销商可以自行在微信公众号“佣金来了”上对自己的分销提成进行提现。

资料来源：洪涛，苏炜 . 民宿运营与管理［M］. 北京：旅游教育出版社，2023.

任务三　数字化时代的民宿发展

一、规范化发展

（一）政府规范引导民宿发展

近年来的各项旅游政策均有提到鼓励特色民宿行业的发展。在未来，政府宏观政策会继续鼓励民宿行业的发展，民宿政策会出现持续利好导向。目前共享经济是大趋势，未来政府也将继续鼓励个人闲置财产的有效利用，支持民宿发展。而地方政府一方面会针对部分饱和民宿市场的恶性竞争问题出台行业相关准则，提高民宿入行标准；另一方面地方政策会去除目前民宿的安全隐患，提出民宿水电、楼层结构和消防等建设新标准。

微课视频 1-4：数字化时代民宿的发展

2017 年，我国颁布了首个涉及民宿的国家行业标准《旅游民宿基本要求与评价》，对民宿的基本资质、安全要求、环境设施、卫生和服务等提出了明确的标准，引导我国民宿业良性发展。2019 年 7 月，国家文化和旅游部又对该标准进行了更新，取代 2017 年版本，更加体现发展理念，并明确了各等级民宿的划分条件。2022 年，国家标准化管理委员会批准发布了《旅游民宿基本要求与等级划分》（GB/T 41648—2022），标志着旅游民宿

拓展阅读 1-2：国家标准《旅游民宿基本要求与等级划分》解读

行业标准上升为国家标准。

当民宿成为旅游业的“风口”，如何才能让其走上规范、科学的发展道路？根据浙江省出台的《浙江省民宿（农家乐）治安消防管理暂行规定》《浙江省人民政府办公厅关于确定民宿范围和条件的指导意见》，乌镇依据上述规定，出台了《乌镇镇民宿管理办法（试行）》，成立了民宿管理工作领导小组，并设立了乌镇民宿管理工作办公室，让民宿发展有了标准“护航”。新政的出台，意味着游客在选择民宿的过程中有了一个具象的参考标准，也意味着民宿经营户在经营过程中有了更加明确的目标，无论是安全还是卫生方面都更有保障。

微视频 1-5：精品民宿鉴赏 1

图 1–4　浙江湖州妙溪民宿

（二）民宿服务规范化

由于民宿大多是业主自主经营，所以不同的业主服务水平就会参差不齐。且由于现在的民宿从业人员大多没有经过专业的住宿业服务培训，使得民宿在卫生清扫、对客服务等方面远远达不到顾客的要求，降低了客人对民宿舒适度的体验。这样的问题已经逐步引起政府和民宿从业者的重视，很多地方成立了民宿学院、民宿从业者联盟来解决民宿从业人员培训的问题。因此，在政府和市场的引导下，民宿主越来越注重服务的规范化，严格控制卫生、安全等关键指标，让房客住得安心，住得放心，住得舒心。

2017 年 10 月 1 日，《旅游民宿基本要求与评价》（LB/T065—2017）的颁布标志着民宿“非标化”自由生长阶段的结束，2018 年是民宿标准化规范化发展的过渡年。随着标准的宣贯，标准化、个性化和一体化发展已成民宿行业的共识。2019 年，文化和旅游部修订颁布了《旅游民宿基本要求与评价》（LB/T065—2019），2022 年，民宿国家标准《旅游民宿基本要求与等级划分》（GB/T41648—2022）发布，这意味着民宿标准体系化建设全面展开。民宿国家标准、行业标准、社团标准、地方标准等各类标准的制定与宣贯，成为旅游标准化的热门领域。

【课中训练】

“智能化和归属感很难并存。”但是住过那年晚村的顾客都说有家的感觉，那么这家民宿是如何做到两者结合并且收获一致好评的？请搜索相关资料进行说明。

二、多元化发展

（一）民宿设计多元化

当代民宿的设计模式正朝着多元化的方向发展，这主要是由于人们对民宿建筑的需求越来越多样化、个性化，因此，设计者在开展民宿建筑设计工作的时候，应当以打造精品民宿作为主要目标，深入探寻当地的文化特色，利用多种多样的地域文化元素，将多样化的民宿设计模式引入其中，让民宿设计类型更加丰富，以便更好地满足人们的需求。

微课视频 1-6：民宿设计

（二）民宿空间多元化

除了设计模式的多元化发展以外，民宿在功能空间上也呈现出多元化的发展趋势，其不再仅仅局限于以往的餐饮、居住功能，而是在尊重旅游者基本住宿、饮食需求的条件下，站在空间布局角度，打造各种功能空间，如阅读、品茶、手工体验等，从而让人们的个性化需求得到最大程度的满足。

（三）民宿功能多元化

随着旅游方式的不断扩展、旅游内容的不断丰富以及人们旅游观念的更新，民宿作为一种较为新颖的、特殊的旅游接待设施，也必然会不断地改变其方式和内容，使之不仅仅是一种旅游接待设施，更成为一种重要而独具特色的旅游吸引物。从低端单一产品、同质化开发、个体经营、分散布点向高级且有特色的休

微课视频 1-7：浙江民宿发展

闲产品、差异化发展、企业操作和集群布局转变。

三、智慧化发展

（一）体验消费智能化

随着移动互联网、AI 人工智能、大数据、物联网等多种新技术日渐成熟，民宿将通过智能门锁、人脸识别、征信识别、个性化定制服务等科技手段，进一步扩大房客的自由空间和使用便利，提高民宿的安全性，同时降低民宿的运维成本。另外，运用成像技术、仿真模拟技术以及计算机和人工智能技术，围绕民宿与其他行业融合的多种边缘与衍生产品将被开发出来，进而提高民宿的高附加值。

借助大数据技术，实现对民宿用户消费行为的精准画像，推送出与需求个性更能匹配的消费产品。通过智能家居、智能预订、智能入住等方式，人工智能将助力民宿打造方便快捷、实用全面的智慧旅游住宿服务，目前，蚂蚁短租等正在进行相关尝试。此外，IOT（物联网）、人脸识别等技术能让消费者在线完成民宿预订、开锁进门、取物消费、退房结账等事项，在终端进行远程遥控与自主操作，由此丰富旅行者的体验度，同时节省民宿人力成本。

（二）营销渠道更加多元化

随着民宿市场的不断发展成熟，民宿预订来源依然集中在以携程为代表的 OTA 类和以途家、木鸟为代表的头部垂直类平台上，且垂直类平台的占比不断攀高，而其他平台订单分散，占比有限。目前出现了“带着宠物去旅行”等新平台，满足了细分市场的个性需求。另外，寻找生机的旅行社大举进入民宿销售，逐渐成为民宿更加重视的销售渠道。还有传统营销手段如高铁站广告，也开始被民宿采用。当前，互联网技术的应用已经非常成熟，通过营销渠道的多元化，可盘活闲置资源，连接供需两端，提供更加精准的信息服务。

（三）品牌传播媒介多元化

微课视频 1-8：民宿短视频内容推广

民宿可以借助现代科技和创新策略，利用互联网技术、大数据技术扩大民宿的客源，提高收益，其主要方式有两种。一是利用社交媒体，通过创建自己的社交媒体账号，如微信短视频、抖音、小红书等，宣传民宿的特色、定价策略、广告活动、服务质量等。二是建立一个美观、易于访问的在线预订网站，在网站上放置有关民宿的详细信息，比如民宿的位置、特色、定价策略、服务质量、设施等，利于提高品牌的知名度，给潜在客户提供更多信息，从而提高营销效果。

四、规模化发展

（一）民宿品牌化、连锁化发展

随着市场竞争的加剧，小规模体量的民宿经营日益困难，主要体现在：一是没有人做民宿公共设施的配套开发；二是单体民宿集合无法解决土地合规、稳定性的问题；三是无法获得资本层面的支持；四是单体民宿各自为政，无法解决营销的问题，从而真正把目的地联合起来营销；五是消费者的体验不断变化，希望体验到配套设施齐全的休闲度假场所等。这些问题如果不解决，单体民宿就容易成为快消品。

经过近十年的探索，目前已有一些具备品牌特征的民宿成长起来，其中有些品牌还具备了对外输出与扩张发展的实力。在民间资本与其他资本多重力量的推动下，出现了母品牌外延出多个子品牌的现象。在我国建设美丽乡村、践行"绿水青山就是金山银山"的大势助力下，原来的农家乐有些已成功转型升级为旅游民宿。

与此同时，有越来越多经营收益较好的民宿不再满足于单体量、小规模和弱收益的现状，进一步打造属于自己的民宿品牌并走向精品化。

（二）民宿集群化发展

除了连锁经营模式外，另有一些民宿以区域集群化经营方式来实现资源共享，即形成"民宿集群"或"民宿联盟"，形成从民宿融资平台、管理平台、预订平台、民宿学院到相关培训、管理、设计咨询公司等完备的民宿产业链，在集群内实现优化分销、媒体运营、品牌传播、会员共享、收益管理等。

在民宿集群带动下的旅游景区开发中，民宿逐渐成为景区的核心吸引力，为当地带来了巨大的经济和社会效益，如莫干山民宿、江西婺源篁岭民宿等，民宿已经成为政府和开发商开发旅游区的有力武器，小民宿撬动大旅游的时代已经来临。通过合理布局和统一规划，民宿集群可以实现专业分工、业务互补、协同经营、整体营销、业务共享。从而带来规模经济的集聚效应，增强其核心竞争力和对目标客源的吸引力。产业要素相关和相关业态集聚而成的民宿产业集群发展模式已经被业界普遍接受，在地方政府的政策引导和着力培育下，将有更多的民宿集群在民宿后发地区涌现。

同时，以民宿集群作为切入点，以"政府 + 文旅平台 + 服务商 + 社会资本"为投资模式的文旅项目也在陆续落地。由政府整合多方资金，推进园区的基础建设；文旅公司负责管理，投资部分引领性项目；服务商协同咨询、规划、运营、推广的整个流程；社会资本通过文旅进行民宿项目投资经营，文旅融合形成产业闭环。

【能力训练】

1. 讨论思考：作为实体民宿，首先要让更多的人知道你在哪，你的风格是什么，经营特色怎么样，可以用哪些新媒体营销手段进行民宿营销以达到事半功倍的效果。

2. 技能实训：学生分组，拍摄一段 10 分钟关于民宿智慧化运营和管理方面的短视频，并进行汇报展示。

实训项目		评分标准	分值	得分
实训内容	民宿智慧化运营和管理的内容体现	学生是否按照规范来开展民宿短视频拍摄		
实训地点	所在地校企合作民宿或所在学校校外的实训基地	校企合作的民宿基地或校外实训基地		
实训设备及材料准备	手机、摄像机、笔记本、笔	材料是否准备齐全		
任务要求	1. 教师对拍摄的视频的要素打分点评 2. 每个小组根据民宿智慧化运营的过程撰写脚本并进行拍摄	1. 拍摄时长是否达到 10 分钟（5 分） 2. 实训短视频脚本撰写情况（30 分） 3. 短视频拍摄的内容是否与主题对应（40 分） 4. 短视频是否有具体的文字、背景音乐等附加信息（25 分）		

【综合实训 1】一景一线——大美中国

任务描述：互联网时代，各大网络平台都是民宿进行宣传的重要渠道，如何利用互联网思维做好客户管理和维护，是每一位民宿经营者都值得考虑的问题。以小组为单位，开展资料搜集，查找网红民宿数字营销的成功案例，并撰写小组案例分析报告。目标市场的确定、设计风格的独特性、提供优质的服务、利用社交媒体进行推广、良好口碑的建立是关键的分析要素。

实训成果评价指标

技能评价表

评分项目	评分标准	分值	得分
主题内容	活动主题的合理性和突出性	30	
活动新颖性	策划活动形式创新性和吸引力	15	

续表

评分项目	评分标准	分值	得分
活动流程	策划活动时间、外部条件、人员安排合理性、考虑到活动经费和应急方案	15	
活动可行性	活动开展可行性	20	
小组评比展示解说	演讲专业程度、语言技巧和非语言技巧，团队合作配合程度和时间分配的合理性	10	
策划案细节	策划案排版工整性、文字编排工整清楚、格式符合要求，文字流畅、条理清楚、逻辑性较强	10	

素质评价表

素质评价表使用说明：按优秀为 25 分、良好为 20 分、一般为 15 分、合格为 10 分、不合格为 5 分五个等级评价。分为学生自评与小组成员互评。

素质评价指标		得分
自评	团队合作精神和协作能力：能与小组成员合作完成项目	
	交流沟通能力：能良好表达自己的观点，善于倾听他人的观点	
	信息素养和学习能力：善于搜集并借鉴有用资讯和好的思路想法	
	独立思考和创新能力：能提出新的想法、建议和策略	
组员 1	团队合作精神和协作能力：能与小组成员合作完成项目	
	交流沟通能力：能良好表达自己的观点，善于倾听他人的观点	
	信息素养和学习能力：善于搜集并借鉴有用资讯和好的思路想法	
	独立思考和创新能力：能提出新的想法、建议和策略	
组员 2	团队合作精神和协作能力：能与小组成员合作完成项目	
	交流沟通能力：能良好表达自己的观点，善于倾听他人的观点	
	信息素养和学习能力：善于搜集并借鉴有用资讯和好的思路想法	
	独立思考和创新能力：能提出新的想法、建议和策略	

续表

素质评价指标		得分
组员 3	团队合作精神和协作能力：能与小组成员合作完成项目	
	交流沟通能力：能良好表达自己的观点，善于倾听他人的观点	
	信息素养和学习能力：善于搜集并借鉴有用资讯和好的思路想法	
	独立思考和创新能力：能提出新的想法、建议和策略	
组员 4	团队合作精神和协作能力：能与小组成员合作完成项目	
	交流沟通能力：能良好表达自己的观点，善于倾听他人的观点	
	信息素养和学习能力：善于搜集并借鉴有用资讯和好的思路想法	
	独立思考和创新能力：能提出新的想法、建议和策略	

项目二

民宿服务数字化与管理

项目导读

本项目首先介绍了民宿服务数字化的优势及建设路径，接着从具体的民宿接待服务，包括前台接待、客房服务、餐饮服务等方面展现了数字化服务的规范流程和质量要求。在此基础上，就与上述工作密切相关的管理工作程序和内容进行了一一对应的详细介绍。

素质目标

1. 培养学生良好的服务意识以及对工作精益求精的工匠精神。
2. 培养学生强烈的职业认同感和专业素养。
3. 培养学生对行业和岗位的热爱。

知识目标

1. 掌握民宿前台、客房、餐厅的服务流程。
2. 掌握民宿数字化建设的基本路径。
3. 掌握民宿督导的基本工作流程。

能力目标

1. 能独立接待住店客人。
2. 能根据不同的住店客人的需求提供不同的增值服务。

思维导图

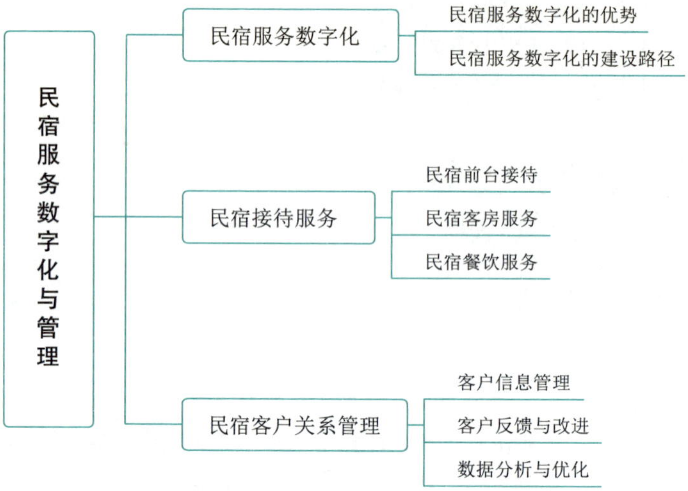

【案例引入】

酒店可以送外卖提升收益，民宿能做什么？

1. 挖掘民宿特色基因，垂直深耕产业链

民宿本身是品牌文化、属地文化等元素融合的产物。其中属地文化是较为独特的组成部分。每一座城市都有其文化属性和特性，通过深耕当地的旅游产业链来降本增效，提升收益才是解决之道。北京知名乡村民宿“隐居乡里”通过售卖民宿自产的特色农产品打造民宿 IP 模式，而“山楂小院”也为自己经营的民宿搭建了线上平台，在自家平台上销售高品质的、富有特色的农副产品。“我们没必要横向发展许多业务，但是可以垂直深耕产业链。”隐居乡里陈长春说。“山楂小院”的山楂汁，现在已成为网红品牌，原本平淡无奇的山楂在乡村民宿场景的衬托下，就显出了别样的滋味。现在山楂的收益已经逐渐超越了客房收益。此举可谓是靠山吃山，借助乡村民宿的乡村基因，布局多条业务线来提升民宿的价值和收益，一举多得。对于城市民宿来说，没有当地农产品可销售，但旅游产品和当地特色产品仍然可以帮助他们打造产业链。民宿主使用“西寓管家”小程序可发布自营餐饮信息或当地的旅游产品。民宿服务无须生搬硬造，依靠当地的旅游价值就可以将民宿产业价值最大化。

2. 民宿服务智能管家，助力收益提升

挖掘出当地的民宿产业链价值，首要考虑的是客户的体验如何。对于选择入住民宿的客人来说，一个完整的旅行体验是需要满足“吃住行娱购游”六大需求的，而民宿常常只提供了其中一二需求，在后疫情时代，“产业链”的发展成为必然的趋势。民宿主可发布各类旅游产品、服务项目，解决客人游玩体验的同时，增加额外收入。在西寓小程序上为客人提供旅游线路、导游服务、门票优惠等，结合民宿自身的特性还可增加餐饮服务、摄影服务、手工课程等。

通过提供旅游服务和当地特色产品等，延续了客人在当地旅游的美好体验，也能增强民宿主与房客之间的互动和黏性。2018 年上线的小程序“西寓管家”旨在帮助民宿主以更便捷的方式建立私域流量，提升客户体验，促进二次消费。借助适当的工具，可以让单体民宿的客人拥有和五星酒店一样的智慧入住体验，住客进店办理入住、客房订餐、定制化度假预订、合作商家推荐、会员申请都可以让客户在线极速完成，有助于提升二次销售体验和建立长期会员关系。通过扫描二维码进入小程序，就可以为客人提供住宿、餐饮、娱乐、购物、文化衍生产品一揽子解决方案，进一步拉长民宿的产业链。

“西寓管家”的价值在于为民宿产业打造一个消费闭环，提升民宿主收益，同时还可以减少对OTA渠道的依赖。让客人变成粉丝，主动为民宿宣传，实现二次营销。行业已经逐步复苏，快速拉高收益弥补亏损，需要将民宿产业多元化，用“民宿+N”模式，给客人一种当地深度的体验，给他们选择民宿而不是选择酒店的理由。避开与酒店的正面竞争，民宿经营者会看到另一片新天地。

【想一想】

除了上述提到的，民宿在提升收益方面还能做些什么？

任务一　民宿服务数字化

随看收入水平的不断提升以及消费观念的持续转变，越来越多的人开始注重服务和体验，民宿的住宿环境、服务水平和质量成为影响人们消费决策的关键因素。同时，供需关系的改变让顾客掌握了交易主动权，很多民宿为了抢夺有限的顾客资源大幅降价促销，使行业竞争日趋白热化。

在此背景下，数字化服务建设被众多民宿视为推动企业转型升级、增强核心竞争力的重要战略。

微课视频 2-1：民宿服务数字化

一、民宿服务数字化的优势

相较于传统的酒店服务来说，民宿服务数字化有以下四大优势。

（一）高效

在民宿服务数字化中，民宿管理将实现信息化、智能化。物联网、人工智能等技术的应用将显著提升民宿的服务效率与质量，帮助住店客人在较短的时间内完成民宿的客房预订、办理入住 / 退房手续等，在降低顾客时间成本的同时，大幅提高民宿的运营效率。

（二）专业

传统酒店管理通过一系列规章流程对员工的日常言行进行严格规范，如果再遇上较为挑剔的顾客，员工将承受着较大的工作压力，引发了员工流动性高、酒店难以留住优秀人才等问题。

新员工经验不足，即便有规章制度的约束，也很难为顾客提供专业化服务。而实现数字化升级之后，在智能软硬件设备设施的帮助下，即便是新员工也能让顾客享受到高质量的入住体验。

（三）精准

以智能机器人为例，智能机器人可以自动存储顾客的个人基本信息、入住需求、入住时的行为和轨迹以及兴趣偏好等，从而为住店客人提供个性化、差异化的服务，实现精准供给。

当客流量较高时，员工因为精力有限可能会出现各种错误，给住店客人的入住体验带来不良的影响，引入智能机器人可以有效解决这一问题。同时智能机器人还能根据其掌握的数据自动生成经营报告，为民宿经营者的经营决策提供科学指导。

（四）个性

在消费需求日趋个性化的今天，以客人为中心的民宿数字化服务将更加重视满足客人的个性化需求。

在预订、接待、入住、退房等环节，民宿都将根据客人的个性化需求为其创造差异化体验，让客人对酒店保持新鲜感，让客人愿意在社交圈为民宿进行口碑宣传。

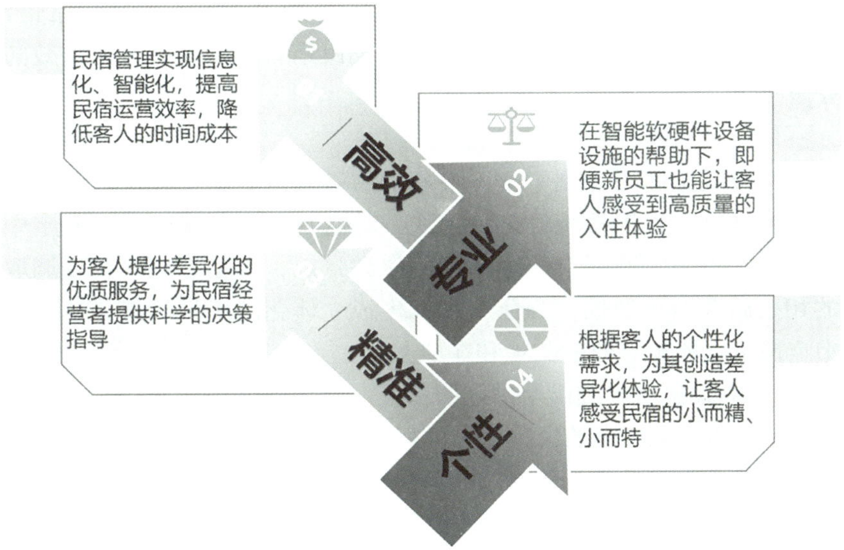

图 2-1　民宿服务数字化四大优势

二、民宿服务数字化的建设路径

（一）顾客入住与退房服务的数字化建设

民宿需要迎合市场的消费需求，积极推动硬件、软件及服务加速融合，引进自动化、智能化技术推动民宿基础服务转型升级，让顾客享受到更加智能化、智慧化的预订与入住服务。除了预订和入住环节外，民宿的客房体验也需要得到数字化的有效改善，例如当顾客在客房休息时，可通过智能音箱对房内的设施设备进行语音控制，查询周边旅游景点，获取本地生活服务等。

（二）客房服务的数字化建设

1. 智能化的客房服务模式

智能管理系统提供了多种客房模式供顾客选择，例如日用模式、夜用模式、游戏模式等，住店客人可以根据自身需求选择差异化的服务模式。不同的服务模式将在灯光、音乐、设备工作状态等方面表现出一定的差异，尽可能地为住店客人提供更加贴心的优质服务。

2. 智能化的客房安全保障

当住店客人办理完入住手续打开房门时，智能客房安全保障系统便会自动启动。住店客人可以通过智能手机、可穿戴设备等与该系统相连，设置客房的温度、灯光等，并实时获取客房的状态信息。当客房出现异常情况时，智能客房安全保障系统将自动向住店客人及民宿管家发送报告，有效防范并应对安全事故。

3. 一体化的旅游场景

民宿系统数据库中存储了全国各地的旅游全景地图，并设置了顾客身份识别、交互系统、反馈系统等多种模块。住店客人在旅游场景体验室中可以佩戴模拟现实设备，选择自己感兴趣的旅游景点，民宿系统将自动调取数据库中的相关旅游最点数据，为住店客人生成立体化的虚拟场景，让住店客人足不出户便可以体验当地的美景和在地文化。

（三）针对顾客需求提供个性化服务

在保证住店客人安全的情况下，民宿可以根据住店客人的需求为其量身定制、设计旅游路线和服务，让客人可以在旅游过程中放松身心，获得舒适愉悦的旅游体验。需要注意的是，负责旅游路线设计的民宿管家必须具备导游从业资质，拥有旅游专业知识和技能，提供智能设备租赁服务。针对那些有特定需求的住店客人，民宿可以开发相应的智能设备。当客人需要租赁智能设备时，由民宿管家将设备送至客人房间，并为客人提供使用指导。这既能为民宿创造新的利润来源，也能彰显民宿温暖、有情怀且人性化的服务理念。

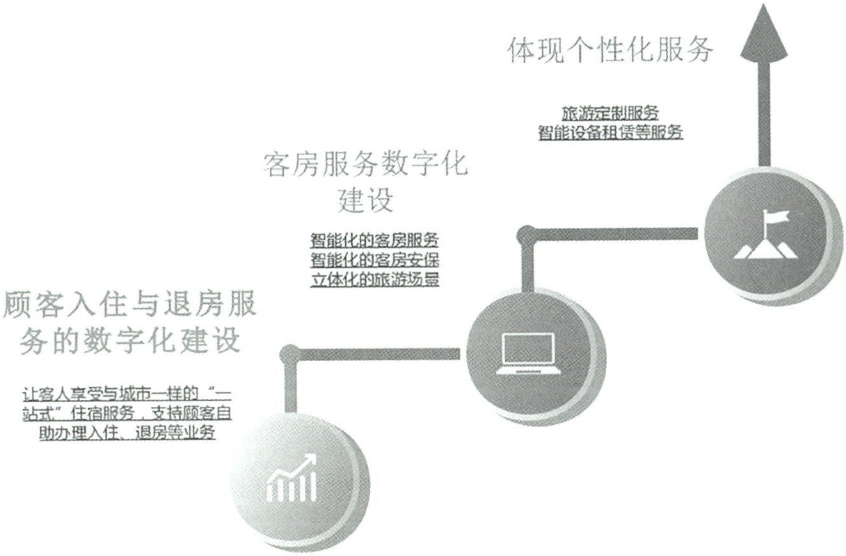

图 2-2　民宿服务数字化的建设路径

【课中训练】

那年晚村民宿集小型私人定制餐、求婚、草坪婚礼、生日聚会、团建等于一体，根据不同的季节和客人的需求，提供丰富多样的场景布置方案和当季新鲜美食。针对那年晚村民宿特点，请思考该民宿该如何提供个性化服务。

拓展阅读 2-1：数字技术让乡村民宿更火了

任务二　民宿接待服务

一、民宿前台接待

（一）民宿前台的重要性

民宿前台在民宿服务过程中占据重要的位置，是民宿业主和服务人员提供服务的重要场所。民宿前台负责联络和协调所有的对客服务，对客人来说，前台一定程度上就代表民宿。所以说，民宿前台是民宿业务对外的窗口，也是整个民宿业务的中心。

微课视频 2-2：民宿接待服务

1. 民宿前台反映民宿的整体服务质量

一家民宿的服务质量和档次的高低，从前台就可以反映出来。这不仅取决于前台的设计、布置、装饰、灯光等硬件设施，更取决于民宿业主和服务人员的精神面貌、办事效率、服务态度、服务技巧、礼貌礼节等。

2. 民宿前台给客人留下深刻的第一印象

民宿前台是客人抵达后最先接触的地方，从心理学上讲，第一印象非常重要，客人总是带着第一印象来评价一个民宿的服务质量。此外，客人离开民宿也是从前台离开的，最后印象在客人脑海里停留的时间最长，离店时民宿业主和服务人员的服务质量会给客人留下深刻的印象。

3. 民宿前台具有一定的经济作用

民宿前台可以提供邮政、快递以及叫车等服务，直接取得经济收入；或是提供其他非标准化服务，例如临时接驳、娱乐项目、餐饮小吃等。前台销售工作的好坏直接影响民宿接待客人的数量。

4. 民宿前台具有协调作用

民宿前台在很大程度上控制着整个民宿的经营活动，由前台发出的每一条指令和信息，都将直接影响民宿服务人员对客人的服务质量。因此，在前台的民宿业主和服务人员必须认真负责、一丝不苟，并经常联络其他服务人员，保证整个民宿服务正常运转。

5. 民宿前台的工作有利于提高决策的科学性

民宿前台是整个民宿的信息中心，所收集、加工和传递的信息是民宿业主进行科学决策的依据。民宿业主通过对信息的科学分析，可以提高决策的科学性，例如通过客人的预订信息来决定下一阶段房价的高低，通过客人的消费习惯决定下一阶段活动的安排等。

图 2–3　南昌周边设计师民宿村头芳 · 正好小筑（图源：江西省乡村民宿协会）

6. 民宿前台是建立良好客户关系的重要环节

民宿为客人提供一系列服务，但是服务的好坏是由客人进行评价的，评价的标准就是客人的满意程度，建立良好的客户关系有利于提高客人的满意程度，争取更多的老客户，从而保障民宿的经济效益。因此，接触客人最多的前台就成了建立良好客户关系的重要环节。

（二）民宿前台的服务内容

1. 销售客房

销售客房是民宿前台的首要任务。客房虽不是民宿的全部产品，但是其销售收入占据着相当大的比重。同时，客房商品具有不可储存的特点，因此，能否有效地推销客房，将很大程度上影响民宿的经济效益。民宿前台客房销售主要由以下两方面的工作组成。

（1）预订销售。预订是前台管理和服务的中心环节之一，通过预订可以保证客源。前台一般会负责客房预订服务。订房是否成功往往取决于前台服务人员的主动推销意识、推销技巧以及对客房产品的熟悉程度。预订销售包括网络预订和电话预订，并以网络预订为主，辅以电话咨询。

（2）接待销售。民宿前台对未经预订而直接抵店的客人销售客房，这样的情况较少，但也存在。服务人员在接待这类客人时，需要表现出强烈的服务意识和良好的推销能力，在客人感到宾至如归、温馨舒适的同时，适时向客人推销客房或其他服务产品。对于已经预订了客房的客人来说，主动介绍民宿其他服务项目，会对客人的消费产生刺激和导向作用，形成二次推销。这种促销行为及结果会提高民宿的综合效益。

2. 提供综合服务

作为直接向客人提供各类服务的前台，其服务内容包括迎送宾客服务、行李服务、邮件服务、电话总机服务及接受和处理投诉服务等基本服务，以及整个民宿的特色服务，如民宿主题服务、游览介绍服务、民宿购物等。这些服务的核心思想是，在完成前台各项基本服务的过程中，促使前台积极协调其他环节的服务，如客房服务、餐饮服务等，共同构成民宿的整体服务，表现为“服务链条”的紧密衔接，避免推诿、扯皮等现象；强调“服务到位”，使民宿给客人留下深刻印象。

3. 提供信息服务

民宿前台是汇集客人活动的场所，在此民宿业主和服务人员与客人保持着最多的接触。因此应随时准备向客人提供其所需要和感兴趣的信息资料，如交通、餐饮、购物等方面详细和准确的信息，并在显眼的区域放置或公布相关信息，使客人感觉到温馨、方便。另外，前台作为信息传递中心，要及时准确地将各种信息加以处理，传递给其他管理部门，为其经营决策提供参考依据。

4. 协调对客服务

民宿服务是既有分工又有协作、相互联系的有机整体，民宿服务质量的好坏取决于客人的满意程度。客人的满意程度是客人对民宿每一次具体服务所形成的一系列感受和印象的总和。在对客人服务的全过程中，任何一个环节出现差错，都会影响到服务质量，影响到民宿的整体声誉。民宿前台在统一协调对客服务的过程中发挥重要作用，如介绍客人对客房和对活动的个性化需求等，方便其他部门提供及时的服务。

5. 控制客房状况

在协调客房销售与客房管理方面，前台应提供准确的客房信息，防止过度超额预订，避免工作被动。另外，前台应及时向客房部通报实时和未来的预订情况，便于其安排卫生计划或调整劳动组织工作。正确反映并掌握客房状况是做好客房销售的先决条件，也是前台管理的重要目标之一。

6. 管理客账

民宿前台为登记入住的客人提供一次性结账服务，为客人建账、记账，并为离店客人办理结账、收款或转账等事宜。前台可以在客人预订客房时商定并建客账（收取定金或预付账），也可以在客人办理入住手续时建立客账。

7. 建立客人档案

民宿前台为来店客人，尤其是常客建立客人档案，记录客人在店期间消费的主要情况及数据，为今后客人再次入住提供服务参考，以提高民宿的销售能力和服务的针对性，赢取回头客。

拓展阅读 2-2：天津市出台《民宿治安管理实施细则》

（三）民宿前台的接待流程

1. 预订服务流程与质量要求

预订是指在客人抵店前对民宿客房的预先订约。预订在得到民宿的确认后，民宿与客人之间便确立了一种合同关系。民宿有义务以预先确定的价格为客人提供希望使用且已得到了民宿确认的客房。

对于客人来说，通过预订可以保证客人的住房需要，尤其是在民宿供不应求的旺季，预订具有更为重要的意义。对于民宿而言，则是便于提前做好一切接待准备工作，如管家的对应安排、设施设备的更新改造、低值易耗品及餐饮的采购等。此外，通过预订还可以使民宿提前占领客源市场，提高客房利用率。

微课视频 2-3：民宿客房预订服务礼仪

图 2-4　民宿前台接待（图源：那年晚村）

（1）预订流程

①接受预订。预订服务人员在接受客人预订时，首先要查阅预订登记单，如有空房，应立即填写预订单，将客人姓名、抵离时间、房间类型、价格、结算方式等各项内容填写清楚；如确实无法满足客人的需求，应对预订加以婉拒，实事求是地说明情况。

②确认预订。民宿在接受客人预订后，服务人员应该立即把客人的预订要求与民宿未来时期内客房的利用情况进行比照，查看是否可以满足客人的要求。如果可以，就必须对客人的预订加以确认。确认预订的方式通常有两种：口头确认（包括电话确认）和书面确认（包括文字确认）。如果条件允许，一般采用书面确认的方式，向客人寄发确认函、邮件或是短信。首先书面确认能使客人了解民宿方面是否已正确理解了预订要求，可以减少差错和失误。其次，可以进一步证实客人的个人情况，如姓名、联系方式等，从而减少客人的各种信用风险。最后，除了复述客人的订房要求以外，还要写明房价、为客人保留房间的时间、预付定金的方法、取消预订的规定及付款方式等，在民宿和客人之间达成书面协议。

③拒绝预订。如果民宿无法接受客人的预订，就应对预订加以婉拒。婉拒预订时，不能简单生硬地回绝客人，而应该主动提出一系列的建议供客人选择，如建议其更改来店日期、变更客房预订数量或是房间类型等。另外，在征得客人的同意后，还可以把客人的信息记录在候补客人名单上，一旦有

空房，就立即通知客人。总之，用建议代替简单的拒绝是很重要的，不但可以促进民宿客房的销售，而且可以在客人心中树立良好形象。

④核对预订。核对工作通常要进行三次。第一次是在客人预计抵店前一个月进行，具体操作是由预订服务人员每天核对下月同一天到店的客人或订房人。第二次核对是在客人抵店前一周进行。第三次核对是在客人抵店前一天进行。在核对预订时，如果发现客人要取消或更改订房，则要及时修改预订记录，并迅速做好取消或更改预订后闲置客房的补充预订。如果变更或取消预订是在客人预计抵店前一天进行的，补充预订已来不及，则要迅速将更改情况通知预订服务人员，将客房对外出售给候补客人。

⑤取消预订。由于各种缘故，客人可能在预计抵店前取消订房。接受订房的取消时，不能在电话里表露出不愉快，而应使客人明白，他依然是受欢迎的。正确处理订房的取消，对于民宿巩固客源市场具有重要意义。客人取消预订时，预订服务人员要做好预订资料的处理工作，如在此之前已将客人的预订情况告知其他服务人员，则应将更新信息重新传达。为了防止客人临时取消预订而给民宿造成损失或使工作陷入被动，民宿可根据实际情况，比如在旺季，要求客人支付一定数额的定金，待客人结账时扣除。

⑥变更预订。预订的变更是指客人在抵达之前临时改变预订的日期、人数、要求、期限、姓名和通信工具等。在接到客人要求改变预订的申请后，预订服务人员首先应查看预订记录，是否可以满足客人的变更要求。如果能够满足，则予以确认。同时，修改有关记录。如在此之前已将客人的预订情况告知其他服务人员，则应将更新信息重新传达。如果不能满足客人的要求，则将民宿空房类型与有空房的日期告知客人，并协商解决。

（2）预订任务

①检查控制预订过程。掌握预订的信用、担保、未到失约处理及相关政策和规定，受理预订的取消和变更事宜，并及时将这些信息传递给前台接待及相关服务人员。

②完成客人抵店前的准备工作。检查并核实近期抵达民宿的客人名单，尤其注意常住客及会员的信息，将有关资料转交给前台接待及相关服务人员。

（3）预订要求

①语言规范。民宿是民宿业主和服务人员与客人直接接触，并为客人提供服务的处所，为体现“客人至上”的原则，应该采用礼貌规范用语，展示民宿的文明风貌。

②接待热情。预订服务往往是预先与客人接触的服务，预订服务人员应提供主动热情的服务，尽量满足客人的要求，真正体现“想客人之所想，急

客人之所急”的服务理念。

③工作认真。预订工作的整个过程十分烦琐，任何一个环节出错都会导致整个预订工作的失败，给民宿造成不良影响。因而，预订服务人员在工作中一定要细心、准确地记录客人的订房要求，并注意与其他服务人员的沟通，加强检查，避免差错。

④恪守信誉。在民宿预订流程实际操作过程中不可避免地会出现一些问题。民宿业主应该正视客人的权利，立即查找原因而不是互相推诿。因民宿本身造成的失误应该积极承担后果，恪守承诺，给客人满意的答复，做好记录，避免再次发生。

2. 接待服务流程与质量要求

接待服务是民宿对客服务的重要组成部分，在很大程度上体现民宿的对客服务质量。民宿接待服务主要由民宿业主或服务人员完成，接待服务自预订服务后开始，至客人离店后结束。

（1）前期服务

民宿业主和服务人员根据客人预订资料中关于抵店日期、特殊要求等内容，要做出提前安排，比如做好事先排房、准备礼品、提前通知、预约交通等工作，使准备工作周到、细致，并为下一阶段的服务奠定良好的基础。在前期服务中需要确认客人的对应管家，对应管家与客人直接联系，并完成前期沟通服务。如客人对民宿周边游览有个性化需求，应尽量满足客人的要求。

（2）抵店服务

民宿业主或服务人员根据前期服务中得到的接待信息提供抵店服务，主要包括接送服务、迎客服务、行李服务等。

（3）接送服务

服务人员在进行接送服务时，首先要着装整齐，如有规定的制服需穿着统一制服。提前在事先商定好的地点等候客人，并随时保持联系。成功对接客人时，应面带微笑、全神贯注，对于客人提出的疑问，应如实准确地回答。

（4）迎客服务

如客人直接抵店，服务人员应提前在门前迎客，向客人点头致意，表示欢迎。如客人乘坐汽车，则应迅速走向车边，微笑着为客人打开车门，向客人表示欢迎，并协助客人卸下行李，带领客人前往民宿前厅。

（5）行李服务

客人要求寄存行李时，首先询问是否有贵重物品和易碎物品，如果有，礼貌地请客人自己保管好。对于易碎物品，应小心轻放。请客人填写“行李寄存牌”，并提醒客人此为领取行李的凭证，领取行李时，核对“行李寄存牌”的信息，证实准确无误后，将行李交给客人。

3. 入住服务

无论是对已办理预订手续的客人，还是对直接抵店的客人，都要依照国家住宿业管理的法律法规，办理入住登记手续。由于民宿已经掌握办理了预订手续客人的个人资料，因而可以提前办理入住登记手续，使客人到店时经查明客人身份证件后，可以很快入住，缩短在前台的滞留时间。对直接抵店的客人，服务人员在排房过程中，应进一步了解清楚客人对所需房间的要求，在客人办理完入住登记手续，得到入住权利后，即表明客人的入住期间服务正式开始。

4. 离店服务

（1）办理结账离店手续

客人在办理离店手续时，服务人员按账户设定、付款方式、预付款存额等情况，经核实后打印账单，在客人确认无误后，签名再予以收款。

（2）主动征求客人意见

服务人员在客人即将离店之时，主动、诚恳地征求客人需见，并请客人对服务的不足之处予以谅解；同时感谢客人的光临，这是二次推销，培养“忠诚客户”。

（3）送客服务

根据客人离店的时间和去向，主动了解客人需求，及时安排服务人员，优先照顾老弱病残客人以及妇女和儿童，最后道别祝愿客人旅途愉快，并欢迎客人再次光临。

【课中训练】

任务 1　制订一项民宿特色迎宾服务

项目	内容
项目背景	
任务要求	
评价标准	
完成评价	

任务 2　针对不同类型的客人以及民宿特色，编制一条欢迎短信

项目	内容
项目背景	
任务要求	
评价标准	
完成评价	

任务 3　制订个性化的叫醒服务

项目	内容
项目背景	
任务要求	
评价标准	
完成评价	

二、民宿客房服务

（一）民宿客房的重要性

客房是民宿的主体部分，是民宿向客人提供住宿和休息的主要设施，为客人创造清洁、舒适、安全、私密、温馨的休息环境。

1. 客房是民宿运作的核心

我国民宿客房的建筑面积一般占总体面积的 70%。并非所有的民宿都提供早餐或康乐服务、管家服务，但是，客房服务却是不可或缺的。

2. 客房是民宿最主要的收入来源

客房是民宿最核心的产品，是主要的创收部门，民宿市场报告显示，客房的营业收入约占整个民宿营业收入的 60%。客房在初期建设时投资较大，但耐用性强，纯利高。客房部的有效管理及与其他部门的相互合作，将提高民宿收益。

3. 客房是影响民宿声誉的重要因素

客房是客人入住期间逗留时间最长的场所。而且民宿的公共区域卫生服务一般也由客房工作人员承担，对客人的入住体验影响最大。所以，客房的设施

及服务水平往往是客人评价民宿的主要因素，代表着整个民宿的质量和水平。

4. 客房是民宿固定资产的主要载体

民宿客房内的固定资产占总资产的80%~90%，客房里有主要的设施、家具、物品等。对楼层、公共区域、客房内的设施设备的日常保养及维护工作是客房部的重要任务，能够尽可能地延长资产的保值期限。

图 2–5　民宿客房（图源：那年晚村）

（二）民宿客房的服务内容

客房服务是民宿服务的重要组成部分。民宿客房的服务内容要完整、全面，否则将会直接影响客人的入住体验，出色的民宿客房服务会给客人的入住体验产生积极影响。

1. 布草服务

布草泛指现代民宿里跟“布”有关的东西，包含床上用棉织品和卫生间、盥洗室用针织用品及公共区域用纺织品等。

（1）布草的分类

根据布草的用途，可分为卫生间布草、床上布草和其他布草。

卫生间布草：地巾、浴衣、方巾等；

床上布草：床单、床罩、枕套、褥垫、被套、床裙等；

其他布草：沙发套、纱窗帘、遮光窗帘、帷幔、公共区域的餐巾等。

（2）布草换洗的原则

民宿的布草应时刻保持无瑕无污、外观整洁、不褪色、松软适宜、无异味、与客房整体布置相协调。客房内布草除约定的外，应每天全面整理一次，隔日或应需求随时进房整理床上用棉织品，客用品和消耗品补充齐备并做到每客必换。

（3）布草的配备

客房布草的配备数量与民宿档次有关。高等级民宿的布草配备定额一般为 2.5~3 套 / 间，其中一套在客房使用，一套在洗衣房，另外一套在库房。而普通民宿一般按 1.5~2.5 套 / 间配备。民宿布草库存不宜多，为防止库存时间过长而造成自然损耗，各种布草的损耗情况并不完全一样。此外，有的布草可以改制再利用。

2. 卫生保洁服务

（1）厅堂

厅堂是民宿客人活动的主要场所之一，同时也是客人最先看到和感受到的场所，还是进出最繁忙的公共区域。因此，对厅堂的卫生保洁至关重要，厅堂卫生的好与坏可直接反映出总体的管理水平，反映出整体卫生质量和服务人员的工作质量，所以任何档次的民宿都不可忽视对厅堂的卫生保洁工作，它是保洁工作中较为重要的一个内容。

（2）楼道与楼梯（电梯）

与厅堂一样，楼道与楼梯（电梯）也是客人使用频繁的场所。经过每日大量的客人使用后，都会造成卫生的污染，这就需要公共区域清扫员每天进行及时的清扫，保持楼道与楼梯（电梯）的清洁和卫生。

（3）餐厅

餐厅作为客人的用餐场所，每餐饭后都会使地面、墙面、餐台、餐椅等的卫生状况受到破坏。餐饮场所的卫生要求较高，需要及时地清洁与维护，要做到每餐后清洁，每天夜间进行全面的、有计划的清洁工作，使餐厅内随时保持最佳的卫生状态。

（4）客用卫生间

过去卫生间往往不被人们重视，卫生状况不尽如人意，是客人投诉的主要内容。随着旅游业的发展，对卫生间的清洁程度越来越重视。卫生间内设备的档次越来越高，卫生保洁投入的也越来越多，它已成为公共区域保洁工作的一项重要内容。

（5）庭院

庭院保洁是民宿的一项重要工作。庭院包括车道、车场、绿地、花园等。庭院是客人和服务人员途经、逗留和休息的场所。庭院的卫生工作是由公共区域清扫员负责的。其主要工作内容有卫生清洁工作和绿化工作，有对绿地的养护，也有对绿地内的卫生的维护。庭院的清洁是公共区域保洁工作不能缺少的内容。

3. 物资管理服务

民宿物资主要分为以下三种：第一种，设备包括家具、地毯、电器设备、卫生设备、安全装置等物品；第二种，物料用品包括床上用品、卫生间用品等物品；第三种，低值易耗品包括宣传册、文具等用品。民宿不同于酒店，低值易耗品的采购主要根据民宿主人的理念进行。

4. 客房预订服务

民宿的客房预订是指在客人抵店前对民宿客房的预告订约。民宿的利润收入靠的是成功地出租客房，让宾客使用民宿的其他设施。客房预订服务可以开拓市场，稳定、提高客房出租率；可以掌握客源动态，预测民宿未来业务。

（1）客房预订服务

①了解宾客需要及客人情况。预订人及宾客姓名、联系电话、到店及离店时间、要求的房间类型及间数、房间价格及附加服务。

②查看房态。检查房间状况。

③接受预订。确认书里要有说明民宿保证类预订和预订未到的收费规定。

④复述核对订房。将下载的订房信息输入电脑，确保电脑中有预订信息，信息输入准确。

⑤发出订单。回复确认，发出订单。

⑥留存资料。按照预订的到店日期存放在资料夹中，以便查找订房资料。

（2）入住准备服务

①确认客人订单后，第一时间找到客人联系方式，加客人微信。

②搜集客人资料。包括告知客人已经预订成功；询问客人出行有关信息：乘坐的交通工具；到达的时间；出行目的，是旅游、商务还是度假等；是否有孩童或者老人；饮食方面有哪些禁忌；有没有行程安排。

③告知客人其他相关信息，给客人发送民宿地图信息及乘车信息。如果客人自驾游，需告知客人行车路线。

（3）引领客人进房服务

①引领客人进房。在客人左前方或右前方约一米处引领客人，途中介绍民宿情况，热情回答客人的问题；到房门口后，告知客人这就是他的房间，用客人的钥匙将门打开；打开房门后，退到门边，请客人先进房间。

②介绍房内设备设施。视情况向客人简单介绍客房（如客人比较疲劳或熟悉客房设施设备，则不需介绍）；告诉客人联系方式，以便有事联系。

③做记录。在“管家服务日报表”上做好记录。

表 2-1　管家服务日报表

管家服务日报表	
日期：	管家姓名：
项目内容	管家签名
迎送宾客	
客房服务	
宾客拜访	
投诉处理	
其他工作	

5. 住店服务

第一项：开夜床服务

为了让客人有一个舒适的睡眠环境，一些高档的民宿为客人提供开夜床服务。夜床服务主要包括三项工作：房间整理、开夜床、卫生间整理。开夜床服务程序如下：

（1）进入客房

①按进房程序进入客房；

②如客房有“请勿打扰”标志，不能进房。

（2）开灯。逐一开亮房灯，检查是否正常。

（3）拉窗帘。拉上厚薄两层窗帘。

（4）开夜床

①双床间住一位客人，一般开临近卫生间的那张床，折角开向靠床头柜一侧；住两人则各自开靠床头柜的一侧；

②大床间住一位客人，开有床头柜一侧，住两人则开两侧。

（5）放置晚安卡等物品。将晚安卡、遥控器、拖鞋放在规定的位置。

（6）打开电视开关。检查电视频道设定是否正确，音像是否清晰，并将电视调至规定的频道。

（7）收集烟缸及杯具

①将脏烟缸放入卫生间备洗；

②杯具最好采用更换的方式。

（8）收集垃圾

①收集房内垃圾，将垃圾倒入大垃圾桶内；

②清洁垃圾桶，更换垃圾袋。

（9）整理客房。整理客房内零乱的物品，使之归位。

（10）补充客用品

①补充房间客用消耗品；

②如有加床，需按规定添加客用物品。

（11）整理卫生间

①清洗烟缸，擦干后归位；

②清洁客人用过的卫生间；

③将防滑垫平铺在淋浴间地面上；

④如果是浴缸，将浴帘拉开 2/3，浴帘底部放入浴缸内，将地巾展开，平铺在紧靠浴缸的地面上；

⑤补充卫生间消耗品。

（12）自我检查。检查有否遗漏之处。

（13）关灯离房

①客人不在房间，关灯（保留床头灯），关门离房；

②客人在房间，则需礼貌地向客人道晚安后退出房间。

（14）填写报表。按要求填写“管家服务日报表”。

第二项：加床服务

加床服务是民宿提供的服务项目之一，通常分加成人床与婴儿床。加成人床服务程序如下：

（1）做好记录。接到加床服务通知后，服务员应在工作单上做好记录。

（2）准备物品。将添加的物品送至客房。①如客人在房内，主动询问客人，按客人要求摆好加床；②如客人无特别要求，将加床放在规定的位置。

（3）铺床。按铺床程序铺好床。

（4）添补客用品。按要求添补杯具、茶叶及卫生间客用消耗品。

（5）关门离房。将门轻轻关上。

（6）填写报表。按要求在工作单上做好记录。

加婴儿床服务程序如下：

（1）做好记录。接到有关加婴儿床服务的通知后，应立即做好记录。

（2）加放婴儿床。①将婴儿床放在房间适当的位置；②按要求铺床。

（3）补充客用品

提供婴儿床服务的客房应增加以下客用品：儿童香皂 1 块，沐浴液 1 瓶，小方巾 1 条，脸巾 1 条，儿童牙具 1 套，儿童拖鞋 1 双。

（4）填写报表。按要求在工作单上做好记录。

第三项：租借物品服务

除提供给客人最基本的住宿条件以外，民宿还需购置一定数量的常用物品以满足客人租借的需求，其中可供客人租借的物品通常有充电器、旅游洁具包、台灯、婴儿洗澡盆、防过敏枕头、接线板等。

租借物品服务程序如下：

（1）做好记录。问清客人要求租借的用品，在“管家服务日报表”上注明物品名称、编号和租借时间。

（2）将物品送进客房。①将客人租借的物品送至客人房间；②根据情况向客人演示物品的使用方法。

（3）收回被借物品。客人退房时，及时收回租借物品。

（4）清洁、消毒租借物品。清洁、消毒租借物品，然后放回原处。

（5）离店服务。做好结账工作和送客服务工作，给客人留下良好印象。

（三）民宿客房服务的工作流程与要求

民宿客房服务水平往往是客人评价民宿的主要因素，代表着整个民宿的质量和水平。民宿客房服务内容多样，涉及多种因素，因此，要稳定地提供优质的客房服务，既要明确民宿客房服务要素，又要有完善的服务流程和标准。

1. 民宿客房服务要素

民宿客房服务既要把握要点，又要重视细节。通过必要的遮光、隔音和服务的分寸保证安全与私密。

制定并执行统一的标准保证服务的规范性，根据服务对象的不同灵活应变；通过严格的标准和检查保证满足客人对整洁舒适的需求。

降低损耗，保护环境，引导绿色住宿。

通过周到、细致的服务提供客人满意的住宿环境。

（1）安全与私密

①遮光帘。增强客房舒适度，保证客人起居方便和睡眠质量，应配备洁净的窗帘，有效防止阳光直射并起到一定的遮挡室外视线的作用。窗帘具有隔热、遮光、吸音等功能，与客房整体布置相协调。

②客房隔音。人耳常用声音范围的声压级在 40~80dB，超过这个范围将会有不适感，甚至造成耳的损伤。就民宿客房而言，噪声控制在 35dB 左右，客人的主观感觉非常安静；45dB 左右感到较为安静。超出上述范围，客房声音环境的舒适度将受到影响。

③客房服务。客房服务人员未经客人同意不能随意进出客房，尽可能地少打扰客人；客房内物品不随意移动，尊重客人的隐私权。

（2）规范与应变

客房服务需具备规范的服务操作，确保每个独立客房的服务都具有统一的标准。除了保持客房内的清洁、安全外，还要对整个民宿的环境卫生、装饰绿化、设备保养和布草、制服的洗涤、保管及式样设计负责。

同时，面对不同的客人，因其需求、偏好、习惯的差异，在客房休息、会客、娱乐等的情况也有所差异，使得客房服务人员需具备较强的应变能力。客房服务人员涉及的工作内容繁多，工作空间广泛。另外，客房的服务对象是来自各地千差万别的客人，要使他们在入住的短暂期间保持满意难度相当大，这都导致了客房服务的不可控制。

为了保证服务质量，民宿业主要充分调动民宿管家和其他服务人员的积极性和主动性，随时处理客人的临时要求和突发事件。

（3）整洁与舒适

对民宿客人而言，干净整洁与否是评价一家民宿好坏的第一要素。清洁能够使人保持身心健康、舒适愉悦，随后才得以体验民宿的其他特质。反之，使人产生焦虑、不安的情绪，降低对民宿其他品质的感受。一家民宿是否干净、是否整洁并不是只看家具上面有没有灰尘，地上有无垃圾，还有更多的因素会影响到客人对民宿洁净程度的认识。

（4）绿色与可持续

客房产品的生产成本在整个民宿运营成本中占有较大比重，例如，能源（水、电）及低值易耗品、各类物料用品等，日常消耗较大。民宿客房服务的一大要素就是尽可能地降低损耗和运营成本。为保护环境，减少洗涤量，民宿应在客房设立环保卡，引导客人绿色住宿。

2. 民宿客房卫生保洁服务流程

民宿客房卫生保洁服务要点在于通过每一个环节的认真操作和检查，为客人提供一个放心、舒心的整洁住宿环境。

民宿客房卫生保洁服务主要步骤见表 2–2。

表 2–2　民宿客房卫生保洁服务流程

序号	步骤	要点	标准
1	进门	进房前，一定要再次核实房态，确认无人后，用房卡开门；轻轻敲门三次，缓缓把门推开；插卡开灯照明。	用中指和食指关节轻敲房门，轻轻敲门三次，每次三下，每次报“服务员”或“Housekeeping”；缓缓地把门推开，把“正在清洁”牌挂于门锁把手上，房门打开着至工作结束为止；把小垫毯放在卫生间门口的地毯上，清洁篮放在卫生间云石台面一侧。

续表

序号	步骤	要点	标准
2	开窗	打开窗、换气扇、抽屉、柜门、卫生间门，拉开窗帘、打开窗户通风换气，打开抽屉门、柜门晾味。	把窗帘、窗纱拉开，室内光线充足，便于清扫；打开窗使空气流通，打开抽屉门、柜门。
3	检查	检查空调、电视、床头灯、顶灯、廊灯、卫生间顶灯、枕头下、衣柜、写字台、水壶、电话、衣架、马桶、喷头、浴缸、地漏、浴帘杆。	打开空调、电视、床头灯、顶灯、廊灯、卫生间顶灯等检查是否良好；按次序检查枕头下、衣柜、写字台的抽屉是否有遗留物品，遗留物品应第一时间交给民宿管家或前台；检查热水壶、电话、衣架；检查马桶是否堵塞，淋浴的喷头以及冷热水是否正常，浴缸下水是否堵塞，地漏下水是否堵塞漏水，浴帘杆是否牢固。
4	收垃圾	清理卫生间垃圾桶、房间垃圾桶，可吸烟房注意检查烟灰缸内烟头是否熄灭。	清理垃圾桶及客人用过的一次性用品，如果有水渍，特别注意不要滴在地毯上；如果烟灰缸内烟头没熄灭，一定要用水熄灭。
5	撤巾类	在住宿业绿色环保理念逐渐被大众接受的背景下，一般民宿的布草类物资实行一客一换，但客人入住期间也可以根据客人要求及时更换。撤掉用过的毛巾、浴巾、床单、被罩、枕套、床尾垫；清洗杯具、烟缸、热水壶、水杯；撤加床或送餐餐具。	撤掉用过的“三巾”（面巾、方巾、浴巾）；清理“两缸”（面盆、马桶）； 整理床铺，将用过的床单撤走，放入清洁车的布草袋里。
6	铺床	铺好的床要求平整、对称、挺括、标准、美观。同时注意无破损和污迹。	拉床：为了操作方便，将床拉出约 50cm。注意床垫的翻转，贴上标签（每周头尾换一次，每月上下翻转一次），使床垫受力均匀，床垫与床座保持一致。 铺单：将折叠的床单正面向上，两手将床单打开，利用空气浮力使床单的中线不偏离床的中心线，两头垂下部分相等。包角时注意方向一致、角度相同、紧密、不露巾角。 套被套：将被芯平铺在床上；将被套外翻，把里层翻出；使被套里的床头部分与被芯的床头部分固定；两手伸进被套里，紧握住被芯床头部分的两角向内翻转，用力抖动，使被芯完全展开，被套四角饱满；将被套开口处封好，使被子平整、挺括、美观。 套枕套：将枕芯装入枕头，使枕四角饱满，外形平整；两只枕头并列斜靠在床头板的中间，与床呈 45 度斜角。 推床：将铺好的床向前推进，与床头吻合。注意检查整体效果。

续表

序号	步骤	要点	标准
7	冲洗刷	打开排风扇，放水冲马桶污物，清洗杯具、烟缸、香皂碟，用清洁剂喷洒面盆、浴缸、马桶，并彻底地刷洗干净。	冲刷：清洗烟灰缸、香皂碟。用干抹布抹干烟灰缸、香皂碟。用沐浴喷头放水冲洗墙壁。用毛球洗马桶、厕板和盖板，并要特别注意刷干净坐厕的出水口、入水口、厕内壁和底座等。洗刷洗手盆，注意洗手盆水龙头上的污迹。 抹尘：抹面巾纸盒、卫生间灯开关、插座、镜子、云石台面、洗手盆及水龙头、面巾架、卷纸架（卫生纸架）、电话机、墙壁、卫生间门板等。用另一抹布抹坐厕及水箱，将抹干净的垃圾桶放回原位，将抹干净的烟灰缸摆回原处，用抹地布将卫生间的地面抹净。清洁后的卫生间一定要做到整洁、干净、干燥，无异味、脏迹、皂迹和水迹。
8	除尘	从门外开始抹起至门内，并注意门把手和门后的安全逃生图不要损坏。电视、电脑不可用湿毛巾抹尘。	顺序：按顺时针方向，从上到下，把房门和房内家具、物品抹一遍，并要注意家具的底部及边角位均要抹到。 干湿分开：注意区别干、湿抹布的使用，如对镜子、灯具、电视机、电脑、家具、软面料、墙纸上的灰尘切忌用湿抹布擦拭，应用干布擦拭。 检查：在抹尘的过程中应注意检查电视机、电脑、电话机等电器是否有问题，一经发现立即报修，并做好记录。
9	补用品	房间物品的补充要根据规定的品种、数量及摆放要求补充、补足、放好。	补充卫生间内的物品，按统一要求整齐摆放；面巾纸、卷纸要折角，美观又方便客人使用；“三巾”按规定位置摆放整齐；补充房内物品，均需按要求规格摆放整齐；补充杯具，摆放美观顺手。
10	卫生间地面清洁	拖卫生间的地，要求用洗衣粉水湿拖，便于彻底去除地上的污渍，然后干拖。	首先是湿拖，左右摆，从里到外，人往后退，特别是要把边角线、地脚线的灰拖干净；湿拖一次后，就开始干拖，顺序都一样，必须把水印全部拖干，以防水汽潮湿影响装修配置；特别的地方，用干抹布清理。
11	除尘	先把吸尘器电线理顺，插上电源，把吸尘器拿进房间再开机。吸地毯时要先逆纹、后顺纹方向推把。	吸边角位时，有小件家具阻挡的地方，先移吸后复位；比较干净的卫生间地板，也可以用吸尘器吸，减少拖地工序，但一定要注意有水的地方不能吸，防止漏电；藏在地板缝隙里的毛发，一定要吸干净；客房连续有三天空房，则第三天要地面吸尘；如当天有预订，则应调好空调。

续表

序号	步骤	要点	标准
12	关门窗	房间清扫完毕，首先检查窗户是否关好。一定要锁好门，以免客人住店发生意外。	房间清扫完毕，客房服务人员应环顾一下房间，看打扫得是否干净、物品是否齐全、摆放是否符合要求、清洁用品或工具是否有留下；须检查窗帘、窗纱是否拉上，空调开关有没有归位；将房内的灯全部熄灭；将房门轻轻关上。

（四）民宿客房增值服务

随着消费水平的提高，房客对于旅行的享受感更加注重，也会有更多衍生的要求和想法。因此，除了常提的客房服务，一家优秀的民宿还要能够根据不同的情况适时进行恰当的增值服务，在自身功能达标的情况下，方便房客享受，让民宿更好地发展。

1. 夜床服务

夜床服务是为客人做好入睡前的准备工作，民宿服务人员会为住客把床整理成适宜入睡的状态。贴心的民宿业主会根据住客的喜好，将茶水、睡前小点送入房内，或调节住客偏好的枕头、添加具有安神功能的香薰等。自制的巧克力烘焙的饼干、精致的小糕点，配有民宿业主手写的晚安卡片，让客人在外游玩回来时倍感温馨。

微视频 2-4：精品民宿鉴赏 2

2. 主题布置

主题布置是指根据客人的需求而特别设计，对原有客房陈设布置进行一系列的改造。对于不同客群布置蜜月客房、儿童客房等。蜜月客房的陈设布置包括花床、香薰、音乐等，儿童客房的陈设布置包括儿童床、抱枕、玩偶等。

拓展阅读 2-3：民宿改造的小细节

三、民宿餐饮服务

（一）民宿餐饮服务类型

1. 本地美食

中国饮食文化的菜系，由于气候、地形、历史、物产及饮食风俗的不同，经过漫长历史演变而形成一整套自成体系的烹饪技艺和风味，并被全国各地所承认。早在商周时期，中国的膳食文化已有雏形，到唐宋时，南食、北食各自形成体系。到了清朝末年，形成汉民族饮食的“八大菜系”，即鲁菜、川菜、粤菜、江苏菜、闽菜、浙江菜、湘菜、徽菜。本地菜系一直是民宿餐饮服务中最为常见的类型，顾客通过品尝当地菜肴，最直接地领略当地的文化和特色风情，满足游客体验当地特色美食的需要。

2. 特色佳肴

特色佳肴体现与民宿主题相一致的餐饮风格，是民宿经营者或设计者通过丰富的想象力、完美的构思和艺术的创造而烹饪出来的美食。常见的特色佳肴有回归农家型、素食主义型、怀旧复古型、异域风情型等。

图 2-6　民宿特色餐饮（图源：无它心舍）

3. 自助自娱

除了民宿经营者提供的餐饮服务产品外，许多民宿允许客人使用厨房里的设施设备，客人可以自行购买食材或使用民宿提供的食材，根据自己的喜好进行烹调。这种形式适合团队建设或家庭聚会，这就需要民宿经营者提前知晓客人需求与口味喜好，做好库存食材、场地布置、人员安排等的准备，既有利于产品和人工的成本控制，更能达到营销宣传的效果。

（二）民宿餐饮服务特点与流程

民宿餐饮服务水平往往影响着客人的整体体验和满意度。民宿餐饮服务既有安全、卫生的统一标准，也有体现民宿文化内涵的特殊要求。因此，准确把握民宿餐饮服务要素、建立完善的服务流程才能保证其服务质量。

1. 民宿餐饮服务特点

食品卫生和饮食安全是影响民宿信誉和经营效益的重要因素，成功的民宿无不具有独特的餐饮风格。民宿餐饮也是彰显经营者的审美情趣和生活态度的重要载体，通过餐饮服务满足客人消费需要，是深化客人体验、与客人建立情感联系的重要环节。

（1）产消的同步性

民宿的餐饮服务，其生产、销售、消费几乎是在同一个时空条件下发生的，一边生产、销售，一边消费、享受。这种特性使得客人在决定购买和消费服务产品之前无法检查与验证产品的质量，导致购买决策时会产生很大的风险与疑虑。因此，设施设备的完善、便利，舒适程度和档次的高低，服务人员的形象、态度、技能与效率，都会影响客人对餐饮产品质量的感受。

（2）食材的安全性

食品卫生与安全是衡量餐饮服务质量的重要指标，食品卫生与安全是否符合标准直接影响民宿的信誉和经济效益。

（3）风味的独一性

民宿的餐饮服务主要由其经营者或服务人员提供，大多非专业厨师，其烹饪的技法、加工的方式、佐料的使用都带有鲜明的个人风格。民宿餐饮产品没有标准的制作流程和要求，最后呈现的产品具有独一性。不同于其他餐饮行业，民宿餐饮产品的风味不随客人的需求而突破，而主要以民宿经营者的饮食口感偏好为主。

（4）产品的文化性

文化内涵是民宿餐饮产品的灵魂。民宿餐饮产品通过有形的食材和无形的环境来展现，其中，食材的选取往往因地制宜、因时而异，民宿餐饮没有标准化的菜单，但每个民宿餐饮总有几道经典的菜品。此外，家具的选择、餐具的摆放、菜品的组合、员工的服务，无不彰显了民宿经营者的审美情趣和生活态度。

图 2–7　民宿餐饮也是民宿重要的产品（图源：无它心舍）

2. 民宿餐饮服务流程

根据对客户的服务时间点，可以将民宿餐饮服务流程划分为餐前准备、餐中控制和餐后管理三个阶段。

（1）餐前准备

①信息沟通。开餐前，民宿餐厅的管理者必须与厨师联系，核对前后所接到的客情预报或活动通知单是否一致，以避免因信息的传递失误而引起事故。同时，还需了解当天、当餐的菜点供应情况，掌握缺货菜点及其原因和需特别推荐的菜点，以便在服务中采取相应的措施，降低客人产生不悦情绪的程度，提高餐饮的销售收入。

②人员安排。餐厅管理人员应注意工作的预见性。要根据客情预报及餐饮业务的规律和本餐厅的经营特点，合理安排班次和上班人员，保证在营业时间有足够的人力资源，力求避免“闲时无事干，忙时疲劳战”的状况。同时，要注意各尽所能，优化群体结构，根据每位服务人员的业务水平、身体状况等因素，合理分配工作任务。

③物资准备。开餐前，民宿餐厅管理人员应根据当天的营业预测开好领料单，督促有关人员准备好开餐过程中的物资用品，如酒水饮料、摆台及翻台用品等，并需对其规格、质量等方面进行检查，做到万无一失。

④餐前检查。开餐前，民宿餐厅管理人员必须对开餐前的准备工作进行全面检查。其主要内容有：一是设施设备的完好状况；二是餐车、托盘、点菜单、开瓶器、抹布、口巾、餐巾纸、刀叉、火柴、牙签、烟灰缸等用品、工具的数量和质量；三是餐台布置规范；四是各种装饰陈列规格；五是卫生质量标准；六是安全可靠程度。

（2）餐中控制

餐中控制是指餐饮管理人员在服务现场指挥、督促服务员工作，加强与客人的沟通，协调同厨房等部门的关系，以保证餐饮服务活动的顺利进行，并达到理想的效果。

①加强对客交流。“再忙也不能忘了顾客”，餐饮管理人员必须熟知这一黄金准则。民宿餐饮管理人员的首要任务就是热情问候客人，及时征询客人的意见，适时提供必要的服务，帮助客人解决一些特殊的需要，使客人有受尊重、受关注的感觉。

②把控服务标准。开餐期间，餐厅的管理人员应始终站在第一线，通过观察、判断，指挥和督促服务人员按标准规程提供服务，发现偏差，必须迅速采取弥补措施，及时纠正，以防事态扩大，更不能影响客人的用餐情绪。同时，要及时同厨房保持联络，掌握好各餐桌的出菜速度。此外，还必须时刻注

意并及时处理各种突发事件，如客人不小心摔倒、醉酒、碰翻酒具等，有效控制餐厅的气氛。

图 2-8　民宿精美早餐（图源：无它心舍）

③关注重点服务。分清主次，抓住重点，这是管理的基本方法之一。民宿餐饮管理人员需要特别关注重点服务客人，包括重要客人、爱挑剔难以侍候的客人、曾经对菜点和服务以及其他部门服务投诉过的客人、低消费的客人、独自一人进餐的客人等。

④及时处理投诉。由于各种主客观原因，客人对餐饮环境、菜点、服务、价格等产生不满意的现象是难以避免的。民宿餐饮管理人员必须随时注意客人的表情和情绪，主动征求客人的意见，及时把客人的不满情绪消灭在萌芽状态。总之，对于客人的投诉，应给予足够的重视并注意处理的技巧。

⑤做好人员调度。为了做到分工明确，职责清楚，责任到人，民宿餐饮服务一般采用“分岗分区域”负责制。但是，在开餐过程中，客人的分布及抵达时间往往不能够达到统一，所以必然会出现忙闲不均的状况，这就需要餐厅管理人员给予现场调度，进行第二次、第三次分工，以保证接待服务质量。另外，客人的用餐有高峰和低谷，当用餐高峰过后，餐厅管理人员应适时安排员工休息，以节约劳动力。

（3）餐后管理

餐后管理主要是质量评估分析，通过质量信息反馈，找出餐饮服务工作的不足，总结餐饮服务质量管理的规律，制订质量改进方案和防范措施，以做好餐饮质量的提前控制。

微课视频 2-5：
民宿投诉处理
服务礼仪

任务三　民宿客户关系管理

民宿客户关系管理是指通过一系列策略和手段，建立与维护民宿与客户之间的良好关系，提高客户满意度和忠诚度，促进民宿业务的发展。也可以说数字化客户信息管理有助于民宿更好地了解客户、优化服务、提高竞争力。

一、客户信息管理

民宿客户信息管理是指在民宿经营过程中对涉及的客户信息进行有效收集、整理、分析和利用的过程。客户信息管理对于民宿来说至关重要，它可以帮助民宿更好地了解和服务客户，提高客户满意度和忠诚度，进而提升民宿的经营效益。

（一）构建客户信息数据库

民宿需要建立一个客户信息数据库，用于存储和管理客户的基本信息、住宿偏好、联系方式等。民宿可以通过线上预订系统、前台登记系统等渠道收集客户数据。

（二）数据采集与整合

为了实现客户信息管理的数字化，民宿需要将各种渠道收集来的客户数据进行整合，以确保数据的一致性和准确性。

（三）客户数据分类与管理

对客户信息进行分类，如分成新客户、老客户、VIP 客户等。针对不同类型的客户，采取不同的服务策略和营销策略。

（四）客户画像分析

借助大数据技术和人工智能算法，对客户信息进行深度分析，形成客户画像。客户画像可以帮助民宿更好地了解客户需求，以便提供个性化服务。客户画像分析的具体主要步骤如表 2-3 所示。

微课视频 2-6：民宿个性化服务

表 2-3　客户画像分析的主要步骤

序号	步骤	具体内容
1	收集数据	首先，需要收集客户的基本信息、喜好、需求和消费习惯等数据。这些数据可以通过预订平台、前台接待、线上活动等渠道获取。
2	整理数据	将收集到的数据进行分类和整合，以便于后续分析。
3	分析数据	对整理好的数据进行分析，挖掘客户群体的特点、需求和市场趋势，以帮助民宿更好地了解目标客户，从而制订合适的运营策略。
4	细分客户	根据客户需求的相似性，将客户划分为不同群体，这有助于针对性地为其提供个性化服务和营销活动。
5	构建客户画像	根据客户信息和分析结果，构建客户画像。客户画像通常包括以下几个方面：年龄、性别、职业、地域、消费水平、入住频率、喜好、需求等。
6	利用客户画像	根据客户画像，为民宿的运营、营销和服务提供数据支持。例如，针对年轻女性客户，可以提供更精致的客房布置和针对性的优惠政策；针对商务人士，可以提供免费早餐、会议室等设施。
7	持续优化	客户画像分析并非一次性的工作。民宿需要定期更新和优化客户画像，以适应市场和客户需求的变化。通过持续优化，民宿可以更好地了解目标客户，提高客户满意度和忠诚度。

通过客户画像分析，民宿可以更加精准地把握目标客户的需求，提供个性化服务，从而提升竞争力。同时，持续优化客户画像，有助于应对市场变化，确保民宿业务的可持续发展。

（五）数字化沟通与跟进

利用电子邮件、短信、微信等数字化手段，与客户保持定期联系。通过发送问候、节日祝福、优惠活动等信息，提高客户忠诚度。

二、客户反馈与改进

（一）客户反馈与改进的意义

1. 提升客户满意度

客户反馈可以帮助民宿了解客户对服务和住宿体验的满意度，通过及时调整和优化，民宿可以提供更优质的服务，满足客户的期望。

2. 促进口碑传播

客户反馈，尤其是正面反馈可以帮助民宿树立良好的口碑。良好的口碑对于民宿的营销和推广具有重要意义，有助于吸引更多潜在客户。

3. 提高客户忠诚度

通过对客户反馈的重视并及时进行改进，民宿可以提高客户的满意度和忠诚度，这有助于民宿在竞争激烈的市场中脱颖而出，实现可持续发展。

4. 识别潜在问题

客户反馈可以帮助民宿及时发现潜在的问题和隐患，如设施故障、服务质量等。及时解决问题可避免问题扩大，确保民宿的正常运营。

5. 优化经营策略

通过分析客户反馈，民宿可以了解市场需求和客户喜好，从而调整经营策略，助于提高民宿的入住率和盈利能力。

6. 促进员工成长

客户反馈可以为民宿员工提供宝贵的改进意见，帮助他们提升服务质量，而员工的成长又有助于提高民宿的整体竞争力。

（二）客户反馈与改进的措施

民宿应该鼓励客户提出意见和建议，对自身的服务和设施进行持续改进。再者，及时解决客户的问题，也有助于提高客户满意度。客户反馈与改进的措施有以下几种。

微课视频 2-7：民宿投诉中的沟通技巧

1. 建立在线反馈渠道

民宿可为客人提供便捷的在线反馈渠道，如评价系统、调查问卷等。这样可以让客人方便地分享他们的住宿体验，同时为民宿提供宝贵的改进意见。

2. 监测社交媒体

民宿要及时关注社交媒体平台上客人的评论和反馈，及时了解民宿在网络口碑方面的表现，以发现潜在的问题和不足。

3. 数据分析

收集和分析客户反馈数据，找出民宿的优点和不足。结合客户画像，了解不同客户群体对民宿的满意度，为民宿改进提供依据。

4. 设立客服团队

设立专门的客户服务团队，负责回答客户提问、解决客户问题，并收集客户意见和建议。客服团队可以采用人工智能助手，如智能客服机器人，提高响应速度和效率。

5. 改进措施跟进

根据客户反馈，制定相应的改进措施。将改进项目分解成可执行的任务，分配给相关部门，确保改进工作的落实。

6. 定期评估与优化

对改进措施进行定期评估，了解其效果。根据评估结果，进一步优化服务质量和民宿设施，提升客户满意度。

7. 营销与宣传

将客户反馈作为营销和宣传的素材，展示民宿的优点和改进成果。这将有助于提高民宿的信誉，吸引更多潜在客户。

8. 员工培训与激励

对员工进行定期培训，提高他们的服务技能和沟通能力。同时，需要建立激励机制，鼓励员工积极参与客户反馈改进工作，提高整体服务水平。

微课视频 2-8：民宿消费者客群分析

通过以上方法，民宿可以实现客户反馈与改进的数字化，及时发现并解决客户痛点，提高客户满意度。数字化客户反馈与改进有助于民宿不断优化服务、提升品质，从而在市场竞争中脱颖而出。

三、数据分析与优化

收集客户关系管理过程中的数据，如客户满意度、入住率、客户来源等。民宿可以利用数据分析对经营进行优化，提高市场竞争力和盈利能力。同时，不断改进服务质量和硬件设施，提升客户满意度，为民宿的长远发展奠定基础。

（一）收集数据

收集民宿的经营数据，如入住率、客房收入、客户满意度等。此外，还可以收集网络营销数据，如浏览量、访客数量、转化率等。

（二）分析数据

对收集到的数据进行深入分析，找出民宿的优势和不足。例如，可以通过 PV（浏览量）/UV（访客量）的数值来判断游客的消费决策效率，从而了解民宿产品的吸引力。

（三）客户画像

通过客户画像分析，对客户信息进行分析，了解客户的年龄、性别、喜好等特征。民宿可以更加精准地把握目标客户的需求，提供个性化服务，从而提升竞争力。同时，持续优化客户画像，有助于应对市场变化，确保民宿业务的可持续发展。

（四）分析竞争对手

研究竞争对手的经营状况、服务特点、价格策略等，找出自己的竞争优势和劣势。这有助于民宿制定防御和进攻策略，提高市场竞争力。

（五）优化营销策略

根据数据分析结果，调整民宿的营销策略。例如，针对 PV/UV 值较高的情况，可以加大营销力度，提高民宿的知名度。同时，根据客户画像，制定有针对性的营销活动，吸引潜在客户。

（六）优化服务

根据客户反馈和数据分析，改进民宿的服务质量。例如，提高客房卫生标准、增加配套设施、提升员工服务水平等。

（七）优化价格策略

根据市场需求和竞争对手的价格策略，调整民宿的房价。例如，在旅游旺季或特殊节日，可以实行优惠价格政策，提高入住率。

（八）优化硬件设施

根据数据分析，为民宿硬件设施升级提供依据。例如，改善 Wi-Fi 信号、升级床品、增加早餐种类等。

（九）评估与优化

在实施优化措施后，定期评估其效果。根据评估结果，进一步优化民宿的经营策略和服务质量，提高客户满意度。

【能力训练】

1. 思考讨论：民宿客户关系管理的关键环节包括哪些内容？

2. 思考分析：假设你是一家民宿的管理者，请列举出你将如何通过客户关系管理提高客户满意度和忠诚度，实现客户关系管理的目标。

3. 操作题：根据不同客户群体的特点，设计增值服务内容。

类型	特点（用户画像）	可提供的服务	备注说明
家庭游			
亲子游			
闺蜜游			
情侣游			

【综合实训 2】一访一宿——不忘初心

任务描述：阅读以下案例，根据案例中提供的信息，对资料中的复古怀旧型民宿进行接待服务设计及民宿美食文化活动开发与策划，以小组为单位，撰写设计与策划方案。

案例

宝藏家具淘丨乌镇复古家具🪑民宿 性价比绝了

就在西栅景区边上‼️每次来乌镇都必住的复古家具民宿

杭州、上海周边想要逃离城市 过几天隐居悠闲

又不想车马劳顿跑太远，那一定要来这里‼️

开车🚗1h到达

📍KENSHO家居招待所

一家沉浸式家具体验民宿🏨

每个区域的家具风格都不一样

奶油风☁️、原木风、美式复古风🛋️、现代风

近期有家具需求的UU们，你们想要的风格‼️这里都能满足

实训成果评价指标

技能评价表

评分项目	评分标准	分值	得分
主题内容	活动主题的合理性和突出性	30	
活动新颖性	策划活动形式创新性和吸引力	15	
活动流程	策划活动时间、外部条件、人员安排合理性、考虑到活动经费和应急方案	15	
活动可行性	活动开展可行性	20	
小组评比展示解说	演讲专业程度、语言技巧和非语言技巧，团队合作配合程度和时间分配的合理性	10	
策划案细节	策划案排版工整性、文字编排工整清楚、格式符合要求，文字流畅、条理清楚、逻辑性较强	10	

素质评价表

素质评价表使用说明：按优秀为 25 分、良好为 20 分、一般为 15 分、合格为 10 分、不合格为 5 分五个等级评价。分为学生自评与小组成员互评。

素质评价指标		得分
自评	团队合作精神和协作能力：能与小组成员合作完成项目	
	交流沟通能力：能良好表达自己的观点，善于倾听他人的观点	
	信息素养和学习能力：善于搜集并借鉴有用资讯和好的思路想法	
	独立思考和创新能力：能提出新的想法、建议和策略	
组员 1	团队合作精神和协作能力：能与小组成员合作完成项目	
	交流沟通能力：能良好表达自己的观点，善于倾听他人的观点	
	信息素养和学习能力：善于搜集并借鉴有用资讯和好的思路想法	
	独立思考和创新能力：能提出新的想法、建议和策略	
组员 2	团队合作精神和协作能力：能与小组成员合作完成项目	
	交流沟通能力：能良好表达自己的观点，善于倾听他人的观点	
	信息素养和学习能力：善于搜集并借鉴有用资讯和好的思路想法	
	独立思考和创新能力：能提出新的想法、建议和策略	
组员 3	团队合作精神和协作能力：能与小组成员合作完成项目	
	交流沟通能力：能良好表达自己的观点，善于倾听他人的观点	
	信息素养和学习能力：善于搜集并借鉴有用资讯和好的思路想法	
	独立思考和创新能力：能提出新的想法、建议和策略	
组员 4	团队合作精神和协作能力：能与小组成员合作完成项目	
	交流沟通能力：能良好表达自己的观点，善于倾听他人的观点	
	信息素养和学习能力：善于搜集并借鉴有用资讯和好的思路想法	
	独立思考和创新能力：能提出新的想法、建议和策略	

项目三

民宿人才数字化培养

项目导读

民宿管家成为人社部公布的新职业之一，对这类人才的培养也成为民宿管理与运营专业的重点。本项目详细阐述了民宿管家的岗位职责，同时介绍了民宿管家的主要工作内容，包括接待服务、客房服务、餐厅服务等的规范流程和质量要求。在此基础上，要求民宿管家不仅要懂得基本的岗位工作技能，还需要拥有高阶的技能和管理水平以及温暖的情怀，以此来提升民宿的服务价值，提升客人的满意度。

素质目标

1. 培养学生良好的服务意识以及对服务工作精益求精的工匠精神。
2. 培养学生强烈的职业认同感和专业素养，注重对行业的热爱。
3. 培养学生的创新意识，鼓励学生投入乡村振兴、参加家乡建设。

知识目标

1. 了解民宿管家的岗位职责。
2. 了解民宿管家数字化转型的基本方法。
3. 熟悉民宿管家的前台、客房、餐厅的服务流程与质量要求。
4. 掌握民宿管家特色活动的设计和服务的原则。

能力目标

1. 能熟悉民宿管家的数字化能力。
2. 能独立处理客人的不同需求。
3. 能针对不同的客户群体提供增值服务。

思维导图

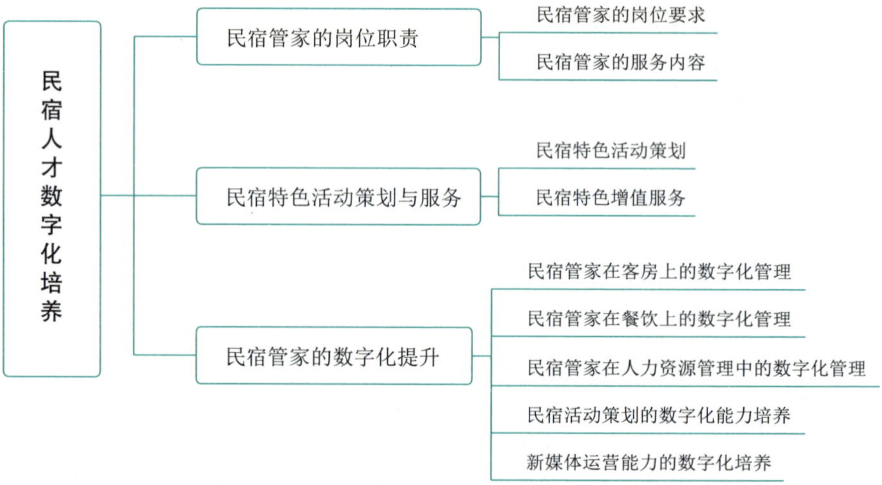

【案例导入】

从“全能杂役”到持证上岗，民宿管家“转正”后迎新变化

民宿管家是怎样的一群人？浙江德清为何先试先行，将“民宿管家”申报为新职业？当民宿管家职业化后，这一群体的发展之路又将去向何方？近年来，随着民宿行业的蓬勃发展，“民宿管家”从业者实现了从“零”到“百万”级的规模跨越。这一群体不仅肩负着提升民宿服务品质的职责，更担起了助力乡村振兴的重任。从人民网浙江频道了解到，民宿管家在成为新职业前，由于不在我国的职业目录内，全国高校、职业院校几乎没有设置相关专业课程，导致民宿业主难以招到合适人才。另外，该岗位流动性大，很多年轻人来到乡村成为民宿管家后，发现每天需要处理很多琐事，与自己心中的“诗与远方”相违背，于是迅速辞职。

此外，由于一些偏见与刻板的印象，民宿管家这项工作长期缺乏社会认可与职业认定，很多年轻人不敢轻易入行。“之前有一位河南小伙儿来我们这里做民宿管家，他的父母不支持，觉得他就是到农村去做服务员的。最后还没干到半年，他就辞职了。”溪山原宿的民宿管家郑佳佳说。成功申报为新职业后，有关民宿管家的职业标准制定工作也已陆续开展。为成为该职业标准的制定者，2022 年 3 月，德清向人力资源和社会保障部递交了申请。7 月 15 日，民宿管家国家职业技能标准开发工作在德清正式启动。

“民宿管家国家职业技能标准制定后，社会第三方培训机构就可以依据国家标准来开展有关民宿管家的职业教育培训，也就意味着人才培养将不断走向专业化、深度化，人才供给也将不断增多，从而使需求端得到满足。”莫干山民宿行业协会执行会长、莫干山民宿管家培训中心副主任刘杰表示。民宿发展最终要回归到服务，而长久、优质的服务则需要依靠人才。培训中心是通过技术手段解决人才供给问题，而新职业的认定则是在政策渠道上增大人才供给。

眼下正值暑期旅游旺季，郑佳佳的民宿每天都是满房的状态。“现如今游客们不再满足于单一的自驾观光，而是要充分了解当地特色，更加强调体验感。为了满足个性化服务需求，我们也是做足了功课，在提供日常服务的同时，还会围绕当地自然、人文环境及习俗积极策划形式多样的体验活动。”郑佳佳说。民宿管家是有温度的职业，他们正通过自己的努力传递美好的生活方式，把“诗和远方”带给更多的客人。

资料来源：人民网－浙江频道，2022-08-11.

【想一想】

民宿管家与民宿一般服务人员的最主要的区别是什么？

任务一　民宿管家的岗位职责

一、民宿管家的岗位要求

民宿管家是人力资源和社会保障部于2022年6月向社会公示的18种新职业之一，其对民宿管家的定义为：提供客户住宿、餐饮以及当地自然环境、文化与生活方式体验等定制化服务的人员。随着旅游业的高质量发展，人民日益增长的文化需求和对美好生活的向往，给民宿的发展带来更多的机会，现在的民宿正是满足消费者个性化需求和对美好生活向往的主要载体。作为民宿的核心力量的民宿管家，将更多的精力放在人性化服务上，民宿管家这一职业又回到了大众视野，回到了人们的旅游生活中。

微课视频3-1：民宿管家概述

民宿管家需要具备一定的管理经验和民宿运营经验，同时具备良好的亲和力和沟通能力，部分民宿企业要求民宿管家具备茶艺、摄影、花艺等技能。具体的职责和要求如下：

图3-1　陕西留坝·楼房沟精品民宿的管家阿姨（图源：隐居乡里）

（1）负责民宿的日常管理，包括清洁、卫生、维修等，负责民宿的设施设备的维护。

（2）接待客人，为客人提供一流的服务；跟踪客人的满意度，及时处理各种投诉。

（3）定期检查民宿设施，并及时报告管理部。

（4）全面负责民宿的经营管理工作，控制运营成本，提高民宿收益。

（5）定期对民宿经营数据做整理分析，针对出现的问题做出有效改正。

（6）了解采购渠道及价格，经过多方对比采取对民宿经营最有利的采购方案，对货品的库存进行核对并尽量减少库存。

（7）定期盘查民宿物资的使用和损耗，对消耗情况做统计与数据保存。

（8）督促民宿员工做好民宿清洁工作与安保工作。

（9）与民宿外部相关人士，包括乡邻保持良好合作关系，为民宿树立良好品牌形象。

二、民宿管家的服务内容

根据民宿管家对客人的服务内容，可以将其服务流程划分为抵店前、在店期间和离店后三个阶段。

（一）抵店前的服务

抵店前的服务要点在于协助客人预订，解答客人关于酒店的各种问题并根据客人需要协助做好路线和行程规划，做好迎接客人的各项服务准备。通过第一次“亲密接触”给客人留下良好的第一印象，确立对客服务的起点。

1. 客房预订服务

预订方式包括直接上门预订、电话预订、在线旅行社（Online Trawel Agent，OTA）网络预订等。由于预订方式的不同，对应预订流程也有所差异。对于民宿而言，最常见的预订方式为网络预订。民宿管家在接到线上订单后，应在确认过房态情况的基础上做出是否确认订单的决策。如果确认了订单，应及时将订单信息录入民宿客房管理系统，更新民宿客房房态。如果客房已售，应及时婉拒订单，并对客人致上真挚的歉意。

2. 客人关系建立服务

确认订单后，民宿管家应主动通过微信、短信或电话等联系上客人，为入住做好前期准备。民宿管家可以提前推送民宿介绍、周边美食和风景、交通情况等信息给客人。与客人建立起基本的交流与信任，便于后面接待活动的开展。

3. 入住前客房检查服务

检查预订、保留的房间，对于即将出售的客房应该进行相应卫生检查，以保证客房的基本卫生。通过预订、前期联系和查阅客史记录了解即将到来的客人的喜好，据此对客房的布置进行微调，增加小装饰品。按照惯例在房间放置欢迎卡片和点心之类的小赠品。注意客房安全，做好客房隐私保密措施。及时与其他民宿部门沟通，提前做好餐饮等方面的准备，确保客人喜好得到满足。

4. 订票、租车服务

这条主要针对一些客人在预订房间时会提出的帮忙预订附近景区门票或租借民宿车辆的需求。代订门票或租借车辆既是民宿个性化服务的体现，也是民宿增加收入的来源之一。按照民宿相关制度，客人应先支付押金等再进行代订或租借服务。

5. 接客入住登记服务

在确定客人需求的前提下，为客人提供接机接站服务。在前往民宿过程中，民宿管家可以视客人情况就周边风土人情、沿途风景等话题与客人进行交流。抵达前台时快速为客人办好入住手续。面对自行前来的客人，民宿管家应主动向客人问好，并确认客人有无预订。在有预订或有房的情况下，为客人办理相关入住手续。

【课中训练】

根据民宿管家对于客人抵店前的服务，结合那年晚村民宿思考民宿管家该如何提供个性化服务。

（二）在店期间的服务

在店期间的服务要点：做好客人在店期间各项要求的服务衔接、服务推荐、服务整合；发挥自己熟悉当地文化及自然、人文资源的优势，积极为丰富客人行程提供合理化建议，优化客人住宿与休闲体验，通过全程化、跟踪化、个性化的服务提升客人满意度。

1. 客房服务

客房服务可以分为初次到店服务和日常客房服务。对于第一天抵达民宿的客人，民宿管家应引领办理好入住手续的客人至对应的房间，并就客房及相关设施的使用做简单介绍。在客人进房后为其送欢迎茶、欢迎香巾。日常客房服务则要与其他部门默契配合，按客房服务程序定期或按需进行客房清洁、整理、夜床服务、点餐服务等。根据客人需求每日为客人提供叫醒、当日报纸等服务。必要时，还应对住店客人进行天气提醒。对于客房数量较少的民宿，民宿管家也需要负责客房清扫及其他服务。

2. 特色餐饮推荐

一般而言，民宿只提供简单的餐饮服务。但随着民宿的发展，许多以美食为主题的民宿也纷纷涌现。这需要民宿管家具备餐饮服务能力，并按照相关流程提供服务。民宿管家要在前期客人关系建立中推送或营销本民宿的特色餐饮。在正式餐饮服务中，要注重餐厅氛围的营造，小饰品如鲜花、餐巾叠花等的巧妙运用，餐具的正确摆放等，为客人打造超值的餐饮服务体验。

3. 休闲娱乐服务

民宿为了留得住客人，需要进一步丰富自己的服务，休闲娱乐服务就是民宿服务的丰富项目之一。休闲娱乐服务因民宿自身条件、主题等各有不同，但诸如小书吧、迷你咖啡吧成了很多民宿的标准配置。因此，民宿管家必须对咖啡制作流程有所掌握，甚至具有较高的咖啡制作技艺。休闲娱乐服务重在让客人感觉到住店的舒适惬意，有乐趣可以消遣。在客人阅读或消遣时，民宿管家还应视时机与客人进行互动。

4. 向导服务

民宿客人多为自助游客，民宿管家需要在客人入住后的第一天晚上对民宿周边的休闲旅游线路进行介绍，有条件的可以提供出租自行车、私家车或者全程陪同向导等服务。

5. 离店服务

民宿管家应掌握客人离店的时间，从而为客人安排车辆、叫醒服务和行李服务，了解客人对民宿的满意度，确保客人带着满意离开民宿。

（三）离店后的服务

对于民宿而言，离店并非服务的终点，而是建立口碑的起点。民宿管家应重视离店客人关系的维护，给其留下完美的体验印象，做好各项增值服务。

1. 客人档案管理

将住店期间对客人喜好的观察和记录进行整理，妥善处理好客人的意见和建议。客人档案管理的内容可以包括公司名称、职务、联系地址、电话、电子邮箱、个人相片、未来的预订等。建立客人档案，一方面可以随时了解当次客人入住民宿的情况、特殊要求，以便出色完成接待服务工作，更为后续的增值服务提供了实施机会，如定时推送民宿主题活动、优惠活动或在客人生日等重要日子推送民宿祝福，维护客户关系；另一方面，完整的客人档案有助于民宿业主深入分析消费者群体，对民宿的客源市场定位、潜在客群挖掘、经营状况提升有较大助益。

2. 遗留物品处理

若在退房检查或客房打扫中发现了客人的遗留物品，应根据客人档案及时联系客人。在征询客人的意见之后，采取送至机场 / 车站、快递或保管等方式处理。

3. 经营数据管理服务

从客人抵店入住开始，民宿管家就为客人提供客账管理服务。客账管理直接关系到民宿的收支状况，因此是经营数据管理的重要部分。建立客账是为了记录客人在民宿内的消费情况，以保证民宿及时、准确地得到营业收入。除了客账管理，民宿管家还需要及时就预订信息、客房状态、宾客消费状况等经营数据与民宿其他部门进行确认，协调好接待服务的开展。

4. 社群运营

社群运营，能成功将一次性客人转化为民宿的忠诚客户，增加线下互动。因此，社群运营实质上是客情运营，是客户关系管理的一部分。民宿管家在社群运营过程中，要确立社群的价值基础，主动提供民宿相关资讯、主题活动，使得客人对民宿产生归属感。通过社群运营去发现民宿运营管理中的不足，对民宿管理服务进行提升。总之，社群运营绝对不是一朝一夕的事，而且需要极高的技巧，需要民宿管家长期的维护和付出。

【课中训练】

根据民宿管家对客人离店后的服务，结合那年晚村民宿思考民宿管家该如何提供个性化服务。

任务二　民宿特色活动策划与服务

一、民宿特色活动策划

微课视频 3-2：民宿特色活动设计与服务

民宿虽小，却是撬动当前旅游供给侧改革、乡村发展的杠杆支点。正因为小、因为美，才更容易吸引大量的社会中小资本、众多的投资经营人群，盘活社会大量的闲置资源，创造出小而精、小而美、小而特的多元体验产品。

（一）民宿特色活动策划原则

1. 区位导向原则

民宿区位直接影响民宿产品的覆盖能力、差异化吸引能力和创新能力。因此，民宿管家要充分考虑不同区位条件的差异性，根据所在民宿区位条件因地制宜实施最优化活动策划。

民宿的区位条件主要包括以下几方面。

（1）气候条件。包括常年温度变化情况、天气状况等。气候条件直接决定着民宿活动的体验感。

（2）自然环境条件。包括自然地理条件、生态环境状况、水资源环境条件以及森林覆盖率等。自然环境条件能够成为人们体验不同生活方式的重要内容。

（3）人文环境条件。包括当地风土人情、历史遗存等人文资源。人文环境条件往往能够为放空的心灵注入更深层次的精神体验，决定着民宿活动多样性组合的丰富程度和风格品位。

（4）社会条件。包括当地政府对待旅游业和民宿业的态度、政策支持以及当地居民对待外来游客的基本修养、诚信水平、服务意识等。

2. 个性化原则

“一店一品”是民宿商品化的价值所在，“一宿一格”是消费者痴迷民宿产品的动力所在。

民宿体验活动是一种特殊的民宿产品，消费者更加期待体验活动的差异化和个性化特质，开展民宿活动策划必须重视和利用这种心理。文化与功能交融、品位与服务配合是民宿业的核心竞争力，就是要让文化体验系统与服务产品系统融为一体。但个性不是随意的，这就需要民宿管家为民宿配套体验活动找到丰富的素材，呈现出不同的个性和特色，以满足民宿市场多元化、多样性的需求。

3. 专业性原则

专业性原则是指在民宿活动策划过程中的活动组织、活动内容等方面所达到的专业化程度。民宿管家在策划活动时，需要高度关注民宿的地理位置、自然人文环境、交通可达性、地方特色、基础设施、参与者文化素养、产品基本舒适度、宾客选择自由度等各类要素，其中每一要素又包含若干专业化要求。依据民宿活动特质，适应市场需求，注重活动的品质与系统的有效性能是民宿活动策划的专业性体现。也就是说，民宿活动的专业性体现在功能定位与特色定位上，体现在艺术装饰对美学规律的遵从上，体现在服务的温馨、亲切与趣味上。

作为民宿管家，需要充分尊重人的需求，具备专业化意识，需要拥有将所在地自然、人文资源转化为具有市场吸引力产品的能力和眼光。市场化的思维、创新的意识与专业化的技能能够帮助民宿将文化元素转化为可感知、可触摸、可体验的硬软件产品，独特的审美品位更给民宿活动打上深刻烙印，注入艺术性、时尚化的美学灵魂。

4. 创新性原则

民宿体验虽然追求的是一种返璞归真、自然而然的生活，但在发展过程中也要根据市场需求、结合产业新理念不断提高与升级。任何产业都不可能一成不变，要想长期的发展必须与时俱进，不断完善和创新，才能吸引更多的旅游者，以创造出更高的经济效益。目前，民宿产业与景区、体育、文化、节庆等传统产品深度融合的“民宿 +”乡村旅游模式推出，民宿的活动策划一定不能脱离这些新的发展理念，应将其充分地融入民宿的发展中，让民宿迸发出新的活力。

微课视频 3-3：“民宿 +”产品开发

（二）民宿活动的类型

民宿的区位条件及功能定位不同，其配套的体验活动类型也就不同。按功能及体验的不同，民宿活动可分为以下几种类型。

1. 农家体验活动

农家体验活动主要指农、林、牧、渔等体验活动，游客可以亲自采摘新鲜蔬果，品尝到当地的农家美食；还能看到渔民织网捕鱼等劳作过程，体验农副产品加工活动。

农家体验活动是民宿与农业的结合，游客在农田、菜园或牧场、养殖场体验农业活动时，不仅能看到自己吃的是无污染、安全的食材，更能让游客在获得休闲的同时，学习农业操作的知识与技术。

浙江泰顺有一家筱村公社民宿，一栋栋古旧的木房子点缀山间，推窗便能拥抱青山绿水。在这里，游客可以品尝地道的农家美食，体验石磨豆腐、手打年糕等传统手工技艺。筱村公社拥有美丽的田园风光和丰富的农业资源，在山上开辟了 300 亩的果园，种植了黄桃、蓝莓等十几种水果，让游客在体验农耕和采摘快乐的同时，也能解决当地村民的就业问题，带动村民增收。

2. 工艺体验活动

工艺体验活动主要包括柳编、刺绣、制陶、插花等，民宿管家利用自身具备的一些小技艺，如歌艺、舞艺、乐器技艺、棋艺、书法、绘画、雕刻、陶艺、球技、口技、魔术、杂耍等，与游客互相交流，强化游客的消费体验。

下面介绍几种常见的民宿工艺体验活动。

柳编。柳编是中国民间传统手工艺之一，经过历代艺人的传承和发展，凝聚了广大劳动人民的心血和汗水。作为一种民间艺术形式，其实用价值、审美价值和社会价值得到普遍认可。

刺绣。刺绣也是中国民间传统手工艺之一，在中国至少有两三千年历史。中国刺绣主要有苏绣、湘绣、蜀绣和粤绣四大门类。

制陶。陶器是指以黏土为胎，经过手捏、轮制、模塑等方法加工成型后，在 800℃ ~1000℃高温下焙烧而成的器具，坯体不透明，有微孔，具有吸水性，叩之声音不清。

插花。插花是一种非常美的养花方式，通过用自己的双手修剪、搭配、点缀让其变成了色彩斑斓、独具匠心的作品。插花是一门需要细心琢磨与用心创造的艺术，还是陶冶情操、美化心灵的一种绝佳方式。

3. 民俗体验活动

民俗体验活动主要包括民俗节日、祭祀祭典、民俗礼仪传说等。民俗文化的挖掘、传承，让我们重温乡情乡音；民宿旅游的蓬勃发展，让我们体验诗意栖居。在传统的乡村，体验地方祭典、民俗习惯，亲自动手学习风筝、天灯、刺绣等传统工艺制作，感受农家的特色文化。自然与设计相互结合的艺术体验，重在对于自然的倾听和对于建筑本身的韵味感受。

在被誉为“中国乡村旅游模范村”的伊犁惠远镇央布拉克村，一个个别具特色的家访点里挤满了来自全国各地的游客，“民俗旅游”已成为当地百姓增收脱贫的主要途径。院子四周满是绿植和鲜花，庭院中央的葡萄架上爬满了绿色的藤蔓，这里是旅游区民宿首批开放的“歌舞人家”，提供丰富多彩的民俗旅游项目。你可以坐在“马的”和观光车上，穿行在红顶紫墙的民俗区中，充分领略当地的人文特色；也可以深入居民家中做客，欣赏十二木卡姆、斗鸡等体验项目，再尝尝传统手工冰激凌、奶茶等，看一场热闹的维吾尔族婚礼。

4. 自然体验活动

自然体验活动主要有野营烧烤、捕捉昆虫、草药采集、制作植物标本等。自然体验活动对民宿的硬件和软件要求并不高，只要民宿周边有合适的树林、草地等环境即可，而且不受淡旺季影响，可以在任何时间段发起，配合四季节气，还可以打造不同主题、不同时长的活动，比如春季的识花、夏季的昆虫之家、秋天的果实采集等。

北京房山区黄山店村的“姥姥家”，是多重庭院的一座合院式乡居民宿，阳春三月，万物复苏，每年的 3 月初到清明前后，这里正是踏青寻春和植树造林的好时节。民宿管家会准备香椿树种，它耐寒耐旱，十分适合在乡野生长，并邀请客人一起亲手种下属于自己的小树，以此来鼓励孩子们热爱大自然、保护我们共同的家园。小院地处乡村，也希望通过努力回馈乡村，一起为大自然添一抹绿色。植树小达人们会获得一份专属手带和心愿牌，每个小牌子上都有编号，可以给小树取名并写下自己的心愿，伴随小树苗壮成长。

5. 运动体验活动

运动体验活动主要包括登山、涉水、滑雪、骑马等，民宿会根据周边地形环境等条件设置游泳池、骑马场、登山场地、射击场、滑雪场等运动场所，让缺乏运动的都市人锻炼身体，提高对于运动的重视程度，游客们可以置身于美景中享受休闲时光。

越野跑、攀岩、马术、露营、滑翔伞……浙江湖州市德清县莫干山镇绿意盎然的山野间，处处洋溢着运动的激情。莫干山以“民宿＋运动”的新业态吸引周边游客，成为假期旅游的新亮点，民宿通过植入户外运动元素，为游客提供潮流运动体验。莫干山郡安里度假区内，新推出的山野卡丁车项目吸引不少游客排队体验。还有依托莫干山的自然资源推出的森林瑜伽、山林徒步、山地骑行等配套活动也是吸引客流的重要元素。

不同的体验活动可以满足游客不同的需求，让游客在真正放松的同时学习相关知识与技能。在当前“传统文化热”的背景下，个性化的民宿活动尤其是工艺制作、民俗体验等得到众多游客的青睐，同时也可以加强对文化遗产的保护，有助于文化遗产的延续、传承。

（三）民宿活动的组织

民宿的体量不一，在员工岗位设置上各有不同。一些较大规模的民宿体有着独立的营销人员、管家、财务人员、前台、保洁人员等细分岗位，而一些小型的民宿，会由一人负责所有的工作。一般而言，特色活动的设计由民宿主人或民宿管家负责，在组织和执行阶段则需要其他员工的通力配合。

微视频 3-4：
精品民宿鉴赏 3

民宿活动的特色和内容首先会通过预订渠道进行展示和推广，在民宿客人入住后，前台员工会热情询问客人的参与意向，并做好预约记录。客人在充分了解活动的主题、内容、时间、地点、参与人数、费用情况等具体事项后，自主选择参与的活动。前台员工将收集到的顾客信息进行汇总，并由民宿管家统一组织客人参与活动。

1. 特色活动的组织依赖于民宿管家的专业素养和组织能力

与民宿前台这样有明确专业分工的岗位不同，民宿管家工作的界限一般都比较模糊。除了招待客人与来客聊天、喝茶之外，民宿日常维护的各种事项要全部包办，对从业者沟通、协调、服务能力都有较高的要求。在组织活动时，民宿管家在事前应充分了解客人的消费诉求，为客人选择最合适的民宿活动类型，并在活动过程中充分满足顾客的需求，实现较高的顾客满意度。

2. 特色活动的组织需要合理的内容和时间规划

民宿提供的特色活动可以是单一的产品，也可以是打包的活动组合。例如，为了陶冶情操，充实客人的假期，民宿管家可以安排陶器制作、花艺设计等室内活动，这种类型的活动对室内空间的大小、制作设备等要素没有很高的要求，适合很多小体量的民宿项目。而同时，民宿也可以提供活动内容更丰富的户外休闲组团产品，例如，野外采摘、烧烤、垂钓、骑行等，为时间更充裕的客人提供度假选择。

3. 特色活动的组织需要良好的安全保障措施

任何特色活动的组织都要符合安全规范，确保顾客的人身安全。民宿管家在组织活动前应注意以下几点。

①活动举办前，要先进行实地踩点，并制定周密的安全措施和应急预案。

②对活动参与者进行活动安全常识的指导性讲解，包括熟悉紧急疏散路线等。

③保证电气、娱乐设施等设备的安全状况良好，现场配置安全管理人员。

④活动场所要有足够的易于识别的安全通道和提示标志。

⑤要控制进入活动场所人员的数量，做好安全疏导工作。

⑥户外活动严守纪律，遇到意外事件，切忌慌乱，要统一指挥。

图 3-2　民宿庭院活动（图源：那年晚村）

【课中训练】

那年晚村民宿所在的乡村是一个可以看炊烟、听鸟鸣、闻草香的村落，由村口樟树下的晚村、悦村、隐舍和院子里等四栋乡舍组合而成。这里的清晨，闻得到茵茵草香；这里的晌午，听得见喳喳鸟鸣；这里的傍晚，看得见袅袅炊烟。在那年晚村，30间风格迥异、精心布置的客舍，有私人阳台、独立小院，还有洒满阳光的庭院与一汪水池。在私密花园，可以坐在露台看星星、看夕阳、开party、看露天电影、泳池戏水，也可以在这里安静地喝茶、听音乐、聊天。请你结合那年晚村民宿的特点和民宿活动类型的知识，为那年晚村设计系列民宿活动，在活动设计中需明确活动主题、主要针对的客户群体、时间（季节）、活动地点、活动内容等。

二、民宿特色增值服务

增值服务指的是在具备基本服务功能的基础上，根据客户需求提供的各种延伸业务活动。客人在选择民宿时，对文化体验和情感交流带有更多的期待，因此，会有更多的标准服务之外的需求和想法。民宿要能够根据客人的不同需求提供恰当的增值服务，这是提升客人满意度、加强与客人联系的重要方式。

（一）民宿问询服务

民宿是一种特殊的旅游产品，所以很多人没办法在网上根据简单信息和价格就盲目预订。客人一般会咨询以下相关问题，包括客房信息、客房房型，含早餐情况及民宿配套设施，如游泳池、私汤、KTV、台球、街机、沙池、滑梯、儿童区等，还有民宿交通、民宿停车、民宿周边游玩信息等。

（二）欢迎茶服务

客人在民宿前台等候办理入住手续的时候，服务人员可以提供适量的水果和茶水，这样不但可以缓解客人等候的焦虑情绪，而且也能体现民宿服务的体贴周到。

（三）游览介绍服务

大多数选择民宿的客人都是自助游游客，客人在入住民宿之前，虽然已经对当地的地理、人文及景区景点进行了一定的了解，但是仍然对实际的出游计划和行程没有进行充分安排。民宿业主和服务人员需要在客人入住后将民宿周边的休闲旅游线路进行介绍，如有条件，可提供出租自行车、私家车或者全程陪同向导等服务。

图 3–3　民宿欢迎茶（图源：无它心舍）

（四）民宿购物服务

民宿不仅仅是用来住的，好的民宿也是用来生活的。手信是民宿餐饮服务的一种延伸产品，既可以是民宿餐饮部的手工食品，也可以是代表当地文化特色的农副产品。手信是增加民宿经营收入的重要途径，是加深客人体验度的有效方法，也是促进民宿口碑推广的无形宣传。

图 3–4　民宿手信（图源：鱼儿的家）

（五）便当外带

民宿的外带便当和饮品解决了出行客人游玩过程中的就餐便捷、食品安全、营养均衡等需求，富有造型的美味便当往往是旅行中的一道风景。便当的菜式并不复杂，取材也非常方便，无须高难度的烹饪技巧，却呈现了制作者的情意，承载了温馨的记忆。

（六）聚会活动

民宿除了满足客人的餐饮需求外，在空闲时段亦可承接茶会、聚会、宴会等。在短时间内接待大量人流，对预订、接待人员的要求较高。中式、西式聚会活动的项目如下：

中式。中式糕点、中式茶席、蒲团垫、民乐曲目等。

西式。投影仪、音响、话筒等设备，可以办私人派对、单位小型聚会，也可举办小型婚礼，满足不同客群的需求。

（七）烘焙体验

通过在网上提前预订或是现场支付费用的方式，客人在民宿主人的帮助下进行烘焙体验，不仅可增加客人与民宿主人间的互动，而且能让客人更深层次地体验自助式的乐趣，增添旅途的回忆。

民宿之所以比宾馆更有情怀，就在于它有一种让人心生暖意的力量，而这种力量往往来源于民宿里那些让人欣喜、难以忘怀的小细节，特别是民宿里的香气和味道，体现的是一种氛围，营造氛围的首选就是香薰蜡烛。在宁静的夜晚，透过跳动的火焰和弥漫的芳香，你会油然而生出一种温暖的感觉。飘散在空中的淡淡香气，配上一首轻柔的音乐，旅途中的疲惫感便会消失殆尽。民宿主可以开展手工香薰体验活动，让住店客人体验其中的乐趣。

图 3–5　民宿氛围营造（图源：梅花洲）

其次是茶，不像牛奶和咖啡，总带着一些淡淡的禅意在里面。许多爱民宿的人也对茶情有独钟，茶总能带给人自然、恬静的感觉；坐在庭院或者阳台上，泡一壶茶，慢慢品尝，欣赏夕阳西下，也会是旅途中的一个小确幸。最后是花艺，通过花艺打动住店客人的心。花艺制作主要体现在花材选取、色彩搭配、制作技巧等方面。营造出一个完美的民宿空间，既要考虑到花艺绿植与民宿的空间色彩的搭配，又要考虑整个空间要素的清新淡雅。民宿的花艺可以体现在大堂、餐桌、客房、公区小品、庭院以及民宿各类活动、下午茶等不同的场景里。

图 3-6　民宿下午茶设计（图源：无它心舍）

任务三　民宿管家的数字化提升

一、民宿管家在客房上的数字化管理

随着 4G 与 5G 网络技术的成熟和稳定、民宿全区域的无线网络覆盖、多品牌智能电子终端的普及，使得民宿客房服务中心在智慧化应用方面有了更多可行性，特别是在可视化和移动性的功能层面有了质的提升。民宿基于数据安全、方便准确进行工作交接和物品统一管理原则，民宿每位当班的员工都需要使用个人登录信息登录使用智能手机或平板电脑上的服务中心系统，在服务工作中利用这些移动工具获取和录入数字代码、图像视频或收发短消息等。

民宿管家是民宿的核心管理者，他们每个人手中的平板电脑就相当于客房服务工作的可视化驱动器，输入安全密码登录客房管理系统可以查询信息数据、分配各项服务工作、跟踪服务工作进度、协调和管理人员与物品。选择打开管理系统的客房楼层平面图，所有客房的房间状态信息在颜色不同的图标衬托下展现无余，如红色代表有客人住宿的客房，黄色代表离店的客房，绿色代表可用于出租的空房。在楼层平面图上可以通过移动光标或点击房间号码来获取和核实住店客人信息。

对于有重要客人标识的，民宿管家将会重点检查民宿欢迎果盘、鲜花等特殊礼品的配送和摆放情况，利用移动终端的便利性实时记录在检查客房清洁中所获取的综合事件信息，而对于在检查中发现的问题也可以实时建立和派发各项服务任务给到相应的楼层服务员。

民宿管家在服务员开始每日客房清洁工作前，登录客房管理系统，依据参数设定将全部客房房间，按照房间状态、房间的楼层分布与对应楼层当值服务员做自动匹配，楼层主管做合理调配审核确认后由系统自动派发给服务人员。客房服务员接受任务后，开始按照房间顺序和房间类型规定的清洁内容和时间逐一进行客房清扫工作，每完成一个房间在系统中及时更新房间状态。民宿管家根据系统的更新提示做房间卫生检查工作，所有房间通过检查后一天的客房清扫工作结束，系统同时自动核算出当班服务人员的当日绩效并做数据存储。系统自动生成的数据报表可供民宿管理层随时查阅，也可以用作外包服务公司雇用的外派服务人员结算工资费用以及每天派工总人数的核定标准。

对于住店客人由于匆忙结账离店而遗忘在房间的物品，服务系统支持以物品实物的外观照片、根据需要制作的短视频，以及简要的文字描述一并录入留存。相关的文字信息会通过系统与系统间的接口协议，自动同步到民宿的前台管理系统（PMS）客人历史资料中，便于在客人询问时提供精准和快速的信息查询与确认服务。

二、民宿管家在餐饮上的数字化管理

在民宿餐饮全力做好餐厅和宴会日常运营与管理的过程中，数字化系统扮演了非常重要的助手角色，在内部人员管理、主材和配料成本管控、外部资源整合方面充分发挥了推动作用。民宿管家在餐厅服务和宴会服务的过程中需要相对准确预估服务员的数量和安排班次，合理使用餐厅收银系统（POS）和宴会销售系统能够从一定程度上提高服务质量。

餐厅收银系统中提供了服务员开启餐台数量的数据记录，从中可以推算出翻台率，从餐厅营业时间内同时服务的用餐客人数和翻台率可获知服务员的实际工作量，而这些基础数据可以作为员工绩效考核的参考依据。利用当班员工数和所有客人用餐桌数可以准确得出人工比，推算最低用工人数，综合所有开餐餐厅的用工数据能够大致规划出餐厅服务员的人数需求。同时，民宿餐饮部门可以通过合理分配时间、采用弹性工作制和多时段错时上班的手段同步控制员工人数的增加，达成编制总量控制的目的。

宴会销售系统提供的所有会议宴会预订信息实时更新和预测报告，保证了民宿管家提前对相关预订信息的全面获取，数据精确地给出了宴会和会议的人员规模、会议形式、场地使用时间信息，特别是有用餐需求的人数和用餐标准等。销售预订信息报告同时也是一项销售及宴会员工的绩效依据。根据所有确认的婚宴、会议或团队客人午餐、晚餐的标准和规模，餐饮收银系统的分析数据可协助餐厅厨师长给出几份大致的宴会菜单，以邮件形式发给客人参考和确认，其中涉及中餐、西餐、少数民族餐等分类；客人确认后按照制作特色菜品的主材、辅料、配料等分配比例录入系统，可以自动生成一份各物料的明细数量清单给到招采部门提前开始外部采购预订。此数量是厨房成本核算和民宿会议销售包餐价格的内部分拆基础数据，更是民宿餐饮收入和成本核算中一项重要参数。

参照宴会销售管理系统给出的宴会会议日期、数量和规模预测报告，民宿管家可以预先做好人员安排，在民宿餐厅宴会自有员工全部上岗的前提下，提前预订第三方人力资源服务公司的外派服务员给予临时支持，用于大型宴会会议现场桌椅摆放和清撤、会场内的客人引领服务、菜品类物品的传递等少量面对客人的工作任务。

三、民宿管家在人力资源管理中的数字化管理

在民宿进行全方位信息数字化系统平台建设的大环境下，民宿可以同步完善人力资源管理的系统工程，即将人力资源管理系统与民宿自动办公系统结合。民宿员工可任意使用电脑、手机和平板电脑进行登入，为实时系统维护提供了便捷条件，实现了人力资源数据的 7 天 ×24 小时全天候实时查询和更新。新员工通过使用自己的用户信息安全登录并自助完成填写或修改个人信息表来快速办理入职申请，减少了静默等待时间，提升了第一印象；在职员工可以随时查询自己的劳动合同内容、试用期、工作期限、工资收入情况，自助提交假期申请等一般事务：老员工可以通过查询自己在民宿工作期间的全部培训记录、考核记录、岗位变化等信息，全面、清晰地回顾自己的成长历程，有助于加深与民宿的感情。

民宿管家可以通过调取员工的各项历史记录，综合、客观地评判每个员工的个人表现和培养方向，对于员工的升职加薪奖励作出正确的决定。人力资源管理系统的预置功能可在民宿规定的时间期限自动提醒人事专员合同将到期的民宿员工情况，督促人事部门及时完成与员工的续约或解聘的工作流

程，减少民宿和员工的误会和矛盾；逢员工生日和入职纪念日，系统会自动发送祝福邮件和推送短消息给员工和提醒管理层，及时的问候体现出民宿对员工的人文关怀。民宿员工在内部的转岗、调岗流程也可以同时在线完成，减少沟通和相关审批环节，提高了时效；而对于犯有严重过失或给民宿造成损失等非正常原因离职的员工系统也会做特殊记录处理，做到数据保密的同时有据可查。

人力资源管理系统所支持的集民宿工作证、上下班打卡和员工用餐于一体的“一卡通”解决方案，可以做到精确地收集每位员工个人信息资料、到岗考勤情况和用餐数量的数据，为民宿系统化计算员工工资、核算加班补贴、合理安排员工宿舍、测算后勤支持成本提供实时而精准的数据，方便用作民宿管理在节流方面决策的参考。人力资源管理系统通过建立在线实时培训学习平台（E–learning）替代传统的需要固定时间、预订场地与召集人员的低效能方式，将民宿的常规知识培训内容、各部门流程及重点案例的培训内容、行业专业素质培养等分类素材内容以文档、幻灯片或小视频等不同方式展现出来，新入职员工和老员工可以根据自己的需要随时浏览和学习。平台可以提供在线自助答题考核和智能评分，同时还会设置一些常见问题的答疑互动内容，民宿各部门负责人也可以随时查询自己员工的培训及学习进度，做到有效果地培训和有目的地培养。

【课中训练】

民宿管家的工作渗透在民宿生活的方方面面，请结合民宿那年晚村思考民宿管家该如何进行数字化转型。

四、民宿活动策划的数字化能力培养

在当前数字化快速发展的背景下，民宿活动策划的数字化能力培养显得尤为重要。为了适应市场需求和提高竞争力，在进行民宿活动策划时，需要掌握一定的数字化技能，如数据分析和数字营销等。以下是一些建议。

（1）数据分析和处理。培养民宿活动策划师的数据分析能力，可以帮助他们更好地了解客户需求和市场趋势，从而制订更有效的活动策划方案。可以通过在线课程、培训等途径，教授数据分析和处理的基本方法和工具，如 Excel、SQL 等。

（2）数字营销和社交媒体推广。数字营销在现代营销中占据重要地位，培养民宿活动策划师的数字营销能力，可以帮助他们更好地推广活动、吸引客户。可以通过教授社交媒体运营、内容营销、搜索引擎优化等基本知识，提高民宿活动策划师的数字营销水平。

（3）电子商务和在线预订。随着电子商务的快速发展，越来越多的客户选择在线预订民宿。培养民宿活动策划师的电子商务能力，可以帮助他们更好地应对客户需求，提高预订转化率。可以通过教授在线预订系统使用、客户服务技巧等知识，提高民宿活动策划师的电子商务能力。

（4）人工智能和大数据应用。人工智能和大数据在现代活动中应用广泛，培养民宿活动策划师的人工智能和大数据应用能力，可以帮助他们更好地了解客户需求、优化活动策划方案。可以通过教授人工智能和大数据的基本概念、应用场景等知识，提高民宿活动策划师的数字化水平。

（5）跨文化交流和语言能力。随着全球化的发展，民宿活动策划师需要具备一定的跨文化交流能力，以应对不同国家和地区的客户。此外，良好的语言能力也是提高服务质量和客户满意度的重要因素。可以通过在线课程、语言培训等途径，提高民宿活动策划师的跨文化交流和语言能力。

总体而言，民宿活动策划数字化能力的培养应涵盖数据分析、数字营销、电子商务、人工智能、跨文化交流等方面，以提高数字化能力和竞争力。

五、新媒体运营能力的数字化培养

随着互联网的发展，新媒体的营销对民宿发展显得越发重要，这就要求民宿也必须紧跟时代发展潮流，充分运用新媒体来营销推广民宿。民宿要培养专业的人员来从事新媒体的运营和推广。新媒体包括社交媒体、博客、论坛、在线广告等多种形式，这些平台可以帮助民宿吸引潜在客户、提高品牌知名度、增加预订量和提高客户满意度。这就要求民宿新媒体人员具备良好的社交媒体运营能力、内容创作能力、数据分析能力和客户服务意识，以帮助民宿在竞争激烈的市场中脱颖而出，实现业务增长。

通过以下这些数字化工具和策略，民宿新媒体人员可以更有效地管理内容、吸引和保留客户，并提高整体的运营效率。

（1）社交媒体管理。负责民宿在各大社交媒体平台（如微信、微博、抖音等）的运营和维护，发布吸引人的内容，与粉丝互动，提高民宿的知名度和影响力。

（2）内容创作与编辑。撰写有关民宿的博客文章、宣传材料等，编辑和发布与民宿品牌相关的图片、视频等多媒体内容，以吸引潜在客户并提高客户满意度。

（3）网络营销策略。制订和实施针对不同社交媒体平台的网络营销策略，以提高民宿的在线曝光率和预订量。

（4）数据分析与报告。定期分析民宿在各个社交媒体平台的表现，如粉丝增长、互动情况等，并生成报告，以便优化营销策略和提高效果。

（5）客户服务与沟通。通过社交媒体平台与客户进行沟通，回答客户的问题，解决客户的问题，提高客户满意度。

（6）品牌建设与推广。参与民宿品牌建设，策划并实施线上活动，提高民宿在目标客户群体中的认知度和美誉度。

（7）竞争对手分析。定期分析竞争对手在社交媒体上的表现，以便了解市场趋势并制订相应的营销策略。

（8）跨部门协作。与民宿的其他部门（如销售、客户服务、民宿主人等）合作，确保民宿在社交媒体上的内容与整体品牌形象一致，并共同提高客户满意度。

【能力训练】

讨论思考：扫码阅读相关民宿管家的材料，结合课程内容，谈谈感想和体会。

【综合实训3】一茶一饭——乡村振兴

任务描述：阅读以下关于民宿产品定价的资料，以家乡当地某一景区的乡村民宿产品为例，制作一份产品定价策略。

民宿该如何定价才能实现利润最大化？

民宿经营初期，如果投入不是很大，可以按照基础定价来设定投入。基础定价：①可以根据我们的月租金价格的10%来定我们的日租价格；②短租的收入维持在长租月租金的2倍左右。

如果民宿前期投入大，可以按成本来定价，平日里的定价在保证利润的情况下尽可能地压低价格。前期重心多放在经营平台上，多参与促销活动，在前期积累良好的口碑，去提高自家民宿的好评度和入住率。这样一来，前期虽然没办法获得较高的收入，却能有一个不错的订单情况，这样即使后期遇到淡季，收入也不至于太惨淡。这样良性循环，后期运营顺畅以后，再适当调高定价就不会太冒险。

民宿经营了一段时间，若是流量还不错，设置基础价格可以参考周边四星级酒店挂牌价，并在这个基础价格上上下浮动，价格设置得不要过低，这样可以自动过滤掉一些爱讲价的客人。若是担心价格设置太高没人订，平日里可以适当打一些折扣，或者参与平台的一些促销活动，比如“今夜特价”“周三特卖”“新房特惠”等活动。慢慢地房源经营得稍微有些起色后，可以去申请平台的一些认证标签，这样可以更大地提高房源曝光，增加您房源在平台的竞争力。

如果民宿运营得成熟，并且也有了一些口碑以后，接下来就可以考虑到成本定价。把所有的投入成本按照均摊的方式，摊到每套房源上、每一个营业日上，就能了解每一间客房以及每天的运营成本是多少。接下来就可以在保证不亏的情况下调整价格了。淡季保本，尽量上调幅度不要太大。旺季时候便可以根据订单情况，调高房价了。

最后，除了设置平日价格，还要设置周末价格以及节假日的价格。民宿经营前期，一般只调整平日价格，如果经营状况良好，周末可以适当上调30%~50%不等的价格，节假日可以调整2~3倍的价格。这里要注意，节假日价格不宜设置过高，超过平日价格的5倍会被平台和分销平台限流。节假日价格需要提前1~3个月调整。淡季的时候需要适当下调平日价格，周末和节假日看订单情况决定要不要调整。

资料来源：知乎专栏 我是周木鸭（民宿设计师）

实训成果评价指标

技能评价表

评分项目	评分标准	分值	得分
主题内容	活动主题的合理性和突出性	30	
活动新颖性	策划活动形式创新性和吸引力	15	
活动流程	策划活动时间、外部条件、人员安排合理性、考虑到活动经费和应急方案	15	
活动可行性	活动开展可行性	20	
小组评比展示解说	演讲专业程度、语言技巧和非语言技巧，团队合作配合程度和时间分配的合理性	10	
策划案细节	策划案排版工整性、文字编排工整清楚、格式符合要求，文字流畅、条理清楚、逻辑性较强	10	

素质评价表

素质评价表使用说明：按优秀为 25 分、良好为 20 分、一般为 15 分、合格为 10 分、不合格为 5 分五个等级评价。分为学生自评与小组成员互评。

素质评价指标		得分
自评	团队合作精神和协作能力：能与小组成员合作完成项目	
	交流沟通能力：能良好表达自己的观点，善于倾听他人的观点	
	信息素养和学习能力：善于搜集并借鉴有用资讯和好的思路想法	
	独立思考和创新能力：能提出新的想法、建议和策略	
组员 1	团队合作精神和协作能力：能与小组成员合作完成项目	
	交流沟通能力：能良好表达自己的观点，善于倾听他人的观点	
	信息素养和学习能力：善于搜集并借鉴有用资讯和好的思路想法	
	独立思考和创新能力：能提出新的想法、建议和策略	
组员 2	团队合作精神和协作能力：能与小组成员合作完成项目	
	交流沟通能力：能良好表达自己的观点，善于倾听他人的观点	
	信息素养和学习能力：善于搜集并借鉴有用资讯和好的思路想法	
	独立思考和创新能力：能提出新的想法、建议和策略	
组员 3	团队合作精神和协作能力：能与小组成员合作完成项目	
	交流沟通能力：能良好表达自己的观点，善于倾听他人的观点	
	信息素养和学习能力：善于搜集并借鉴有用资讯和好的思路想法	
	独立思考和创新能力：能提出新的想法、建议和策略	
组员 4	团队合作精神和协作能力：能与小组成员合作完成项目	
	交流沟通能力：能良好表达自己的观点，善于倾听他人的观点	
	信息素养和学习能力：善于搜集并借鉴有用资讯和好的思路想法	
	独立思考和创新能力：能提出新的想法、建议和策略	

项目四

民宿产品智慧化开发与设计

项目导读

民宿作为旅行中的居住地，承载了很多人的休闲时光。随着互联网、大数据、人工智能等新技术在旅游领域的应用，以数字化、网络化、智能化为特征的智慧旅游成为旅游业高质量发展新动能，也推动形成了更多旅游消费新场景，民宿产品的智慧化应运而生。本项目从民宿智慧化产品定义出发，介绍了民宿产品智慧化的特征、民宿智慧化产品创新等基本概念，重点阐述了民宿产品智慧化开发与设计、民宿智慧场景设计等内容。

素质目标

1. 培养学生发现市场需求和产品开发创新思维。
2. 培养学生民宿产品开发智慧化的思维。

知识目标

1. 熟悉民宿智慧化产品开发的基础理论。
2. 掌握民宿智慧化场景设计相关知识。
3. 掌握民宿智慧化服务体验设计的内容。
4. 熟悉民宿智慧化产品开发所需的数据库信息。

能力目标

1. 能够应用民宿智慧化产品开发的基础理论进行智慧民宿场景设计。
2. 能够开展民宿智慧化场景设计。
3. 能够运用相关理论知识，开展民宿智慧化服务体验设计。

思维导图

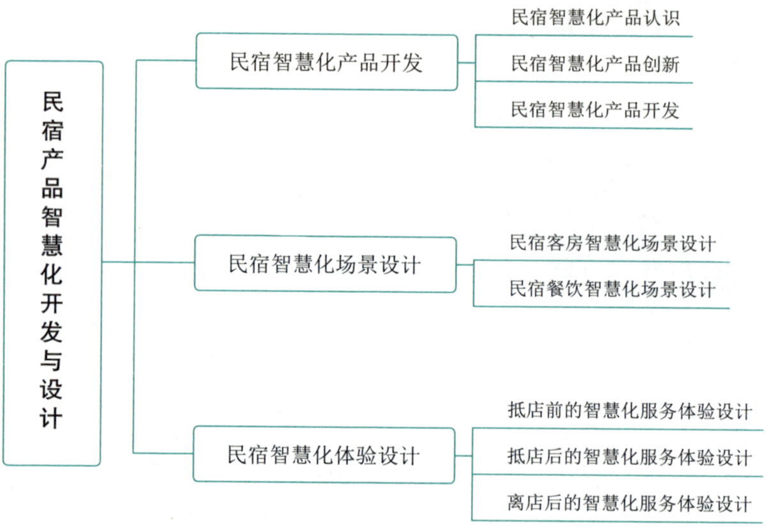

【案例导入】

插上“智慧翅膀”的乡村民宿更有活力

如今，抖音、小红书等平台成为乡村民宿营销推广的另一个“主战场”，微信小程序实现区域民宿一键预订，语音、人体感应就能遥控民宿各种设备……近年来，安徽抢抓数字经济发展机遇，加快推进乡村民宿产业与数字科技产业跨界融合，以数字化赋能民宿产业高质量发展。

数字化产品焕新体验

沿着蜿蜒的青石板路，漫步黄山市西递景区，两侧白墙黛瓦的徽派建筑连成一片。在景区静谧的古巷深处，由百年老宅改造而成的西递淡园民宿藏身其间，淡雅幽静。

“看外表，我们的民宿古朴典雅、岁月感十足，但其实，每间房都十分‘智慧化’。”民宿经营者李声涛介绍。民宿通过嵌入无线通信、全息传感、智能调控等技术，实现房间环境、家电、安防、照明等家居设施的智能化多途径控制。游客通过语音控制或者人体感应，就能实现拉窗帘、开电视、开空调等自动化操作。“既有厚重的历史气息，又有前沿的科技体验，众多游客慕名而来，沉浸式感受历史与现代交融的住宿新体验。”李声涛说。

值得一提的是，数字化应用除了为客人带来满意的住宿体验外，还赋能民宿运营各环节，提升了民宿的管理效率和经济效益。

李声涛介绍，搭乘数字化快车，自家民宿加快智慧化改造，不断推进全电低碳化、管理智能化、服务智慧化，实现民宿转型升级。“如今，通过手机就能实时看到每个房间的用电情况，还能远程控制各个房间开关，减少了民宿不必要的资源浪费，每月电费较以前减少了好几百元。”李声涛说。

西递淡园是安徽民宿数字化发展的一个生动缩影。

黄山市黄山区一支百合智慧民宿通过构建线上线下一体化运营平台，打造具有标准化体系的新型智慧民宿。借助人脸识别、人工智能等技术，民宿经营者无须与客人面对面接触，就能完成入住、退房等一系列流程，既弥补了传统民宿在安全性和人员登记方面的不足，又减少了客人的排队时间，让客人享受高科技带来的便利。

此外，一支百合智慧民宿还积极推动服务方式由传统向智慧化转变。民宿可根据游客出行的住宿要求，直接匹配吃、行、游、购、娱等其他要素，努力打造服务星级化、卫生星级化、产品星级化、体验星级化、安全星级化。

民宿从业者介绍，数字化是乡村民宿优化服务和提升旅行体验的重要途径。

民宿数字化不仅能有效提升住宿品质，给游客带来独特的智能体验，还能有效降低人力和管理成本，提高人效比和服务质量，做到安全管理、高效管理。

数字化技术赋能产业

打造智慧旅游平台、推动数字乡村建设、推出旅游执法智慧化平台……近年来，安徽各地持续加强数字化技术应用，积极打造数字化平台推动乡村旅游发展，为民宿装上“智慧大脑”，释放产业发展潜能。

“建议计划去潜山的朋友提前使用‘一部手机游潜山’小程序，太方便了。”刚从潜山旅游归来的合肥游客王晓峰说。

依托该平台，潜山市坚持“政府主导，企业主创，高端引领，集群推进”的“皖美潜宿”品牌建设特色之路，与当地20余家精品民宿签订了合作销售协议，游客通过手机即可预订，推动当地民宿产业发展。据统计，今年第一季度，潜山民宿游客接待量达11万人次，同比增长89.7%；实现综合收入5000万元，同比增长90.2%；带动人均增收近3000元，成为推动乡村振兴的聚宝盆。

在黄山市黟县，智慧旅游平台对推动当地民宿产业高质量发展同样发挥着重要作用。

为促进民宿集群发展，黟县徽黄旅游集团创新研发了集票务系统、集散平台、管控平台、小程序等7个系统于一体的智慧旅游平台“徽黄游”，通过业态资源整合，吸引当地民宿进驻，在一个平台内实现品牌聚合、产品打包、统一营销，为游客、商户提供一站式服务及解决方案。

同时，黟县政府还配套出台了《推进“个转企”促进住宿业高质量发展实施办法》，从准入服务、政策扶持、用工需求等方面给予支持，鼓励民宿业主入驻“徽黄游”平台，运用数字化技术赋能民宿经营。

数字化技术在文旅领域的广泛应用，也为地方文旅部门综合执法带来便利。2021年，黟县创新打造县域统一移动服务平台“黟家人”微信小程序，融入旅游、生活等多领域事务，兼备管理、服务、咨询、议事、监督等功能，搭起政府与游客之间线上线下沟通互动的桥梁，实现政府统一管理、线上执法、智慧监管。

“无论是民宿经营者还是游客，均可通过‘黟家人’小程序反映问题、提交诉求，实现民宿产业共建共治共享，营造良好的产业发展环境。”黟县文化旅游体育局相关负责人介绍。近年来，全县还大力推进数字乡村建设，建成了集数据集成、系统交互、指挥决策平台于一体的“数字黟县”系统，运用平台大数据，可以对客源、游客喜好等要素进行分析，为民宿管理和产品营销提供更为精准的智力支持和决策参考，推动当地民宿发展。

下一步，安徽将牢牢把握数字化发展战略机遇，以数字经济赋能文旅产业、民宿产业，积极探索“民宿+”发展模式，加快民宿与5G、物联网、云计算等新技术的深度融合，促进民宿产业数字化的稳健起步、快速发展，全面助推乡村振兴。

资料来源：新浪财经频道，2023-06-17

【想一想】

民宿产品的智慧化对民宿的意义是什么？

任务一　民宿智慧化产品开发

一、民宿智慧化产品认识

（一）民宿产品

1. 民宿产品的定义

微课视频4-1：民宿智慧化产品开发

每种产品都有两方面的内容：特征和益处。前者指的是产品本身的有形特征，如客房的大小设施与装饰；后者指的是使用产品给顾客带来的益处。从供给者的角度来看，民宿产品是指民宿企业为客人提供的能够满足客人某种需求和欲望的、任何有形的、可以计量的物品和附着在有形物品之上的无形服务之和。

2. 民宿产品的构成

民宿产品一般构成包括核心部分（设施及服务）、形式部分（形象、品牌、特色和声誉）、延伸部分（优惠条件和其他附加利益）。从需求的角度来看，民宿产品的构成包括基本民宿产品和非基本民宿产品。从供给的角度来看，民宿产品又包括民宿设施、民宿服务、民宿通达性、民宿资源和民宿伴手礼等。

3. 民宿产品的特征

（1）综合性

在民宿的经营过程中提供的民宿产品是为了满足民宿消费者在民宿活动过程中的多方面的需求。因此，民宿产品的综合性表现在它是由多种住宿设施、餐饮设施、民宿吸引物、活动项目及多项服务组成的混合性产品，它既包括精神的非劳动产品，也包括劳动产品，是一种综合性产品。

（2）不可转移性

民宿产品的不可转移性主要表现在产品销售后的所有权变更上。相比一般的物质产品，民宿消费者支付货币后只获得了在特定时间和地点上对民宿产品的暂时使用权，而不是永久性的所有权。民宿活动结束后，民宿消费者获得的是一段民宿经历，是在特定的时空中对民宿产品的消费，既无法转让，也无法出借。

（3）无形性

民宿产品对于民宿消费者来说是民宿经历中所需要的全部服务。民宿产品的价值和使用价值不是凝结在具体的物体上，而是凝结在无形的服务中。只有当民宿消费者到达民宿，享受到民宿服务时，才能感受到民宿产品的使用价值。这也说明民宿产品形象在民宿消费者行为决策中具有重要影响。

微课视频 4-2：消费者行为研究

（4）生产和消费的同步性

民宿产品的生产（经营）和消费往往发生在同一时空背景条件下，密不可分，二者往往是一个过程的两个方面：民宿产品在生产开始的同时消费也即刻启动，消费结束时生产也不再进行。这个特性使民宿产品与一般消费品表现出巨大的差异，并深刻地影响着民宿经营原则的建立和管理方式的选择。

（5）不可储存性

对民宿而言，民宿产品的效用和价值是不可储存的。由于民宿服务和民宿消费在时空上存在同一性，民宿消费者购买和消费的是以服务为核心的民宿产品。因此，民宿产品不可能像其他有形产品那样，不断地生产并储存起来，留待以后销售。例如，客房一天无人租住，当天客房的价值就得不到实现，虽然这间客房第二天可能被租用，但该客房只能实现第二天的价值，而未被租用的这一天的客房价值则永远无法得到补偿。

（6）文化性

民宿消费者进行民宿活动，有一部分原因是为了满足精神文化方面的需求。民宿产品以满足民宿消费者的需要为其核心价值，其所包含的民宿活动、项目都渗透了文化的内涵，也就不难理解有些民宿产品包含了当地文化，这本身就是一种文化活动。同样，一定的民宿设施、民宿从业人员的服务，也蕴含民宿所在地的文化因素。

【课中训练】

结合民宿产品的基础知识，请搜索那年晚村民宿的民宿产品并分析其产品的特点。

（二）民宿智慧化产品

1. 民宿智慧化产品的概念

在体验经济这个大背景下，民宿智慧化产品呈现出与传统产品截然不同的特征，即提供更优的体验，创造更美好的生活。民宿智慧化产品即依托于AI与大数据技术、场景方案等，在民宿原有产品的基础上，提升智慧场景的主动服务能力，为顾客提供舒适的体验经历。

2. 民宿智慧化产品的特征

（1）智能化

智慧产品的概念是在利用互联网、大数据、云计算和人工智能等技术的基础上，实现物对人类思维、感知、记忆、学习等能力的模拟来满足人类需求的属性。民宿办理入住登记时，通过人脸识别、身份证读取等技术，完成客人身份验证和登记，这也是民宿产品智能化的体现。

（2）交互性

智慧来源于与他人和世界互动的直接体验，智慧产品无可避免地就具有了交互性的特征。智慧产品的交互性主要是指人与机器、系统的沟通交流，如民宿客房全屋智能，住客根据需求选择住宿场景，实现空间交互体验。

（3）情感化

情感化会让智慧产品更有价值，因为它会给用户带来情感体验，满足的是人类更高层次的精神需求。

图 4-1　古色古香的赣州半江霞民宿客房（图源：江西省乡村民宿协会）

二、民宿智慧化产品创新

（一）民宿智慧化产品创新的意义

社会经济的发展和科学技术的进步，使民宿产品的科技含量进一步提高，升级换代速度日益加快，行业的竞争也越来越激烈。因此，不断创新产品是提高民宿核心竞争力的必然趋势。民宿产品创新的意义在于改变人们传统的只提供食宿的经营模式，要将本地文化、特色、人文理念等也融入民宿产品中去，同时提升民宿产品的智慧化水平，通过智慧化手段不断丰富民宿产品的内涵，拓宽民宿产品的外延。

（二）民宿智慧化产品创新的要求

顾客选择民宿产品主要出于两个方面的考虑：一是能否从产品中获取可利用的价值，二是取得这些价值需要付出多少成本。前者要求民宿产品要满足顾客的需求；后者要求产品方便使用，减少顾客的时间成本和金钱成本。从这个意义上来说，民宿智慧化产品应当具备两个基本条件：一是满足顾客的基本需求，二是使用门槛足够低。具体来看，民宿智慧化产品的创新要求包括以下四个内容。

1. 瞄准市场

移动互联网时代，顾客对于产品的体验往往是产品取得成功的关键，顾客的话语权逐渐提升。“90后”和“00后”的年轻人正在成为或即将成为社会消费的主力军，他们对产品的审美预期越来越高。民宿经营者需要抓住这一特点，将产品的审美属性和体验感放到重要的战略位置，与这一年轻群体的审美要求与价值观等潜在因素相契合。

2. 迭代跃升

互联网将地球变成了“地球村”，全世界的信息连接在一起，信息传递速度与更迭速度越来越快。民宿要获得更多的客源、提升市场占有率，就必须“以快制胜”。民宿还需改变以往革命性改进、缓慢性迭代的方式，将微小改进、快速迭代作为收集顾客意见和反馈的方式。

3. 追求极致

追求极致就是在能力范围内将事情做到最好的思维方式。民宿作为服务行业，以追求顾客体验为目标，将服务做到极致，必然会超出顾客的心理预期，提高顾客的满意度，这也为民宿通过顾客来推广产品带来了极大的便利。极致思维在民宿行业的应用，是互联网时代背景下民宿产品转型的有效手段。

4. 崇尚简约

崇尚简约类似于经济性原则，民宿行业的简约思维是指服务的时间经济性、操作经济性以及顾客的接受经济性。从顾客视角来看，他们更愿意接受能够节约时间、流程简单的服务，因此时间经济性和接受经济性对顾客来说比较重要。不过有一个前提，简约思维必须保证服务质量不变。

（三）民宿智慧化产品的创新方式

1. 整体产品创新

在遥远的将来，你要旅行的时候，只需要打开手机中的某个应用程序，就可以先 360 度游览民宿一番，然后选择房型进行预订，在预订的同时你甚至可以选择具体的房间。当你抵达民宿时，一台机器人员工向你问候，简单的人脸识别后就可以拿到房间钥匙。走进房间，房间内的温度、风量、灯光都已经依据你的喜好提前设置好了。客房中的音响向你轻轻问候。你想了解一下民宿或者民宿周边的吃、喝、玩、乐信息，只需要问床边的音箱即可，你马上就可以得到准确的答案。如果你需要预订民宿内任何服务，与房间内的智能音箱、智能电视对话或者扫描小程序二维码就可以实现服务，已经通过物联网连接的服务设备会快速响应你的服务需求。

微课视频 4-3：民宿产品开发原则

2. 虚拟产品

虚拟现场参观已成为民宿吸引客人前来消费的卖点。借助增强现实（AR）和虚拟现实（VE），民宿可以提供房间和所有设施的虚拟游览。在客人入住期间，AR、VR 和 3D 游览技术为客人提供目的地游览的替代选项。此外，元宇宙正在改变虚拟世界中的基础和运营方式。在元宇宙中，互联网将不再仅仅是不同网站和应用程序的集合，而是一个能够自动识别位置的 24 小时在线 3D 环境，人们把工作场所转移到社交平台就像过马路一样简单。

3. 非接触式技术产品

民宿客人可以使用智慧化平台与民宿工作人员交流并提出服务请求，所有这些互动都以非接触方式进行。非接触式技术产品还可以为民宿员工创造更安全的工作环境，民宿可以使用射频识别技术为布草和洗衣管理提供非接触式解决方案，工作人员可以与脏布草保持安全距离，并跟踪库存的日常动向。

4. 人工智能

人工智能的语音技术为入住民宿的客人带来了无与伦比的体验。客人使用语音命令来操纵设施、控制电视、改变房间温度、调节灯光等。民宿语音智能设备分析来自广泛的大数据，例如在民宿应用程序中与客人的互动、客人的购买历史、食物偏好、存储的支付选项、水疗和便利设施的使用情况等，用以提供深度个

拓展阅读 4-1：民宿设计中融入数字化科技

性化的体验。此外，人工智能驱动的语音智能设备具有非常快速的响应时间，实现民宿服务的“秒级”响应。

【课中训练】

结合民宿产品智慧化的特征，请分析那年晚村民宿的民宿产品是否需要进行智慧化升级。

三、民宿智慧化产品开发

（一）民宿智慧化产品定位

1. 民宿智慧化产品定位的原则

（1）顾客导向

民宿在进行市场定位时，要抓住主要顾客群体，深入研究他们的消费心理、偏好特点、审美需求等，以此来制造或提供能够满足他们需求的产品和服务。

（2）差异化

民宿产品的差异化可以体现在产品性能差异、功能差异、服务差异、员工结构差异、个人素质差异、环境差异、促销手段差异、价格差异等方面。

（3）个性化

如果顾客在购买民宿产品时能产生一种特殊的感受，这种感受就是民宿提供给顾客的个性化服务。这里需要注意将个性化与差异化区别开，个性化是民宿需要长久保持的一个特性，无法消除，也无法被模仿。

（4）灵活性

市场环境和市场竞争情况在实时政变，这就要求民宿时刻把握市场动态，审时度势地做出相应的市场反应。

2. 民宿智慧化产品定位的步骤

为了在激烈的市场竞争中占据有利位置，民宿必须通过产品定位来做好市场定位。民宿产品定位的目标是让顾客将本民宿的产品与其他民宿区别开，可以通过以下三个步骤来实现。

（1）细分竞争市场，找出产品差异

对于顾客而言，各个民宿之间是相互替代的关系，因此民宿之间必然会有很多共性，例如地区相同、风格类似、顾客群体近似、价格接近等，民宿之间都有可能成为竞争对手。一旦确定竞争对手，民宿就可以通过各种渠道来搜集对方民宿的产品信息，从质量、价格、特点等方面与自己的产品进行对比，找出自己产品的优势和不足，发挥优势，补足缺点，为树立产品形象和特色奠定良好的基础。

（2）明确竞争优势，树立市场形象

通过以上方法明确竞争对手之后，民宿应再对其产品进行更加细致的调查和分析，找出差异点，发现本民宿的优势，为产品定位工作的第二步打好基础。

民宿的优势往往不是单一的，而是呈现出多元化。多种优势并存必然是好事，但对于树立个性化的市场形象不一定是有利的。民宿可以在众多优势中进行取舍，选择一个最适合建设和发展的、最符合市场个性化要求的、最迎合大众消费品位的优势项目，将其他优势作为这一主要优势项目的附属项目来凸显其作用。

民宿产品的主要优势确定之后，必须将这个优势传播到市场中去，这是民宿市场定位的必经环节。民宿的优势不会自发表现出来，必须采取一系列有效的措施和手段，通过网络新媒体等新兴的信息传播方式将自身优势宣传出去，与潜在顾客群体进行沟通交流，引起他们的注意和兴趣，以此来树立自身鲜明的市场形象。

在向外界宣传时，民宿必须确保宣传的真实性。首先，民宿不能缺乏自信，对顾客的宣传定位太低，影响优势的充分发挥；其次，民宿也不能过高地估计自身的优势，导致实际产品与宣传内客不符，从而起到反作用；最后，民宿要保证宣传内容明确清晰，以免误导顾客。

（3）根据市场变化，调整产品定位

事物始终处在发展过程中，顾客对民宿及其产品和服务的认知也会随着各种因素的变化而变化。因此，民宿产品定位可能只在某一个具体时期合适，超出这个区间就会与实际情况产生偏差，具体情况如下：竞争对手改变其产品部分属性或推出新产品，导致其新产品的定位与本民宿的产品定位相似或一致，侵占本民宿在该定位下的市场份额；顾客的消费喜好发生变化，把原先对本民宿的偏爱转移到竞争对手那里。

当遇到以上情形时，民宿要根据实际情况快速做出反应，例如对本民宿的产品定位进行调整，必要时甚至可以重新定位。但民宿在做出这种决策之前必须切实考虑到以下两个方面的问题：一方面，民宿要慎重考虑这种调整定位或重新定位的方式会给自身带来多少回报，以及这些回报能否将实施这一方式需要付出的成本抵消，如果可以抵消，那么需要花费多长时间。这些需要民宿综合经济成本和时间成本进行考量。另一方面，民宿还要考虑调整定位或重新定位之后是否会有更多顾客和其他竞争者。潜在顾客越多，这种改变的收益就越高；其他竞争者越少，这种改变的价值就越高。

（二）民宿智慧化产品开发的实施流程

民宿新产品是指民宿开发出市场上没有的，或是与现有产品存在一定差异的产品和服务。在民宿整个产品与服务系统中，某一阶段或某一部分的改进、创新、重组、重新定位等，都属于这一范畴。

民宿开发新产品的原因有两个：一个原因是要满足顾客不断变化的需求，然后将其作为民宿提高其市场竞争力并不断提高自身经济效益的重要手段；另一个原因是附加目标，即通过开发新产品培养员工的创新能力，从而建立一支高效运营队伍。明确民宿新产品开发的目的和重要性之后，接下来探讨新产品开发的主要流程。

1. 可行性分析

（1）找到必要性

深入分析民宿原有产品的生命周期处于哪个阶段，在此基础上判断有无开发新产品的必要性或紧急程度；分析竞争对手的情况，衡量自身竞争力的大小，以及找出计划开发的新产品与原有的产品相比有什么优势或显著特征。

（2）分析可能性

深入分析民宿现有的人力、资金、技术、硬件设施、市场信息、时间和空间等要素，判断它们能否满足新产品开发的资源消耗。

（3）论证可行性

研究新产品能否在市场竞争中脱颖而出，对提高民宿的经济效益有多大影响，预估成本是多少，能否实现民宿的利润目标，需要多长时间实现等。

2. 开发方案设计

新产品开发方案的设计需要所有员工协同参与，需要在对顾客需求进行深入分析的基础上，动员全体员工提出意见，这样民宿经营者可以拓宽决策的视野，充分考虑各方因素。除此之外，民宿经营者还需关注竞争对手的新产品开发情况，做到知己知彼。

3. 开发方案选择

因为是多人员共同参与，所以新产品开发方案很有可能多于一个。此时就需要继续研究，综合市场背景、成本、收益、特色等因素选择一个最佳开发方案。

4. 新产品开发

最佳开发方案确定之后，民宿就要开始付诸实施。实施过程包括筹集资金、采购与安装硬件设施、招聘或培训员工、全面组织生产等。与此同时，民宿还要做好新产品营销计划，确保从生产到销售的无缝衔接。

5. 新产品试推

新产品在刚刚被推出之后，由于顾客对其没有足够的了解和使用经验，接受度往往不高，导致很多民宿不愿意进行新产品开发。针对这一问题，民宿可以策划一些优惠推广活动，选择一个规模较小的市场，研究新产品在这个“小市场”中的反响，主动询问或有选择性地采纳试用者的意见与建议。

6. 新产品面市

试推工作结束后，民宿已经对新产品在市场中的未来发展趋势有了一个大致的把握。但民宿经营者此时依然不能掉以轻心，还需要根据上一步的实际情况进行更深、更广的市场调查。之后，民宿就可以选择恰当的时机，借用之前制订好的营销策略，将新产品准确地投放到市场中去。

【课中训练】

结合民宿产品智慧化设计原则，请分析那年晚村民宿的民宿产品进行智慧化转型需要注意哪些要点。

任务二　民宿智慧化场景设计

一、民宿客房智慧化场景设计

微课视频 4-4：智慧民宿的场景设计

（一）民宿客房服务管理

民宿客房部作为民宿与住店客人接触和产生互动最多的一个服务部门，整个服务过程中承载着很大部分客人满意度的评判，应科学而恰当地融入智慧化服务及管理应用来增强自身核心竞争力，通过大量真实的数据分析做好人员绩效管理、流程再造、运营成本管控，力争帮助民宿在不断创新的民宿行业中占有一席之地。

在民宿的真实场景中，到达民宿后的每一位宾客都需要在民宿的前台办理入住登记手续，由前台服务员告知民宿的相关信息和近期注意事项，登记入住后在礼宾服务员的引导下进入客用电梯从而前往所住房间，随即开启在民宿客房的体验历程。

使用房间的磁卡打开房门进入房间后，客人将逐一开始使用房间内的服务设施，包括但不限于房间的灯光、空调、窗帘、电视等设施，习惯性地考察一下房间内洗手间的格局和卫生用品的陈列；闲暇之余登录上网刷刷朋友圈，浏览一下分门别类的热门网络应用，收发一下电子邮件；开心之余用房间电话告知民宿管家补充提供一些客房用品和卫生间消耗品，或是呼叫一下充饥解馋的客房送餐及饮料小食；为自己定制一个人工叫醒服务，问询并存放贵重物品等。

当客人离开房间，在未设置“请勿打扰”（DND）提示的情况下，民宿服务员会根据民宿管家的排班安排，按时间和标准要求进入客人房间进行房间和卫生间的清洁工作，更换和补充客房内用品，提供收送客人洗衣、擦拭皮鞋、送果盘、开夜床等服务。完成所有服务后需及时在清扫记录中做相应内容更新和标注，以便为民宿管家查房提供信息依据。民宿管家会不定时检查已完成的房间卫生清洁和物品补充情况，如发现问题会用电话或对讲机通知客房服务员立即重新打扫或改正，经过检查一切正常的房间才可以正式被确认为干净住客房间或可供出租房间的客房房间状态，并及时在客房管理系统和民宿的前台管理系统（PMS）中完成房态更新。

图 4–2　民宿智慧客房（图源：无心它舍）

（二）民宿客房智慧化的主要应用场景

1. AIoT 赋能客房智控

AIoT（人工智能物联网）是 AI（人工智能）与 IoT（物联网）在实际应用中的融合，5G 数字网络建设与民宿无线网络搭建的相互补充结合，为民宿提供了一个高速数据传输和安全稳定的信息连接通道，从而让 AIoT 能充分赋能民宿客房智能化服务的发展。

在 AIoT 技术的驱动下，民宿可以将客房的智能门锁系统、中央控制系统（RCU）、智能音箱整合成一个控制平台，将原有的触控式控制模式、热感应控制模式、智能遥控器模式等整合为统一的人机交互模式。在这样的控制场景下，当客人使用智能芯片房卡或以手机的蓝牙方式打开客房房门时，客房内的灯光、空调、窗帘将同时被系统自动开启，房间内的电视机在开机的同时即播放伴有自行定制乐曲的民宿欢迎界面，这样就可以让客人将时间用在优先要做或是喜欢的事情上。同时客人也可以通过与房间内的智能音箱进行语音对话，给出关闭和调整房间内设施的指令。当夜晚降临的时候，客人可以通过呼叫智能音箱关闭窗帘和电视，将空调温度下调 2℃，再播放一首自己喜爱的歌曲，平躺在床上或瘫坐在沙发里，如同在家中一般惬意。

民宿内设置的支持简单对话的民宿服务机器人，可以成为客人在住店期间指路引领、民宿信息查询的小帮手；同样在安全、卫生和控制成本的前提下，客房服务机器人也可以借助互联互通的智能控制网络环境担负起客房送餐、客房用品配送的服务任务，在轻松完成服务的同时给客人带来轻松而新奇的服务体验。

2. 民宿客房数字互动与娱乐

民宿的客房对于客人来讲如同第二个家，客人在房间内驻留时，休闲娱乐环境不可或缺。每位住店客人初次入住民宿的房间后，在智能房间控制系统的操控下，客房内的电视机会自动开启，民宿的欢迎界面伴随着优美旋律的欢迎曲呈现在电视机的屏幕上，客人的姓名以及民宿、民宿主温馨的问候语映入客人的眼帘，为客人带来一丝到家了的轻松和愉悦感。

微视频 4-5：精品民宿鉴赏 4

民宿房间的互动娱乐系统提供了数字投屏功能，更好地个性化服务于不喜欢收看民宿的电视节目的客人。只需简单的步骤即可快速同步客人的智能手机和平板电脑，客人存储或收藏在智能终端上的各种影视 App、音频 App 以及各大游戏平台等，可以被清晰、便捷地投放到电视屏幕上，在保证客人用眼健康的同时也达到了更佳的人机互动效果。屏幕投放的安全设置功能对每个房间的互动投屏内容做了定向播放保护，避免了房间与房间之间客人所选择播放内容的错误投放带来的尴尬和投诉。与此同时为加强数字影音客房体验，有些民宿还专门投资更换了大屏幕的客房电视和投影设备，影音特色客房便由此应运而生。

随着社会娱乐活动越来越丰富，电子竞技类特色客房概念已然兴起。为增加客人在房间内的互动和娱乐性，一些中高端民宿在部分房间内提供了 VR

设备，如果客人有兴趣或是闲暇之余还可以佩戴上设备浏览了解一下民宿内的其他配套服务设施，如餐厅、健身房、庭院等，或者是尝试一下民宿为住店客人定制的一些体验式互动游戏和影音作品。

客房互动电视主界面中如设置了客人信息子菜单，客人在房间内通过点击图标进入后可以清晰查询到其个人民宿消费账单的实时自动更新列表，如果客人是会议团队成员或是婚礼新人及亲朋还可以收到会议和宴会的所有日程安排等信息。

3. 精准服务追踪

为适应新型民宿服务管理结构的变革，方便客人使用客房电话发起服务请求和统一通话路径，很多民宿对客房专用电话面板进行了改造，由使用多个快捷按键拨打不同服务部门的方式改为一键直接连通民宿管家。

图 4-3　送货机器人

在电话接听并确认客人的服务请求时，会将服务内容以数字代码或常用短信方式创建一个新的服务任务，点击确认后由系统自动发送到指定的服务员专用智能手机上。服务员接到信息提示后只需打开任务查看具体信息并点击接受，服务系统将自动确认此项客人服务要求已有服务员跟进，同时启动此次服务任务的处理时间记录。服务员完成任务后必须在第一时间用手机点击完成回复服务中心，系统即刻停止服务计时用来确认此项服务已完成，并在电脑屏幕中弹窗提示民宿管家是否继续进行客人电话回访工作。

通常情况下，客人的电话服务需求中也暴露出隐性的客房服务问题，而响应及时、准确的服务可降低投诉事件的发生概率。民宿管家通过客人电话回访功能，增强了与客人的沟通，可以把获取到的客人个人喜好与特殊要求等信息记录到民宿前台管理系统（PMS）的客人历史资料中，客人再次下榻民宿时会收到一份精美的礼品，这会增加客人对民宿的好感与忠诚度。服务中心系统汇总生成的服务与投诉跟踪数据精准分析报告，为提升民宿客房个性化服务及服务人员综合绩效考核管理提供了智慧化参考依据。

拓展阅读 4-2：国内首家数字民宿

二、民宿餐饮智慧化场景设计

（一）民宿餐饮服务管理

在民宿日常运营中，民宿餐饮部承担着为客人提供餐饮的服务功能。与客房服务有所不同，民宿餐厅设施需要同时完成对住店客人和非住店客人两个消费群体的服务。客人的多层次化和流动性与餐饮服务的短暂性和一次性特性相结合，对餐厅服务人员从点菜、上菜、桌面清洁到结账送客整个服务流程的接待礼仪、服务意识、沟通能力等诸多环节提出了更高的要求。

（二）民宿餐饮智慧化的主要应用场景

通常来讲，民宿餐饮收入的大部分营业额来源于民宿客人的早餐、各种类型宴会等营业项目，而增量部分中最大的利润就是进入餐厅用餐的散客，即看着餐厅菜单进行点菜的人。因而，利用好智慧化手段来有效吸引和抓住民宿住店客人和非住店食客两部分的潜在消费客源群体至关重要。

民宿内布放了多点覆盖的餐饮信息发布系统，随时可以吸引到在民宿中居住和逗留的客人的眼球。

在民宿显著位置的电子大屏露里播放餐厅和菜肴视频短片，客人可以随时随地通过扫描每个广告载体上的二维码信息来关注民宿以了解餐厅更多菜品和优惠信息。

对于非住店客人的潜在消费群体，民宿运用社会化的思维模式制作出图文并茂的宣传文稿和带有特色菜制作过程的短视领，投放到企业抖音号和微信公众号；通过发起员工分享微信朋友圈的方式等自有传播渠道，或是利用第三方商家 App，如大众点评、美团、小红书等现代新媒体平台，通过吸引公众的点击和关注来进行一些客户信息资料的收集。

还可以通过民宿公众号和视频号有奖问答、抽奖领券等互动方式增加粉丝、扩大引流量；通过与美食类达人合作，开展精准直播和粉丝福利活动，打造“爆款”网红餐厅概念，带动扩大知名度。

拓展阅读 4-3：数字化赋能民宿

【课中训练】

结合智慧民宿的场景设计，请分析那年晚村民宿可以从哪些方面进行智慧场景设计。

任务三　民宿智慧化体验设计

一、抵店前的智慧化服务体验设计

（一）主要体验点

在住前阶段，民宿与客户之间的接触分布在客户感知→搜索→预订三个阶段。在感知阶段，客户主要会经历线下 / 线上广告（如朋友圈广告）的刺激、用户生成内容网站（如小红书）的内容推送以及社交媒体（如微博）的第三方消费者或家人朋友推荐等一系列智慧化接触。在搜索阶段，客户与在线旅行代理商（如携程）、搜索引擎（如百度）、官方网站等渠道端接触。进入预订阶段，客户的触点发生在微信小程序、官方网站、在线旅行代理商（如携程）等。可以看出，这三个阶段中的大多数接触时刻都在线上，在这种仅凭网络而非现实的交互中，该怎样通过新兴的智慧化应用来提升民宿客户住前服务体验呢，值得我们思考。

微课视频 4-6：民宿服务智慧化体验设计

（二）典型的智慧化应用场景

1. 精准推荐与搜索

经济的发展及消费环境的变革使得如今的消费者不再满足于标准化服务，其消费需求愈来愈多元化和个性化，期待民宿带给他们的是有专属标识、充满个性化的消费体验。顺应行业发展之势，民宿行业基于互联网信息技术下的个性化推荐及搜索，对客户在住前阶段的消费决策进行引导，给客户带来更好消费体验的同时，也推动了收入的提升。个性化推荐就是人们常常说的“千人千面”，系统根据收集的已知客户信息，利用信息过滤和算法，为客户推荐符合其当前兴趣的产品、内容和信息。

个性化推荐是建立在数据挖掘基础上的，在民宿的实际场景的落地应用上主要体现在两方面：一是客户主动搜索时的个性化信息呈现，二是企业主动推送营销信息时的个性化精准推送。搜索场景的个性化推荐在各大 OTA 平台应用得比较普遍。OTA 作为旅游行业的综合性服务平台，为客户入住民宿提供了丰富多元的选择。

客户可以在 OTA 平台快速获取各类民宿信息，并从价格、服务、评论等多个维度对民宿产品进行对比。借助智能算法技术，当客户在 OTA 平台主动搜索时，网站基于其历史预订信息，诸如消费价格、偏好品牌、出行类型等数据，优先展示符合其偏好的商品条目，避免客户面临信息过载局面，提升客户决策效率，从而实现 OTA 平台与相关企业的收益最大化。具体有两个方面的操作：一方面，OTA 以平台方的身份对民宿的客房、餐饮、增值服务等费用进行规范，让民宿进一步让利客户；另一方面，OTA 平台会不定期推出各种营销活动，以平台红包、代金券的形式补贴客户，为客户降低入住成本。

2. OTA 预订与在线选房

随着互联网技术的迅速发展以及中国网民基数的不断扩大，使用互联网终端如电脑、手机预先订购旅游产品的人越来越多。随之而来的是各种网络预订平台的兴起，网络预订即在线预订，是指旅游消费者通过网络向旅游服务提供商预订旅游产品或服务，并进行网上支付或者线下付费，即各旅游主体可以通过网络进行产品营销。网络预订商业模式极大地颠覆了以往传统旅游产品的销售模式。传统时代的客户是到旅行社在线下的实体店中，在众多住宿项目中仅凭个人“直觉”预订自己所喜好的民宿，由于缺乏足够的参考依据，整体的消费体验较差。

而在各种在线预订网站中，客户可以在众多民宿中根据民宿评分、民宿图片、民宿视频、个人偏好及预算等信息筛选出合适的几家民宿，参考在线点评板块中其他消费者的评论信息以辅助做出最佳的预订决策。这样一来，客户的决策成本、决策风险大幅度降低，消费体验也随之提升。截至 2022 年 12 月，我国在线旅行预订用户规模达 4.23 亿，较 2021 年 12 月增加 2561 万，这足以表明在线预订的巨大影响力。

3. AI 语音智能

在大数据、云计算、人工智能等新一代智能技术的赋能下，基于自然语言交互技术的 AI 智能外呼机器人应运而生并得到广泛运用。相比人工客服，AI 智能客服能够大幅度降低人力运营成本、提升服务响应效率、提升服务质量以及提升销售转化率。《2021 年中国智能客服市场报告》指出，AI 智能客服的核心价值主要体现在提升客户体验、企业降本增效、提升企业品牌差异化，其中提升客户体验是被企业提及最多的价值，也是企业采用智能客服最重要的推动因素。

AI 语音智能民宿住前环节主要有两个场景应用：智能营销和到店信息确

认。民宿为服务体验型产品，无法预先评估其属性，客人对于民宿产品的预订决策周期往往比其他产品更长。在信息爆炸的时代，采用传统的短信营销方式，营销转化效率极低，借助 AI 语音外呼的技术，主动通过语音向客人介绍营销信息引导其打开短信或微信推送内容，能够很大程度地提升营销转化效率。在到店信息确认这一环节，由于民宿的客房库存是实时变化的，若客房库存在当天因退款等事宜而导致积攒，那么该客房当天的收益则为亏损状态。为此，利用 AI 语音外呼与客人提前确认到店时间，同时为客人提供出行的温馨提示和问候关怀（如提示当天出行天气等），不但可以避免出现退单空房的窘境，还能很大程度上提升客人的好感。

二、抵店后的智慧化服务体验设计

（一）主要体验点

在住中阶段，客户会经历停车、抵达民宿、走到前台、办理入住、进入房间、使用设施等大量会产生实体接触的场景，而这些场景的主要特征是生产与消费同时产生。换句话说，客户在住中过程中消费的大部分都是无形产品。那么，如何让客户感知到无形产品的“好”呢？智慧化应用可以帮助我们透过客户视角，关注民宿与客户交互的全过程，了解过程中的每一个关键场景、触点和端到端的体验，全面地掌握客户体验现状，厘清自己的优势和短板。

（二）典型的智慧化应用场景

1. 智慧化智能无感

许多民宿纷纷借助“数智化”手段打通了民宿系统与城市开放服务系统的对接，尤其是集成民宿入住、公安登记等多场景的数据需求，打造数据集成中心，让客户在入住过程中通过“一键”就可实现无接触登记、入住、消费等流程。简单来说，就是将民宿、公安和企业及政府公共服务部门的系统全线打通，并进一步提升系统之间的对接效率，从空间与时间层面，减少客户与外界的接触并提升客户体验的流畅性，实现了客户的安全和住宿良好体验之间的平衡。

对于客户来说，在手机终端即可在线核验其身份信息，获取房间信息和同步民宿后台人脸信息，这样就无须在入住中经历一系列冗长的流程，便可直接前往对应民宿客房刷脸入住，从而获得全程无感、精准、舒适的入住体验。

2. 智慧化触点问卷

人们对于客户体验的探索是从客户满意度和客户价值管理开始的。最早可以追溯到20世纪90年代，但基本上是通过电话、邮件等形式开展调研的，再通过纸质报告的形式来陈述。这种传统的执行方案不仅效率较低、调研价格高，而且执行周期长，从数据到报告往往需要几周甚至月余，所以获得的数据也多用作事后决策依据，有一定的时间滞后性，这样就难以对当下的运营方针做出指导和优化。

伴随智慧化浪潮的席卷，客户需求与企业生产也发生了一系列变化。比如：技术的升级和竞争的加剧导致客户的行为和需求变化越来越快；产品生命周期越来越短、市场更迭越来越快，留给企业做决策的空间越来越少；流量成本攀升，获客成本持续走高，留住客户成为最好的成本管控手段；体验经济的盛行，让客户越来越关注整体体验，而非单一卖点（如价格低、质量好、品牌响等）。面对瞬息万变的客户需求与竞争激烈的市场环境，一边是原有的方案难以实现实时传达，一边是强化体验已经成为优化与调整的前提，提升体验管理实时性势在必行。

基于此，民宿企业利用智慧化的特性及优势将初级竞争升级为"体验优先"的价值竞争，除了满足客户对民宿产品服务的需求以外，更注重满足客户心理层面的诉求，想方设法为客户提供差异化体验，让客户从"买得到"变成"买得爽"，以获得自身品牌相较其他竞品的"品牌价值溢出优势"，获得更持续、长久的竞争力。

目前，一些连锁民宿通过智慧化技术对传统的客户调研方式（如纸质问卷调研、人工电话回访等）进行升级迭代，采用围绕客户旅程、能够在发生体验的第一时间回收客户真实反馈的智慧化问卷进行调研。

从服务视角出发，首先，基于二维码、短信、公众号等多个智慧化渠道收集反馈，使问卷的触达范围更广。其次，将冗长的问题打散，让调研的情境细致化，客户感受还原度更高。这样一来，回收回来的问卷反馈不是简单的满意或是不满意，而是能成为下一步改善体验的抓手。再次，通过与企业CRM、PMS等系统实现对接，对客户进行分群，针对不同客户类型发放不同问卷，例如根据性别、细分市场类别、会员/非会员身份、入住次数等数据，使问卷更有针对性及更精细化，能提升客户答题体验及问卷回收率。不仅如此，系统可以根据问卷，将服务体验类标签贴到客户身上。例如，系统通过问卷发现某些客户特别在意卫生，就能够自动贴上"卫生敏感度高"这样的标签，在客户下次入住时，提醒员工特别关注卫生问题并为其提供一次性浴缸套、酒精消毒套装等物品，进一步提升客户体验感。最后，基于客户在民宿入住的实际体验场景隐性地植入问卷，在客户进入场景后自动触发，进一步提升客户答卷意愿及问卷回收率。例如，在客户进入房间10分钟后，通过手机订房 App、智能音响、电视或二维码等自动下发满意度问卷，了解客户进店入住等环节的体验感受。这种方式实现了对客户体验反馈的实时收集，一旦发现用户的负面情绪，系统将第一时间预警，民宿有机会在客户离店前进行服务补救，有效避免差评的发生。

3. 智能机器人

随着我国数字经济的飞速发展，消费者对于更高服务水准、更高科技化的民宿入住体验需求越来越强烈，传统民宿已逐渐不能满足人们日渐提高的消费需求。机器人与新一代信息技术、人工智能、云计算、物联网、新材料等新技术实现了更广泛、更深入的融合，机器人产业正向智能化、网络化、智慧化方向快速迈进。机器人与实体经济的有机结合将是一种新的市场模式。

配送服务机器人作为民宿服务硬件，承担了民宿中大部分物品的配送任务，其角色已从“非标准品”变为“标配”。住客开始将配送机器人作为一个机器人服务员来看待，这就要求产品除了具备基本的配送功能以外，还需要拥有多元化的服务组合矩阵。民宿是否配备机器人已经成为其是否可以在商旅住宿市场中脱颖而出的关键性因素之一。

机器人在具备零接触、智能化、与民宿各消费服务场景深度融合、减少民宿人力成本等特点的同时，还实现了高效服务。它们通常被视为“超级员工”，在多场景下可提供零售、送物、引领、讲解、导航、巡游等各项服务，还可承担深夜安保等职责，减少了 90% 的问询、送物等重复工作量，在人力成本控制、引领消费等方面起到积极作用。此外，AI 机器人还能够与 AI 智能电话关联，实现“智能化互联”。在客户通过 AI 智能电话提出一些需求、咨询等后，由 AI 机器人提供全天候的响应及服务，不仅降低了人力成本，提高了服务效率，还极大程度上对客户的消费体验有显著的积极影响。

除了在民宿运营层面具有建设性作用外，AI 机器人还能够应用到民宿的营销层面。它们能够通过采集客户的消费频次、消费种类、消费时间等数据进行后端处理来分析客户行为，赋能民宿精细化运营，以便更全面地帮助民宿提升服务管理水平，优化客户体验，进而综合地打造智慧民宿。此外，对于一些特殊客群（如亲子客群），AI 机器人自带的事物新奇性还能够引发客户兴趣、关注与口碑分享，引发口碑裂变营销效果，为民宿带来一定潜在流量。

三、离店后的智慧化服务体验设计

（一）主要体验点

客户离店，是否意味着在民宿的旅程和体验的结束？从客户体验管理的定义来看，客户体验管理以提高客户整体体验为出发点，注重在与客户的每一次接触中能满足或激起客户心理及感官期望的机会，通过协调、整合售前、售中和售后等各个阶段，各种客户接触点或接触渠道，有目的地、无缝隙地为客户传递目标信息，创造匹配品牌承诺的正面感觉，以实现良性互动。

在“数据赋能”的时代，对于民宿从业人员而言，如何结合线下与线上各自的特性来打造良好的客户住后体验成为一项议题。以近些年的某优秀网红民宿来说，他们将客户在民宿的住后旅程拆解为五个关键节点，分别为：客户离店的那一刻；离店之后，客户点评的那一刻；客户第二次想起民宿的那一刻；客户要跟朋友推广和介绍那一刻；还有客户第二次再预订的那一刻。

从客户反馈的数据中可以发现，客户在离店流程中经常会因为排队办理退房、等待查房、验收押金退款等而产生不满。因此，通过数字技术手段打通与信用机构数据平台的互联通道，获取如支付宝信用、信用卡记录等能够证明客户信用的数据来判断该客户的风险程度，从而让一系列繁杂的离店流程“一键化”“无感化”，大幅度提升了客户的离店体验，因此广受客户好评。

（二）典型的智慧化应用场景

1. 在线点评管理系统

由于网络消费环境的信息不对称性、信息负载性和风险性等一系列原生问题，消费者需要极大程度上依赖大量亲友推荐、前消费者的评价等来辅助做出相关决策。基于民宿产品的不可预知性，民宿与客户间的信息不对称被进一步放大，客户所承担的产品风险程度较高。基于关系同质性，客户对于其他客户在线点评的信任程度是对企业宣传广告和营销人员的信任程度的 12 倍，近 90%的客户在做出预订决策前查看在线点评，后者直接影响民宿客户的决策过程。在线点评在民宿产业链生态中的角色和地位越来越重要。

有调查显示民宿的评论等级上升 1% 会使每间客房的销售额增加约 2.6%；在 OTA 平台（如携程）中，点评分 4.5 分以上的民宿占据了平台 72% 的流量；民宿点评分与转化率相关系数高达 95%，点评分越高进入民宿页面的客户越容易下单；当民宿无点评或点评量低于 50 条时，订单转化率会比同行业平均水平低 80%。

以上几组数据进一步表明了点评对于民宿乃至各行各业的重要性。

因此，许多企业也意识到，在“客户存量”的时代，点评无疑是企业可持续发展的核心竞争力之一。

智能大数据时代下，点评数据体量的膨胀化以及形式的多样化使得传统的靠人工来分析点评的方法不再适用，取而代之的是结合了智慧化与自然语义分析技术的分析方法，它们能使复杂的文本信息成为结构化、可分析的数据，构建数据打通、融合、能为运营持续赋能的点评管理系统。

首先，点评分析系统能够通过对点评内容的深度挖掘与聚合，以及语义分析技术的解析，将海量点评转化为可量化，可分析的数据，从而刻画出民宿客户旅程触点，并清晰、迅速地定位客户的核心诉求、痛点、需求、建议等关键信息，围绕这些信息进行产品或服务的优化，设计出更加符合市场需求的产品或服务，进而改善客户的住宿体验，最终提升民宿的点评分，提升曝光度及转化率。

其次，通过系统地分析点评内容，还能够挖掘出契合民宿自身调性的口碑传播因子，并让其通过客户的点评传播出去，形成裂变效应，从而拉动更多潜在客群。

最后，在当下竞争如此激烈的市场中，保持领先于竞争对手乃至市场至关重要。通过系统设置，系统能够实时追踪竞争对手的点评数据，全面地了解竞争对手口碑情况及民宿所处的市场位置。同时与竞争对手民宿进行对比，了解竞争详情，制定口碑提升目标，进而获取更强的竞争洞察力，制订差异化的竞争策略。

对于民宿而言，监控及管理众多旗下门店的口碑是极其烦琐和困难的。通过点评综合管理系统，将所有门店点评数据聚合展示在一个平台上，集团可以将口碑目标落实到单店，同时直观地了解到旗下民宿排名、达标情况，在管理上给予适时的监督、指导，加强民宿对 OTA 点评的管控力，提升民宿整体口碑。

2. 客户忠诚度计划

客户忠诚度计划是通过维持客户关系和培养客户忠诚度而建立客户长期需求，降低其品牌转换率以及提升复购率的客户计划，通常的形式包括客户分级会员制、累计消费奖励制度等。在近年数字信息科技发展的背景下，客户忠诚度计划的载体在不断地更迭，通常包含以下三个关键要素：信息科技的运用、客户信息 / 知识的洞察，以及直接与客户进行个性化沟通。

在民宿业当中，民宿可以通过智慧化技术（如各类社交媒体）的运用来提升客户在住后旅程与民宿的触达次数，基于触达反馈的数据进一步分析与洞察客户诉求，从而与客户进行个性化沟通，提升客户对民宿的好感度，为下一次复购营造契机。

以往传统民宿的忠诚度计划中的兑换产品主要为民宿场景下的产品。由于民宿为低频次消费品，消费者往往是因旅游、休闲等需求才会到民宿消费，降低了客户忠诚度计划对于消费者的吸引力。而在智慧化技术的赋能下，民宿能够在网络平台放入各种客户日常生活场景下就能使用到的高频次消费品

（如床上用品、香薰等），提升客户忠诚度计划对于消费者的吸引力。

3. 线上社群运营

在残酷的市场竞争环境中，民宿仅仅依靠低消费频次的客房收入难以在众多包围圈之下突出重围。因此，如何发展民宿高频次的非客房收入（如健身房、SPA、水疗收入等）成为重中之重。此外，随着主力消费者群体的年轻化，其品质化、情绪化、场景化、生活化的消费特征让他们不再将民宿当成一个简单的旅居场所，而是当成人文、社交、轻奢、有趣生活方式的延续和入口，他们渴望能够在民宿收获更多的朋友、灵感和温暖。

基于此情景，愈来愈多的民宿企业通过“社群运营”的方式，在客户住店及离店期间引导其进入自建社群，在社群中营造多种场景，从而拓展销售更多周边产品。同时，在社群中企业以“朋友”的身份与客户建立及保持极为良好的关系，并在社群中传递客户所喜好的生活方式理念，进而通过口碑裂变来吸引更多同质化客户，为民宿创造更高的美誉度。

例如，某国内品牌民宿零售团队就凭借民宿供应链整合能力以及用户调查满意度数据，打造出当代消费者所喜爱的“质感生活”场景化入口。为延续品牌人文、温暖、有趣的品牌调性，该品牌围绕超过 2500 万忠诚会员的出行痛点，洞察用户的上亿次入住体验需求并收集实际反馈，反向研发、设计产品，向客人提供覆盖睡眠、香氛个护和出行领域的产品服务，让用户享受“所用即所购”的便利，朝着“始于住宿的生活方式品牌集团”的愿景稳步前进。此外，该品牌零售业务还在私域渠道和电商渠道布局，私域以 App 小程序为代表，电商涵盖天猫、京东、有赞、抖音、小红书等。

4. 民宿社群运营

对于传统营销模式来讲，营销是僵硬的，明确区分了生产者与消费者。而社群所起到的营销效果是温暖的、具有情感的。它能够实现生产者和消费者的实时连接；二者之间不再陌生，情感的熟络能够激活粉丝活力；同时，根据消费者的个性需求，生产者可以个性化定制民宿产品，甚至进行营销创新。

民宿是具有独特内涵和特质的，吸引相应的消费者和爱好者，此类人群具有相同的兴趣、爱好，或者是受民宿主所吸引，群聚在一起。民宿社群可以由此制定相应的运营策略，通过对每个单一的个体进行挖掘，促进个体间的互动和交流，从而增加社群黏性和成员忠诚度，促进社群质量的提升。

多数人有自己的生活圈子和活动范围，在这个圈层中，社群能够发挥很大的作用。民宿本身是生活化的场景载体，它是一个盒子，要让成员任意地往里填充任何他们喜欢的事物。无论是实物的需求，还是情感的诉求，通过社群的运作，都可以将其变现，让消费者来体验、点评，并给出调整意见。

民宿的社群搭建，其本身就是遵循着一种商业模式，通过社群的模式筛选出精准用户，从而针对性地提供营销及服务。针对民宿有多重经营模式，因此在搭建社群之初，就要考虑好你的社群应当是何种性质的。目前，市面上的社群生态大致有产品型、兴趣型、品牌型、知识型、工具型、相互型几类，不论选用何种社群模式，都要和民宿运营的定位相匹配。结构的统一，才是好的模式，也才能够有好的转化。

民宿社群的搭建，是部分营销功能的转嫁。一般民宿会将互联网及自媒体到访的客人拉进社群中，进行二次维护，促进再次购买以及口碑传播，再次，社群起到了平台的作用。相对于 OTA 等线上分销平台来讲，社群平台成本更低，效果更明显，转化也更高。

通过对手机用户的挖掘，多数用户会加入多个兴趣社群，而社群本身是介于熟人与陌生之间的。民宿社群可以将不同时间、空间的人聚集在一起，通过共同的话题内容，持续地对用户产生热度和兴趣，因而产生交互价值。

多数民宿在营销过程中，会使用多种渠道，诸如 OTA、自媒体、传统媒体等，但毋庸置疑，成熟稳定的社群，本身也是一个非常强大的渠道，社群中的成员，既是消费者，也是传播者。他们背后都有广大的线上、线下市场，如何激励传播，是运营者需要考虑的问题。

民宿社群的运营，不仅能带来一种商业价值，同时也能够促进模式的转变。这里对“生产模式、消费模式、营销模式”进行简单说明。

在民宿社群运营过程中，最先促进的是生产模式的转变，消费者在这里转变为生产者，通过提出对民宿体验的感受和建议，间接地促进民宿的改良、升级。这一过程中，对感受和建议的接纳与吸收，实现了生产者的群体创造；民宿通过体验反馈所进行的优化、升级，实现了生产者的群体协作。

社群的搭建，将体验者会聚在一起，这样体验民宿便不再是单一的产品体验，而是一种参与感的体验，在这一过程中，体验者通过情境的体验，释放情感信号，逐渐对民宿产品产生认同。

民宿在社群运营过程中，一定要基于这样的思考：你的民宿提供的是什么？如何给消费者做产品和服务？你做社群的目的是什么？社群本质上是一个圈层，一个社交的虚拟场景，因此一定要有明确的主题。毕竟就当今的市场环境来看，消费者有太多的选择空间，而且没有足够的耐心，民宿社群的运营一定是跨界的，需要线上、线下互动合作完成，要做到“墙里墙外”都能开花结果。

有形的社群，无形的品牌。社群的搭建不仅仅是营销的一个环节，同时也是品牌传播的重要部分。要具有全局的观念，有组织、有步骤地进行社群的运营及管理。

5. 智慧化离店问卷

传统消费时代，民宿在获取客户在住店流程中的体验及建议时通常采用以文字为主要填写形式的长篇纸质问卷，或是以调查人员口头询问的方式来进行调研。然而，这两种调研形式并不是最优的。其一，基于文字形式的长篇问卷所需的调研时间较长，耽误被调研者时间的同时，还造成了较差的答题体验，进而导致问卷的回收率、答卷可信度、有用性等调研指标都较低；其二，基于口头询问的调研形式在没有量表的情况下，调查引导性及目的性较强，难以获取客观及可信的信息，因而回收的答卷客观性、效度、有用性等调研指标都较低。不仅如此，许多民宿在客户的住后环节也只是简单地对客户进行了满意度调研，而并未将调研的机会转化为一次营销的机会，并未试图将一次性客户转化为长期的忠实客户。要知道，获得新客户的成本比保留现有客户的成本高 6~7 倍。并且，客户保留率提高 5% 可以将利润提高 25%~95%。

时过境迁，在信息智慧化时代下，智慧化问卷调研以信效度、回收率、有用性、客观性等诸多调研指标较高的优点逐渐取代传统的调研方式。在体验经济的浪潮下，民宿愈来愈重视对客户体验度的调研，纷纷采取如代金券、附带产品优惠券、现金等奖励方式以鼓励客户反馈感受。对于客户来说，填写简短、便捷的智慧化问卷不仅能节省答题时间，还能收获诸多奖励。

对于民宿来说，通过提供民宿产品或服务的代金券、优惠券等激励方式来刺激客户填写智慧化离店问卷，一方面能以“捆绑未来消费”的形式增加客户的黏性以及复购率；另一方面能够在“流量红海”的市场环境下，基于民宿直销平台、小程序或者公众号等私域平台，通过激励的方式将大量客人沉淀至企业的私域流量池当中，在住后阶段建立发展企业与客户之间的关系，不仅能够大幅度增强客户的生命周期价值，还能洞察客户的行为与偏好，预测市场未来发展趋势，为企业可持续发展打下坚实的基础。

【课中训练】

结合智慧化离店问卷的知识，请为那年晚村民宿设计离店问卷。

【拓展阅读 4-1】

慧居 | 网红民宿新宠儿，民宿智能化究竟路在何方？

如今的智能化民宿更多的是代表了一种全新的生活模式，它应该是“智会”型民宿。“智”指的是设置一整套智能化体系，打造智慧版民宿；“会”指的是“会生活”，民宿要让客人享受不一样的生活体验。

目前民宿的主要模式有：前台人工电话或者网上预订、查房、接待、入住等流程。但可能会出现以下一些问题：房客在前台等待造成拥挤；电话查房耽误彼此时间，容易流失客户；住客还未离开，新住客需要等待；房卡找不到或者无法交给住客。

如果民宿实现智能化的入住管理，这些问题就都可以轻松解决了。

首先住客提前在民宿网站上选择喜欢的房间，当然显示出能被选择的这些房间都是有房的状态。然后确认好入住时间，这样就无须致电前台多次确认了，可以直接到达入住房间。无须经过前台办理复杂流程，通过门禁密码或者刷脸就可以进入。

家一样的安全感

外出旅行不比在家，无论是住酒店还是住民宿，风险总是有的。对旅客而言，找到一个安全放心的环境居住是整个旅行过程中重要的事情之一。据了解，目前旅客对民宿安全存在的最大顾虑有四个：第一，经营的非法化；第二，缺乏安全性的门锁；第三，室外窥视；第四，非法入侵。其中，民宿是否正规合法，只能旅客自己考察、筛选，但另外几点，都能通过智能家居设备得到完美的解决。

以智能门锁为例，采用了 C 级锁芯和活体指纹技术，足以让任何不法分子束手无策。还可以通过“智能家居”App，随时随地查看开关状态，即便遇到突发事故，也能及时处理。

室内安全也不容忽视。智能门磁可实时监测门窗开关动态，在窗户、观景门上安装智能门磁，可防范不法分子撬窗入室的情况。智能语音管家则可以侦测室内人体活动，一旦感应到非法入侵，就会立即推送实时警报消息。

不一样的生活情趣

多数旅客选择民宿，就是为了体验酒店没有的生活情趣。有了智能家居产品的加入，民宿的娱乐属性得到了极大的提升，居住起来更有意思。

例如，智能插座可以满足你定时充电、远程开关电器的需求。智能灯泡和智能开关可以自由管理灯光，改变房间的色彩，营造各种不一样的氛围。

智能影音则让民宿瞬间变身影院，配合3D全息投影技术，在室内就能给你营造各类不一样的风景。

经营管理更便捷

如今，民宿的主要运营模式是通过前台、电话或者网上预订，随后查房入住。有一些问题是时常出现的，如前台会挤满旅客，电话查房耽误时间，房卡的遗失和损坏等。使用智能家居产品后，这些问题就可以迎刃而解。

旅客在网上订好房间后，无须与前台确认，便可直接到达房间，绕过复杂的流程，和房间管理者连面都不用见，通过门禁密码就可以直接入住。民宿管理者则可以通过手机或电脑，将开门权限授予旅客，并根据旅客居住天数设置入驻期限，过期则自动失效。实现这些，仅需要一副智能门锁。

此外，民宿管理者还可以建立起民宿的智能安防体系，对民宿进行实时监测、把控，接收信息更及时，管理起来更便捷。

最方便的是，如今的智能家居都是无线智能家居，设备的安装完全不会破坏民宿原有的结构，即插即用，既能为旅客创造良好的生活体验，提升民宿的竞争力，又能保障民宿安全，可谓是一举多得。另外，民宿内还配置高科技的智能家居系统，例如：智能插座，一次满足N个需求，还具备定时充电、远程控制超强功能。雷雨天再也不用怕住客忘了关掉电源了。智能灯泡，可以通过手机应用进行控制，并支持物联网连接。能够根据不同时间、场景对照明效果进行微妙的调节，增加民宿整体体验。燃气泄漏探测器，厨房小卫士自动监测室内（如厨房等）燃气泄漏程度，还能连接报警系统、智能通风或关闭气源功能，从而有效避免因燃气泄漏造成突发事故。智能摄像头，可不是用来偷拍的！是安装在室外实现手机远程监控、自动抓拍报警等基本的防盗功能的。除此之外还具有远程视频、双向语音对讲等实用功能，让旅客和房东实时沟通。智能影音，既结合了传统家庭影院的功能，又融合了智能家居系统的实用功能，让民宿瞬间变成影院，但使用却化繁为简。

举个例子，借助3D全息投影技术来模拟海滩和山林等自然场景，投影本身内置了真实的音效功能，可从视觉、听觉方面带给客人不一样的居住体验。

智能家居

通过智能家居系统，房东能随时监控室内的安全状况。而住客也能够通过对状况的判断来选择开启防卫、报警或者解除提示等。

智能家居系统，用最简单的方式实现家居的智能化操纵，符合短租住客的习惯——易学易用。

当然也会有人质疑，民宿本来是一个休闲放松的地方，但智能科技下意识地加快了生活的节奏。因此，这个时候我们就需要强调民宿的另外一种

“智会”，就是会生活。

与非智能生活截然不同，抽空关掉手机，到民宿住上几天，停下忙乱的脚步，过一段最简单的生活。没有时刻表，告诉你该起床的是太阳，提醒你睡觉的则是月亮。生活在民宿，要的就是缓慢而踏实的感觉。

的确，科技改变生活，智能化给民宿带来的是便利，或者说是一种新鲜的体验感。而更重要的是，民宿需要还原生活。任何个性化的服务都无法用智能和高科技来解决。民宿房东首先需要做到的是自己会生活，然后民宿才能真正地会生活。

可以不与住客碰面，但要增强存在感

智能化的入住管理系统，让房东可以不与住客直接碰面，但许多客人就会感觉不到房东的存在，从而无法体会民宿的人性化。不妨在民宿预订网站上放一段声情并茂的自我介绍，或者在房客入住前发一封简短的介绍邮件。在房客入住期间随时沟通、交流，临别之际的亲切道谢也很重要。

家装家居要高科技，更要高品质

切忌一味地强调高科技，而忽略设施设备的细节品质。例如关掉绚丽多彩的灯就会发现床单被套上的污渍，以及高清影院电视看不了三秒就断电黑屏等，这些由于品质不过关带来的重大过错，都会影响住客对民宿的好感。

和未来酒店一样，智能化是民宿今后必经的发展之路。对于所有民宿行业的房东和投资人来说，如何完美地结合高科技和民宿独特的生活体验感，这是机遇也是挑战。

资料来源：公众号“美宿管家”，2020-12-28

【能力训练】

1. 讨论思考：民宿智慧化产品背景下，如何做好产品的体验感？

2. 操作设计：选择一家民宿，完成民宿现状调研分析，并根据民宿特征，完成民宿服务智慧化体验设计。

3. 思考分析：民宿产品智慧化开发与设计发展趋势有哪些？

【综合实训 4】一件一品——非遗传承

任务描述：民宿与传统非遗相结合，能让旅客在体验舒适的同时，感受到非遗文化的独特魅力。请结合某地区某非遗元素民宿案例，对该民宿进行客户特征分析，为该民宿撰写一份客户特征报告，目的是为该民宿的后期数字化运营提供可靠的客源参数。具体指标如下：

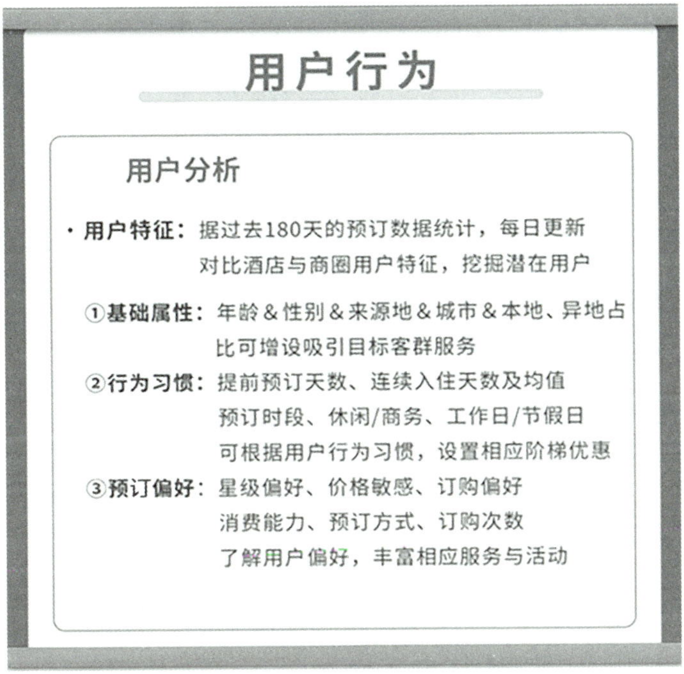

实训成果评价指标

技能评价表

评分项目	评分标准	分值	得分
主题内容	活动主题的合理性和突出性	30	
活动新颖性	策划活动形式创新性和吸引力	15	
活动流程	策划活动时间、外部条件、人员安排合理性、考虑到活动经费和应急方案	15	
活动可行性	活动开展可行性	20	
小组评比展示解说	演讲专业程度、语言技巧和非语言技巧，团队合作配合程度和时间分配的合理性	10	
策划案细节	策划案排版工整性、文字编排工整清楚、格式符合要求，文字流畅、条理清楚、逻辑性较强	10	

素质评价表

素质评价表使用说明：按优秀为 25 分、良好为 20 分、一般为 15 分、合格为 10 分、不合格为 5 分五个等级评价。分为学生自评与小组成员互评。

素质评价指标		得分
自评	团队合作精神和协作能力：能与小组成员合作完成项目	
	交流沟通能力：能良好表达自己的观点，善于倾听他人的观点	
	信息素养和学习能力：善于搜集并借鉴有用资讯和好的思路想法	
	独立思考和创新能力：能提出新的想法、建议和策略	
组员 1	团队合作精神和协作能力：能与小组成员合作完成项目	
	交流沟通能力：能良好表达自己的观点，善于倾听他人的观点	
	信息素养和学习能力：善于搜集并借鉴有用资讯和好的思路想法	
	独立思考和创新能力：能提出新的想法、建议和策略	
组员 2	团队合作精神和协作能力：能与小组成员合作完成项目	
	交流沟通能力：能良好表达自己的观点，善于倾听他人的观点	
	信息素养和学习能力：善于搜集并借鉴有用资讯和好的思路想法	
	独立思考和创新能力：能提出新的想法、建议和策略	
组员 3	团队合作精神和协作能力：能与小组成员合作完成项目	
	交流沟通能力：能良好表达自己的观点，善于倾听他人的观点	
	信息素养和学习能力：善于搜集并借鉴有用资讯和好的思路想法	
	独立思考和创新能力：能提出新的想法、建议和策略	
组员 4	团队合作精神和协作能力：能与小组成员合作完成项目	
	交流沟通能力：能良好表达自己的观点，善于倾听他人的观点	
	信息素养和学习能力：善于搜集并借鉴有用资讯和好的思路想法	
	独立思考和创新能力：能提出新的想法、建议和策略	

项目五

民宿数字化营销

项目导读

随着市场竞争的日渐激烈，消费者的个性化、多元化需求愈发明显，民宿的营销工作在日趋重要的同时也面临巨大的变革。本项目将从民宿 IP 创建的途径及其品牌传播策略出发介绍民宿营销的基本策略，通过讲解民宿智慧化产品营销的途径及方法为民宿产品运营的具体实践打下基础。

素质目标

1. 培养数字化创新思维和数字化管理的能力。
2. 培养学生数字化营销的职业道德素养。
3. 培养学生的文化自信精神。

知识目标

1. 了解民宿 IP 创建的方法。
2. 掌握民宿产品数字化营销的方法及内容。
3. 掌握民宿产品数字化营销策略。

能力目标

1. 能够根据民宿 IP 创建的方法制订民宿 IP 建设的内容。
2. 能够撰写民宿产品数字化营销的文案。
3. 能够独立完成民宿短视频制作。
4. 能够根据不同的客群市场进行不同的数字化营销推广。

思维导图

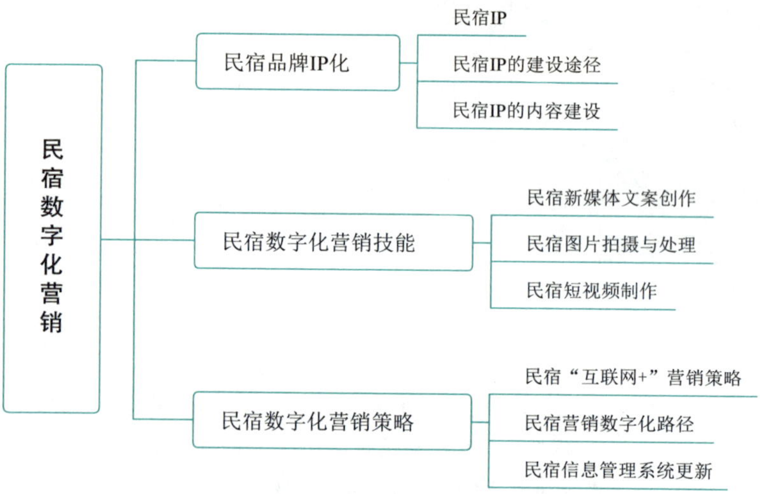

【案例导入】

如何看待民宿IP化

“哪吒”“王者荣耀”“PAPI 酱”……每个 IP 标签都耳熟能详，甚至给人留下深刻印象，这些独立 IP 背后都隐含着巨大的商业价值。单以 2020 年大火手游“阴阳师”为例，艾瑞咨询数据显示，其 IP 价值评估就高达 702.2 亿元，并且仍具备充足的升值空间。互联网时代，IP 成为商业运转中不可或缺的一环，而民宿行业凭借自身的多样性与可变性，成为大文旅产业中 IP 价值融合的着陆点。“动画 IP+ 民宿”“电影 IP+ 民宿”“游戏 IP+ 民宿”等组合形式如雨后春笋般迅速开展，民宿创新发展模式也来到新的十字路口。IP 时代来临前夜，民宿行业经历迅猛发展，甚至吸引不少都市白领和高管为心中的梦想与情怀辞去工作投身其中，这也反映出民宿本身的个性化情感寄托与底层基因的多样性。但行业市场野蛮生长的背后也隐藏着新的问题与挑战。

一方面不少民宿在个性化的道路上过于注重外表装饰，却忽略人文内核的打造，从而导致装饰风格的同质化。比如原本想打造差异化的“少女专属”民宿，最终千篇一律全都是“粉色墙纸 + 油画 + 气球”的形式，廉价的装饰不但无法形成特色，更没有瞄准“少女心”群体的真正需求。另一方面的问题则截然相反，过于追求个性使得民宿内部风格杂乱无章，无法形成有力的品牌与集群效应，更与用户实际的功能性场景需求相悖，初次新奇体验过后，难以给用户留下深刻印象并形成留存与复购。

IP 时代的到来，为解决民宿行业发展的内部矛盾提供强有力的“抓手”，最鲜明的体现就是近来大火的民宿类综艺 IP，不但为民宿行业导入流量，更形成一阵“民宿热”。《向往的生活》《亲爱的客栈》带火如泸沽湖、阿尔山、桃花源景区等一批小众旅游民宿 IP;《青春旅社》中的浙江莫干山景区民宿群，凭借综艺宣传与“归隐”IP 绑定，形成独特的都市精英仙野隐居的网红民宿 IP。

资料来源：喵小希 . IP 风口下的民宿融合

【想一想】

如何通过民宿 IP 的培养进而提升自身的民宿品牌效益?

任务一　民宿品牌 IP 化

一、民宿 IP

（一）IP 的定义

IP（Intcllectual Property，知识产权）是互联时代个人化或个体化的新事物，是由系统方法论构建的有生命周期的内容符号。它是故事体系和话语体系的稀缺价值，也代表了商业价值的稀缺性和可交换性。民宿 IP 是根据民宿产品特殊的生命周期而打造的一个独特内容符号，可以持续地进行人格化演绎并具有强效的流量变现能力。民宿 IP 是一个人格化的内容表达体系，有着深层次创造流量、形成新链接机会的内容体系。民宿可以基于人的尺度，打造其自身的独特 IP，并基于此真正去寻找民宿品牌、营销与产品一体化的机会。

微课视频 5-1：民宿品牌 IP 化

（二）民宿 IP 的分类

民宿 IP 从 IP 建设资源的角度可以分为两类，即显性 IP 和隐性 IP。“隐性”就是大量的高文化含量、低娱乐属性的经典 IP，比如文学名著、知名画作、艺术品、文物及文化遗产、古典音乐等。而显性 IP 则是那些高关注度、高话题性、强娱乐、弱文化的 IP，比如热门网文、动漫、电影、综艺、游戏等。

拓展阅读 5-1：打造民宿的 IP 文化

民宿可以自己打造 IP，也可以借助现有 IP。如果是自有 IP 打造，比较低成本的做法是挖掘一些现有的隐性 IP 资源，借助隐性 IP 更好体现自身内容与特色，而大多数隐性 IP 都属于公开版权，从成本上考虑也相对合适。

二、民宿 IP 的建设途径

（一）创建民宿人设品牌

民宿的人设可以参考以下几个维度：民宿的语言风格、服务肢体语言、标志性动作、标签化表情、人设昵称、民宿的粉丝名称等。可以借鉴影视剧里给关键人物撰写人物小传的经验，人设的性别、年龄、职业、性格、爱好、怪癖、关键性事件、标志性动作等越具体越好，之后呈现出来的内容也就具备更立体的内涵和外延。例如肯派静姐家，就是建立了一个静姐和龙哥相爱 20 年的人设。许多人在入住其民宿的过程中，受到他们的影响成为了民宿的粉丝。

（二）人格化 IP 和优化用户关系

人格化 IP 的打造，目的就是让用户觉得是“人与人之间的互动”而不是单向的“机器输出”。所谓人格化 IP 的定位就是找到民宿品牌与目标消费群体之间的关系，以及在此关系上，人格化 IP 需要以何种面貌和内容输出方式来实现与用户的交流互动，比如这种关系可以是朋友、专家、保姆、偶像，甚至是知己。不同的民宿品牌定位，决定了不同的用户关系，如表 5–1 所示。

表 5–1　人格化 IP 类型

人格化 IP 定位	目的
朋友	平等的互动交流方式，主要通过与粉丝的交流拉近双方关系
专家	由专家主导的关系。专家以自己的专业，向住客输出相关知识，扩展住客的认知，解决其困惑，例如酒文化类民宿就属于这样的关系
保姆	由住客主导的关系，以提供服务居多，主要是解决住客问题
偶像	一种新的生活方式和生活态度的引领。许多网红的民宿主也成为消费者心目中的偶像

在《民宿房东三千问》这个栏目里，民宿房东们一致认为，必须使客人在异地仍有归家的感觉。这要求民宿管家应注意营造轻松的谈话氛围，如朋友般问候和交谈，如询问客人是否顺利抵达房间，是否遇到不便，并提供相应的解决方案。对带小孩及老人入住的房客给予更多的关照。同时，亲切的服务不代表可以无禁忌地交谈，要注意避免谈及一些敏感话题。

（三）确定合适的内容载体

目前，网络内容的形式和载体已经非常丰富，包括图文、音频、条漫、视频等。其中视频又可以细分为长视频（网剧、网综、漫画、纪录片等）、短视频（PGC）、小视频（抖音、快手一类），还有 H5、小程序、小游戏等，只要是用来传递民宿品牌理念和价值观的内容形式，都可以为之所用。对于民宿人格化 IP 来说，内容、形式不同，其人格化的具体打造方式也不同。从内容的角度，同样的一段话或者一个内容，图文、音频、视频的呈现方式也都不一样，但是需要始终坚持人格化 IP 调性的统一。

（四）打造不同成长阶段民宿人格化 IP 的内容体系

打造人格化民宿 IP 还需要区分民宿品牌的不同阶段，无论是孵化期，还是成长期、成熟期。不同阶段的品牌打造人格化 IP 的思路都不一样，输出的内容也都有不同的目的和结果要求。

1. 品牌孵化期

首要任务是让更多的用户知道这个民宿和产品。人格化的定位可能一开始就是核心的小众人群，但一定要大范围地实现内容输出和传播，尽可能地让目标用户看到这个内容，利用内容来提高品牌和产品的知名度。这时要么砸重金去做广告，要么细水长流做种子用户，做口碑和用户沉淀。民宿人格化 IP 的形象和定位，往往需要出奇制胜，有辨识度，才容易被发现和记住。

2. 品牌成长期

该阶段的任务是利用内容来强调产品的价值，提高品牌和产品的美誉度，比如参与一些公益性的事件，以及和用户共同完成一个线上活动，加深和用户的关联，让核心用户带动非活跃用户，共同打造口碑效应。例如，“松赞民宿”首次推出了“精品山居旅行”产品——香格里拉环线游，2015 年售价过万元的“松赞”环线游，就有近 2000 人参加。“松赞”的出发点是：创造一个最好的文化分享平台，让更多人了解民族文化。

3. 品牌成熟期

此时，很多用户都知晓这个品牌，但仍然需要建设品牌。一方面，成熟民宿品牌在线上很容易就变成“老品牌”，因为核心用户群的更新速度、人格化 IP 的定位在品牌成熟期要考虑到迭代的问题；另一方面，成熟期的民宿品牌也需要时常给予用户提醒，以提升品牌的忠诚度。这时候，人格化 IP 所要担负的就是帮助品牌最大限度地做好转型升级，以及做好留存。

（五）选择合适的民宿推广平台

打造民宿人格化 IP 要有自己的自媒体线上平台，同时账号也要有人格化的运营方式。平台的选择，是依据内容的表现形式来确定的。其实每个平台都可以实现人格化 IP 的打造，只不过要看它是不是该民宿核心用户分布比较多的平台。一般的思路还是全网传播，通过数据观察平台的用户分布来重点运营。当今，“两微一抖”已经成为大多数企业做自媒体的必选阵地。同时抖音、快手类的小视频平台，在民宿人格化 IP 的打造方面，也有很多天然优势，比如竖版视频的呈现方式，更容易实现用户和人格化内容的直接“面对面”交流，更具沉浸感。

微课视频 5-2：
民宿推广策略

（六）把握民宿品牌上线时机

对于新的民宿品牌，人格化 IP 的上线时机一定要结合目标用户的需求，比如对于亲子类的民宿品牌，暑期就是一个较好的“出道”时间点。而对于连锁的民宿品牌，则需要做人格化 IP 转型；再包装的品牌，需要考虑到自身促销活动以及一些品牌类的纪念日和庆祝事件，比如连锁民宿集团的周年庆等。总之，民宿人格化 IP 的打造，本身也是一件很有趣的事情，可以让品牌更人性化，更接地气，而所属的品牌也会更符合“人”的需求。尽早意识到人格化 IP 的重要性，不仅可以省去很多不必要的推广费用，还可以真正在线上获得自己的用户。

【课中训练】

结合民宿 IP 途径建设的知识，请搜索相关信息并分析那年晚村民宿品牌的特点，分析其品牌宣传合适的内容载体以及其品牌所处的阶段。

三、民宿 IP 的内容建设

民宿 IP 建设除了要在线上进行推广之外，还需要考虑住客的核心需求。外在的宣传和包装是民宿 IP 建设的必要手段，但是民宿在产品和服务上仍然需要进行质量提升和内涵建设。

（一）产品组合

微视频 5-3：精品民宿鉴赏 5

尽量扩大产品组合，包括拓展产品组合的宽度、长度和加强产品组合的深度。前者是增加产品大类和在原有产品大类内增加新的产品项目；后者是增加每种产品项目的品种和规格。民宿增加产品组合的长度和深度可以迎合广大消费者的不同需要和爱好，以招徕、吸引更多顾客。企业增加产品组合的关联性，则可以合理配置和高效利用企业资源，并提高企业在某一地区、行业中的声誉。民宿不只是民宿，客房也不只是客房，它们是提供给客人的某一个具体问题的解决方案。比如客人需要在旅途中休息，民宿提供的是住宿的解决方案。当客人有其他需求时，这就是民宿的商机。目前，很多民宿都会选址在风景优美的地方。如何根据客人的需求，策划有当地文化特色的旅行产品，让民宿既是旅行的目的地，也是旅行的中继站，可以为民宿增加更多附加值。

（二）服务创新

民宿作为住宿业的一种，服务创新也构成了产品的重要环节，能够成为民宿营销的亮点。但是住民宿和住酒店存在差别。民宿非常个性化，每个民宿都有自己的特色。这样的个性和特色，最明显的体现就在民宿的“人”的身上：如果遇到喜欢喝红酒的民宿主，或许他会拉着你在他的酒窖前眉飞色舞地炫耀这瓶酒的产地是哪里，那一年的天气怎么特殊，所以酿出来的酒会跟其他年份的酒有什么区别；如果民宿主恰好和你一样喜欢去各个地方旅游，

图 5-1　赣派建筑保存完好的钓源古村里有不少民宿（图源：江西省乡村民宿协会）

或许他民宿的公共空间里就会摆满了从世界各地淘回来的小玩意儿，琳琅满目，宛如一个小杂货店，民宿主会如数家珍般跟你细说每一个小摆件背后的万千深情……每位到民宿的客人，最先和最后接触的，应该都是民宿管家，从迎接到送别，民宿管家和客人有着最多的交集。如果说一家民宿有贴心、温馨的服务，那么民宿管家就是这个服务的最佳执行者。

（三）质量把控

营销的核心是产品本身。民宿作为住宿行业的“非标准”存在，小到一把牙刷该怎么选择，大到一间客房该怎么设计，都会对顾客产生影响，从而影响民宿的效益。在易耗品的选择上，首先确定好顾客群可承受的价位区间，试用这个范围内的不同品牌，找出最好用的几种。然后在这几种当中，研究哪种是更健康的，风格和民宿更相配的。再想好怎么使用，用起来是否方便。按照这些步骤筛选之后，买最合适的产品。在洗漱用品的选择上，要注意牙刷毛的软硬和质量，有些香皂如果对皮肤有害，就不能选择。除此之外，为了满足客人的心理需求，在包装上也要力求精致。一把小小的牙刷，一条薄薄的床单，可千万别不当回事，客人极有可能就因为这个给你一个差评。在网络时代，一个差评带来的后果，可不止损失一个客人那么简单。

民宿虽然是非标住宿业，但是客人对于服务质量的感知与酒店是一样的，所以民宿在对客服务上，也可以参考酒店的服务标准，提供优质的对客服务。从对客服务的语言、对客服务流程、民宿管家的礼仪等多个角度，建立规范，制定标准，加强培训，提升服务质量。

【课中训练】

结合民宿 IP 内容建设的知识，请搜索那年晚村民宿相关信息并分析其品牌建设的特点。

任务二　民宿数字化营销技能

一、民宿新媒体文案创作

（一）拟定新媒体文案的标题

1. 标题的基本要求

在文案中，标题常常决定着受众对文案的第一印象，并据此判断是否有继续点击文案并进行阅读的必要。因此，标题的写作对文案人员来说至关重要。对于任何一篇文案来说，标题的好坏直接影响文案的点击率和传播度。标题写作要通俗、真实、有“痛点”和有趣，这是基本要求。

2. 标题的写作方法

（1）宣事式

宣事式标题就是不玩文字游戏、直接点明民宿产品宣传意图的标题。这种标题常会开门见山地宣告某事项或直接告诉受众会获得哪些利益或服务，让受众一看标题就知道该文案的主题是什么。折扣促销、产品上新等活动推广文案常使用这种标题。

例如：

你的完美之旅只差一场重塑身心的 SPA！——松赞旅行

最低六折，裸心春天亲子田园套餐，带宝贝回归自然。——裸心堡

（2）提问式

提问式标题就是用提问的方式来引起受众注意，引发他们去思考，加深他们对文案的印象，引发他们想要读完全文一探究竟。提问式标题可以是反问、设问，也可以是疑问，有时甚至可以用明知故问的方式来表述文案主题。

例如：

怎样告诉孩子，什么是春天？——墟里民宿

我有礼物，你有故事吗？——亚朵生活

（3）对比式

对比式标题就是通过对比手法来衬托民宿当前产品的特点，从而加深受众对产品的认识，引起受众的关注。对比的手法比较灵活，大致有将与之相反或性质截然不同的事物进行对比以及与行业内品牌不同但同质的产品进行比较两种方式。

（4）证明式

证明式标题就是以见证人的身份阐释民宿产品或品牌的好处，以增强受众的信任感，既可自证，也可他证。该类型标题常使用口述的形式传递信息，语言自然通俗。

例如：

我在喜马拉雅山的北边造了一个会呼吸的老房子。——松赞旅行

清风徐来，我和小院的故事。——隐居乡里

（5）新闻式

新闻式标题比较正式且具有权威性，主要以报告事实为主，是对近期发生的、有意义的事实的一种表述，一般多用来告知受众近期某些事实变化，包括民宿新产品发布、最新活动等，目的在于引起受众的关心，引导其阅读正文。

例如：

大乐精酿啤酒节 / 七月当醉，不醉不归。——大乐之野

山舍龙井季 / 用一盏龙井茶香，将春天留下。——山舍

（6）号召式

号召式标题就是用鼓动性的话语作为标题，号召受众做出某种决定或行为。其语言要求具有暗示性和指向性，能让受众受到语言的鼓动，做出标题所要求的某种行为。号召式标题一般具有祈使意味，以动词开头，但在写作时要注意委婉用语，要考虑受众不愿意受人支配或命令、要求的心理特点。

例如：

王老吉的《让王老吉从中国的货架上消失！封杀它！》使用的就是这样的手法。

（7）盘点式

盘点式属“干货”和经验分享类标题，内容实用性很强，很容易吸引受众的关注。因此，如果在标题中透露出本篇文章有内容丰富的总结、归纳，势必会带来不少的点击率。

例如：

深圳两天一夜的“5 种玩法”这一次通通告诉你——OYO 酒店

3 天 2 晚去哪儿玩：我教你慢慢长大，你叫我重新做回孩子——隐居乡里

（8）颂扬式

颂扬式的标题是指用正面、积极的态度，对产品或服务的特征、功能进行适度、合理的称赞，以突出产品或服务的优点。

例如：

看过世界的孩子更强大 / 同朴宿文旅畅游贝林自然博物馆——朴宿

来莫梵，熊孩子为啥不玩手机了——莫梵洋家乐

（9）悬念式

悬念式标题与猎奇式标题类似，但猎奇式标题侧重于用鲜少听闻的、让人比较震惊或不合常理的消息博取关注，而悬念式标题侧重于借助某个点去引起受众的好奇和思考，让受众带着疑问去阅读，在其中探索答案。

例如：

为什么她总是找一堆理由不跟我出去旅行？——亚洲万里通

没想到你的星座是这样的度假风格——亚朵生活

（10）数字式

在网络媒体时代，新媒体文案人员常常借助确切的数字来总结正文，用作标题。一方面，数字干净利落，给人一种理性思考的感觉，让人觉得文案十分有条理，可看性强；另一方面，与烦琐的文字相比，数字更有表现力，可激起受众强烈的阅读欲望。

例如：

从莫干山到安吉踏青看花海，尽享大乐之野的五种玩法。——大乐之野

（11）话题式

话题式标题就是通过关注热词与热议的话题撰写标题，引起受众的关注。在撰写话题式标题时要注意紧跟时尚热点进行标题的策划。攀升百度、微博的热搜排行榜的话题，其点击量、转载率与分享效果常成为文案人员的参考依据。

例如：

全球注目的英国皇室婚礼即将到来！全球梦中的童话婚礼在此——裸心堡

3. 撰写极具吸引力标题的技巧

（1）巧用符号

符号能给受众强烈的感官刺激，增强其点击的欲望。标题中的符号可以定义为四类：一是真正意义上的标点符号，如感叹号、省略号等；二是数字符号，如 1，2，3 等，在盘点式、数字式标题中常用；三是符号化，即将标

题中的名词用广大受众熟悉的符号转述替代；四是时代符号，主要指当前具有代表性的网络热词，这样的词汇自带热度，能增加标题的趣味性，吸引受众的关注。

（2）借力借势

借力是指利用别人的资源或平台（如专家、社会潮流或新闻媒体），对自己的产品或服务进行推广营销，以达到快速推广自身民宿的目的。借势主要是指借助最新的热门事件、新闻，以此为文案标题的创作源头，通过大众对社会热点的关注来引导受众对文案的关注，以提高文案的点击率和转载率。

（3）文化特点

借助诗词、成语典故、谚语、歇后语、口语、行业内专业术语、外语人名（地名）和影视、戏曲、歌曲等创作文案标题，可以提升文案的文化涵养，给受众一种不同的感受。如“六神有主，一家无忧”“房价下跌百姓只问不买，中介只求‘非诚勿扰’”这样的标题。

（4）善用谐音

谐音式标题就是利用谐音来表达隐含的意思。谐音富有很强的生活气息，具有幽默感、趣味性和口语化的特点，是人们比较喜欢和易于接受的一种语言表达方式。例如某空调的广告文案标题“智者见质”、香山瓜子的广告文案标题“开心一嗑”就是使用这种手法。

（5）感情渲染

打感情牌也是文案标题的一个写作技巧，借助感情色彩很容易引起受众的共鸣，让受众联想到自己，从而引起受众阅读的兴趣。

（6）巧用修辞

比喻、引用、对偶、对比、拟人和夸张等修辞手法不仅可以增加标题的吸引力和趣味性，还能使标题显得更有创意。

（7）许以利益

想要获利是每个人的天性，因此，如果通过标题直白地告诉受众会获得好处，尤其是免费获得利益，那么受众势必会对该文案感兴趣。

（8）制造紧迫感

制造紧迫感常和承诺给受众利益一起使用。其旨在为受众传达“限时抢购”“买到就是赚到”等信息，刺激受众的消费欲望。

例如：

房价 6 折！！限时折扣！！手慢无！！！

（二）设计新媒体文案的开头

新媒体文案的开头具有承上启下的作用，上需承接标题，下需引导受众进一步阅读。新媒体文案开头的种类有以下几种。

1. 悬念开头

设置悬念的方法与利用故事开头的方法所创造的效果有点类似，都是较重视故事的作用。但悬念常与刺激、恐惧、好奇心联系在一起，表达的意思较为扣人心弦。以悬念开头的文案，通常都把吸引受众放在第一位。

2. 直接开头

直接开头就是开门见山，直接揭示文案的主题思想或点明要说明的对象，要求快速切入文案内容中心，将文案需要表达的内容直接描述给受众。这种写作方法常以标题为立足点直接进行阐释，避免受众产生心理落差。

3. 名言开头

名言开头，即在文案开头精心设计一则精练、扣题又意蕴深厚的句子，或使用名人名言、谚语、诗词等，引领文案的内容，突显文章的主旨及情感。名言一般具有言简意赅的特点，运用得当不仅能充分展示文案主题，还会让受众觉得撰写者有文采，文案充满吸引力，从而大大提高文案的可读性。

4. 利益开头

借助利益的诱惑力吸引受众对文案的关注，是一种比较有效的方法。人们总是会关心与自己切身相关的利益，一般情况下不管自己目前有没有购买的需求，大多数人都会选择继续查看相关信息。

5. 故事开头

故事开头也就是情境导入，即在文案的开头创造一个故事情境。可以用富有哲理的小故事，或者与要表达的中心思想或段落相关的小故事作为开头，然后用一句话揭示道理。还可以直接写故事，然后在其中进行产品植入等。

6. 内心独白开头

这是一种在文案开头就把内心的真实想法表露出来的写作方法。内心独白可以以戏剧性的对白或文案人员的自述形式呈现，这种情感剖白会增加受众对文案的亲切度，被认为是文案人员内心活动的真实反映，极易给受众留下情真意切的印象，引起受众的共鸣，从而得到受众的信任。

7. 修辞手法开头

修辞手法有很多，包括比喻、夸张、排比、比拟、反语等。修辞手法的运用，可以让文案开头变得更加生动。

8. 提问开头

恰当的提问不仅能引发受众的思考，还能借机自然地导入文案的主题，引起下文，突出文案的主旨。例如某生活官网在春节期间发布的软文就是通过提问开头，让受众在思考、联想的过程中对文中提出的“春节礼物”充满兴趣。

9. 热点开头

热点同样是文案开头写作中绝佳的切入点，尤其是新近的热点话题和热点事件，在引起网友热议的同时，受众自然也会对其投以注意力。

【课中训练】

结合民宿文案标题的撰写技巧，请为举办六一亲子活动的那年晚村民宿撰写相关的文案标题。

（三）掌握新媒体文案正文的写法

新媒体时代是靠内容营销的时代。现在新媒体文案类型多样，样式丰富，包括文字、图片、音频、视频、综合混搭（如图片 + 文字、图片 + 音频 + 文字）等。为帮助文案人员快速组织文案结构，主要介绍以下常见种类。

微课视频 5-4：民宿新媒体文案写作

1. 总分式

总分式结构是现在微信文案中比较常见的一种布局方式。其中“总”是指文案的总起或总结，起点明主题的作用；“分”指的是分层叙述，即将中心论点分成几个分论点，一一进行论证，逐层深入。

总分式文案最后呈现出一个发散的结构。因为有的文案太长，不需要对文案进行总结，受众只要看到了自己想要的信息即可。

2. 三段式

三段式写法是从新闻学中的“倒三角”写法延伸而来，这种结构比较适合营销文案的写作，主要分为三段：

第一段：以简练的语言对事件的主体、客体、时间、地点等进行一个概述性的描述，再以一句话简单概括出这一事件的意义；

第二段：对第 1 段中的事件展开描述，交代事件发生的背景、过程和相关的细节，重点在于描述事件的“由头”；

第三段：主要是提出针对事件的观点，升华事件的意义。

3. 片段组合式

片段组合式就是将几个生动、典型的片段有机组合，拼接成文，共同叙述一个主题，以展现产品特点，烘托品牌。在写作片段组合式文案时，可用开头定调，引起下文，主体部分细分片段，彼此勾连又各自独立。最后结尾点明主旨的结构，写作侧重点在于全文的片段式结构。

4. 欲扬先抑式

欲扬先抑式也称"抑扬式"，是指为了肯定某人、事、景、物，先用曲解或嘲讽的态度去贬低或否定它，然后再肯定它的写作方法。通过文案推广自己的产品、服务或思想时，也可以写它们的"不好"，这种"不好"一般都不是核心点上的不好，而是一些不影响中心思想的"不好"。

例如，加多宝败诉后推出的"对不起"系列文案借道歉的口吻夸赞自己，就是通过欲扬先抑的手法解除受众的心理防线，让受众产生反差感，而这种反差感能让受众在阅读文案的过程中产生思考，从而更容易记住这个产品或品牌。

5. 并列式

并列式一般是从推广对象的各方面特征入手，不分先后顺序和主次，各部分并列平行地叙述事件、说明事物。它的各组成部分是相互独立的、完整的，材料与材料间的关系是并行的，前一段材料与后一段材料位置互换，不会影响文案主题的表现。

6. 穿插回放式

穿插回放式指利用思维可以超越时空的特点，以某物象或者思想情感为线索，将描写的内容通过插入、回忆、倒放等方式，形成一个整体。其需要选好串联材料的线索，然后围绕一个中心点组织材料进行操作。

7. 递进式

递进式就是把受众的问题一层层地剥离开来，然后在论证的过程中做到层层深入、步步推进，一环扣一环，每部分都不能缺少。即正文中材料与材料间的关系是逐层推进、纵深发展的，后面材料的表述只有建立在前面材料的基础上才显得有意义。这类结构的文案具有逻辑严密的特点，其内容之间的前后逻辑关系、顺序不可随意颠倒。其论述时的层递表示方式有以下三种：第一种由现象递进到本质，由事实递进到规律。第二种直接讲道理，层层深入。第三种首先提出"是什么"，然后展开对"为什么"的分析，最后讲"怎么样"。

【课中训练】

结合民宿文案正文的撰写技巧，请选择一种文案写法，为举办六一亲子活动的那年晚村民宿撰写相关的文案内容。

（四）设计新媒体文案的结尾

1. 转折结尾

转折结尾就是用出其不意的逻辑思维，使展示的内容与结局形成“奇怪”的逻辑关系，从而达到出人意料的效果，正文营造的气氛会因此戛然而止，是一种让人惊奇的写作方法。

2. 引导行动式结尾

引导行动式结尾也可以称为动之以情式结尾，这种引导行动式结尾就是从感情上打动对方，让推送的产品有温度、有情感，做到“以情动人”。这种结尾还可以通过说明利益和好处对受众进行引导。在推广文案中用这种结尾方式可引导受众产生行动。

3. 金句结尾

使用金句结尾不仅可以深化文章主题，还能引起受众共鸣。这些金句可以来自名言警句、影视和文学作品，还可以是文案人员个人总结，重要的是能帮助受众深刻地领悟文案思想，提升他们对文案的认同感。

4. 幽默结尾

幽默的话语不仅能获得受众的会心一笑，还能与受众更好地互动，激发受众的好感。如果文案能在结尾时使用幽默的语言，就会给受众带来很好的阅读体验。

5. 制造场景结尾

制造场景结尾就是通过环境影响受众，因为在一定的场景氛围内很容易带动受众的情绪，让他们感同身受，从而真实地打动受众。

6. 话题讨论结尾

在文案结尾采用话题讨论形式是新媒体文案常使用的结尾方法。讨论可以带着受众思考，激发受众的互动积极性，促进留言互动，从而增加文案的热度。

二、民宿图片拍摄与处理

民宿产品作为拍摄对象，从广义上来说，指的是一切可以出售的物体，包括自然界的花卉、树木、瓜果、蔬菜以及日常用品、工业用品、手工艺品、历史文物等。民宿产品拍摄不同于其他题材的摄影，它不受时间和环境的限制，一天 24 小时都可以进行拍摄。拍摄的关键在于对产品进行有机的组织、合理的构图、恰当的用光，将民宿产品表现得静中有动，栩栩如生，通过图片给顾客以真实的感受。

（一）产品拍摄的特点

1. 对象静止

民宿产品拍摄区别于其他摄影的最大特点，是它所拍摄的对象都是静止的物体。

2. 摆布拍摄

摆布拍摄是区别于其他摄影的又一个显著特点，不需要匆忙的现场拍摄。可以根据拍摄者的意图进行摆布，慢慢地去完成。

3. 还原真实

不必过于追求意境，而失去物品的本来面貌。

（二）民宿产品拍摄的总体要求

民宿产品拍摄的总体要求是将产品的形、质、色充分表现出来而不夸张。

1. 形

指的是产品的形态、造型特征以及画面的构图形式。

2. 质

指的是民宿产品的质地、质量、质感。民宿产品拍摄对质的要求非常严格，体现质的影纹层次必须清晰、细腻、逼真，尤其是细微处，以及高光和阴影部分，对质的表现要求更为严格。用恰到好处的布光角度、恰如其分的光比反差，以求更好地完成对质的表现。

3. 色

民宿产品拍摄要注意色彩的统一，色与色之间应该是互相烘托，而不是对抗，是统一的整体。“室雅无须大，花香不在多”，在色彩的处理上应力求简、精、纯，避免繁、杂、乱。

（三）光线的使用

民宿产品拍摄与其他摄影题材，在光线的使用方面有一定的区别。下面介绍两种拍摄民宿产品的光线使用方法。

1. 室内自然光

如果使用室内自然光拍摄民宿产品，一是要设法调整自己的拍摄角度，改善民宿产品的受光条件，加大拍摄对象与门窗的距离；二是合理利用反光板，使拍摄对象的暗处局部受光，以此来缩小产品的明暗差别。利用室内自然光拍摄民宿产品图片，如果用光合理、准确，拍摄角度适当，不但能使民宿产品的纹路清晰、层次分明，还能达到拍摄对象受光亮度均匀、画面气氛逼真的效果。

2. 人工光源

人工光源主要是指各种灯具发出的光。这种光源是民宿产品拍摄中使用非常多的一种光源。它的发光强度稳定，光源的位置和灯光的照射角度可以根据自己的需要进行调节。在一般情况下，民宿产品拍摄是依靠被摄民宿产品的特征吸引顾客的注意，光线的使用会直接关系到被摄民宿产品的表现。要善于运用光线明与暗、强与弱的对比关系，了解不同位置的光线所能产生的效果。侧光，能很好地显示拍摄对象的形态和立体感；侧逆光，能够强化民宿产品的质感表现；角度较低的逆光，能够显示出透明民宿产品的透明感；角度较高的逆光，可用于拍摄民宿产品的轮廓形态。下面介绍几种不同表面结构民宿产品的光线运用方法。

（1）粗糙表面民宿产品的光线运用

有许多民宿产品具有粗糙的表面结构，如皮毛、棉麻制品、雕刻等。为了表现好它们的质感，在光线的使用上，应采用侧逆光或侧光照明，这样会使民宿产品表面表现出明暗起伏的结构变化。

（2）光滑表面民宿产品的光线运用

一些光滑表面的民宿产品，如金银饰品、瓷器、漆器、电镀制品等，它们的表面结构光滑如镜，具有强烈的单向反射能力，直射灯光聚射到这种民宿产品表面，会产生强烈的光线改变。所以拍摄这类民宿产品，一是要采用柔和的散射光线进行照明；二是可以采取间接照明的方法，即灯光作用在反光板或其他具有反光能力的民宿产品上，反射出来的光照射产品，能够得到柔和的照明效果。

（3）透明民宿产品的光线运用

玻璃器皿、水晶、玉器等透明民宿产品的拍摄一般都采用侧逆光、逆光或底光进行照明，就可以很好地表现出静物清澈透明的质感。

（4）无影静物的光线运用

有一些产品图片，画面处理上完全没有投影，影调十分干净。这种图片的用光方法，是使用一块架起来的玻璃台面，将要拍摄的民宿产品摆在上面，在玻璃台面的下面铺一张较大的白纸或半透明描图纸。灯光从下面作用在纸的上面，通过这种底部的用光就可以拍出没有投影的民宿产品照片，如果需要也可以从上面给民宿产品加一点辅助照明。

（四）民宿产品的布局

民宿产品的布局，在这里我们可将其理解为静物画面的构图。民宿产品拍摄在构成方面遵循摄影的一般构图要求，只是在某些方面，民宿产品拍摄的构图要求更高、更细。因为民宿产品拍摄不同于其他的摄影题材，它是通过拍摄者主观意图摆设出来的，所以构图就要求更加完整、严谨，画面中各种关系的处理也要求合理。

民宿产品在画面中布局的过程，就是建立画面各种因素的开始，这其中包括主体的位置、陪体与主体的关系、光线的运用、质感的表现、影调与色调的组织与协调、画面色彩的合理使用、背景对主体的衬托、画面气氛的营造等。下面介绍四种静物拍摄构图形式。

1. △形（三角形）构图

△形构图就是我们常说的三角形构图。这种构图是静物拍摄最常用的一种方式。它所表示的景物画面具有稳定性和庄严的感觉。三角形构图要注意的就是主次的关系一般形成不等边的三角形，显得既稳定又不呆板。

2. ▽形（倒三角形）构图

与三角形构图相反，这种倒三角形构图极富动感，在不稳定的情绪中求得感觉上的变化，是民宿产品拍摄中较为常用的一种。

3. S 形构图

S 形构图优美而富于变化，虽然在民宿产品中这种构图形式比较少见，但是如果用它的表现力借助线条的作用，会拍出一幅非常好的民宿产品照片。

4. 对角线构图

在这种构图形式中，由于主体的倾斜，加强了画面的冲击力度，给人以强烈的动感。

（五）背景的选择和处理

民宿产品拍摄中，背景在表现主体所处的环境、气氛和空间方面，在表现整个画面的色调及其线条结构方面，有着很重要的作用。由于背景的面积比较大，能够直接影响画面内容的表现，背景处理的好坏，在某种程度上决定着静物拍摄的成败。

1. 背景灯光的运用

在民宿产品拍摄中，背景灯光如果运用合理，不仅能在一定程度上清除一些杂乱的灯光投影，同时也能更好地渲染和烘托主体。

背景灯光的布光有两种形式：一种是将背景的照明亮度安排得很均匀，尽可能地在背景上没有深浅明暗的差异。另一种是将背景的光线效果布置成中间亮、周围逐渐暗淡的效果，或背景上部暗逐渐向下过渡的光线效果。通过用光线对背景的调整，可以使背景的影调或色彩既有明暗之分又有深浅之别，将拍摄对象与背景融合成一个完美的整体，会得到非常好的拍摄效果。

2. 背景色彩的处理

背景色彩的处理，应追求艳丽而不俗气、清淡而不苍白的视觉效果。背景色彩的冷暖关系、浓淡比例、深浅配置、明暗对比，都必须从更好地突出主体对象这一总的前提出发。可以用淡雅的背景衬托色彩鲜艳的静物，也可以利用淡雅的静物配以淡雅的背景。在这方面没有一定的规律和要求，只要将主体和背景的关系处理得协调、合理即可。

黑与白在产品拍摄背景中的使用，已逐渐受到人们的重视，对于主体的烘托和表现，黑与白有着其他颜色背景达不到的效果。尤其是白背景给人那种简练、朴素、纯洁的视觉印象，会将主体表现得清秀明净、淡雅柔丽。如果你要拍摄静物图片，不妨使用白背景尝试一下，相信你能获得意想不到的成功。

3. 背景的虚化处理

如果在室外拍摄照片，会受到杂乱背景的影响。因此，为了不影响主体的表现，对背景进行虚化处理是很必要的。

处理的方法：一是采用中长焦距的镜头进行拍摄，发挥这种镜头焦距长、景深小的性能，虚化背景；二是拍摄时尽量不用太小的光圈，避免产生太大的景深；三是控制主体与背景之间的距离，来达到虚化背景的目的。

如果在室内运用自然光拍摄静物照片，利用较慢的快门速度，在拍摄开启快门的时候，同时将背景进行左右或是上下的快速移动，同样可以达到虚化背景的目的，但需要两个人进行操作，快门速度也应该在 1/2 秒以下。

（六）常用的图片处理软件

1. Photoshop

Photoshop 是 Adobe 公司旗下最为出名的图像处理软件之一，是集图像扫描、编辑修改、图像制作、广告创意、图像输入与输出于一体的图形图像处理软件，深受广大平面设计人员和电脑美术爱好者的喜爱。

2. ACDSee

ACDSee 是非常流行的看图工具之一。它提供了良好的操作界面、简单人性化的操作方式、优质的快速图形解码方式，支持丰富的图形格式、强大的图形文件管理功能等。

3. 美图秀秀

美图秀秀是一款免费图片处理软件，拥有批量处理、抠图、拼图、证件照、消除笔、图片滤镜特效、人像美容、边框、贴纸素材等超多功能。

4. 光影魔术手

光影魔术手是一款针对图像画质进行改善提升及效果处理的软件，简单、易用，不需要任何专业的图像技术，就可以制作出专业胶片摄影的色彩效果。其具有许多独特之处，如反转片效果、黑白效果、数码补光、冲版排版等，且其批量处理功能非常强大，是摄影作品后期处理、图片快速美容、数码照片冲印整理必备的图像处理软件，能够满足绝大部分人照片后期处理的需要。

三、民宿短视频制作

随着网红经济的出现，互联网视频行业逐渐崛起一批优质的视频内容制作者，微博、快手、今日头条等公司纷纷布局短视频行业，募集一批优秀的视频内容制作团队入驻。

到了 2017 年，短视频行业竞争进入白热化阶段。随着短视频市场的逐渐成熟，优质的视频内容成为各个短视频平台的核心竞争力。

为此，各个短视频平台纷纷与优质视频制作机构、达人等合作，打造优质的 PGC（专业生产内容），并带动 UGC（用户生产内容），共同推出更优质的视频内容。随着短视频产业的蓬勃发展，很多软件公司纷纷推出短视频制作软件。这些制作软件从入门级到专家级的都有，可以满足不同制作者的需求。短视频制作软件可以分为面向电脑的 PC 剪辑软件和面向手机的手机剪辑软件。

（一）PC 剪辑软件

目前市面上主流的 PC 剪辑软件有 Adobe Premiere、Edius、爱剪辑、会声会影等。其功能对比如表 5-2 所示。

表 5-2　常用 PC 剪辑软件功能对比表

软件的 LOGO	软件名称	功能
	Adobe Premiere	提供字幕添加、美化音频、调色、剪辑、采集等功能。常用于电视节目和广告制作中
	Edius	面向电脑端的非线性编辑软件，专为广播和后期制作环境而设计。提供时间线输出、字幕、色键、合成、多轨道和多格式混编、实时等功能
	爱剪辑	根据中国人的功能需求和审美、使用习惯进行设计，是国内第一款免费视频剪辑软件。制作者不需要任何视频剪辑基础，不需要理解视频剪辑专业词汇就可以自学操作

续表

软件的 LOGO	软件名称	功能
Corel VideoStudio PRO 会声会影 X9	会声会影 Corel VideoStudio	加拿大 Corel 公司制作的一款面向电脑端的功能强大的视频编辑软件。虽然无法与 Adobe Premiere、Edius 等专业视频处理软件媲美，但适合普通大众使用，操作简单易懂，界面简洁明快

（二）手机剪辑软件

除了面向电脑端的短视频剪辑软件外，应用于手机端的视频制作 App 也层出不穷。这些 App 可以快速编辑高质量、高水平的短视频作品。

视频制作者可以利用它们在短时间内进行短视频后期编辑，并可以将作品分享到微信、朋友圈、微博、QQ 等社交媒体上。如表 5–3 所示。

表 5–3　常用手机剪辑软件功能

软件的 LOGO	软件名称	功能
蕉片	蕉片	拥有视频拍摄、导入、视频剪辑、视频分享等功能，有多款应用如电影风格的滤镜、丰富的热门配乐、酷炫的贴纸和字幕样板，视频拼剪操作简单
VUE Vlog	VUE	可以拍摄、剪辑、细调和发布短视频。滤镜效果有大片的质感，美颜效果自然，贴纸、音乐和字体素材丰富有趣
	乐秀	可以进行短视频的拍摄和编辑，拥有视频主题、视频剪辑、胶片滤镜、视频美颜、海量音乐、动画贴纸等功能。导出的高清视频可以在微博、微信、抖音等视频平台上应用
巧影	巧影	视频编辑功能齐全，拥有精准编辑、多层视频、一键抠图、关键帧动画、多种屏幕尺寸、超高分辨率输出等功能

（三）短视频制作流程

短视频制作流程按制作时间先后顺序，可以分为确定主题、脚本创作、场景搭建、开始拍摄、短视频剪辑、发布短视频六个步骤。

1. 确定主题

确定主题是短视频制作流程的第一步。选择恰当的主题，进行精准定位，才能够在最大程度上吸引到目标用户的关注。一个短视频的主题不是随随便便就可以确定的，需要经过短视频团队的精心策划，才不会产生定位错误的情况。我们可以从优质视频的五个维度来分析确定短视频制作的主题。

（1）受众面。是考量一个作品能不能火最重要的维度。受众面越广，热门的概率越高。

（2）共鸣点。作品是价值观的体现，也是价值观的输出载体。

（3）时效性。作品具有时效性，观众才会有马上点开观看的冲动迫切心理。

（4）实用性。作品对观众来说是不是实用的。可以是生活方面，也可以是心理方面的。

（5）趣味性。比如脑洞大开、剧情反转、颠覆认知等内容比较受观众欢迎。

2. 创作脚本

短视频脚本创作需要确定文案、分镜、素材、标注四个环节的内容。

（1）文案。确认在短视频中会出现的文案和解说词。

（2）分镜。根据文案，制作短视频分镜制作。即每一句话应对应什么样的画面。

（3）素材。制作短视频的素材包括两种：一种是网上搜集视频素材；一种是直接进行拍摄的素材。

（4）标注。对分镜和素材进行时间标注，有利于短视频剪辑人员通过时间标注进行剪辑。

3. 搭建场景

搭建短视频拍摄场景是短视频拍摄前期准备中最重要的部分。短视频的脚本是搭建场景的指导性文件，一切的场景搭建都要遵从脚本的设计，避免与短视频拍摄主题不符的情况产生。场景搭建需要用到的设备有：背景布或者背景墙、电动卷轴、闪光灯、蜂窝、柔光箱、滤片、雷达罩、反光伞、柔光伞和反光板等。

4. 开始拍摄

场景搭建完毕，就可以按短视频脚本逐条拍摄了。拍摄前记得要提前准备好道具。按拍摄对象，可以分为运动物体拍摄、静物拍摄和创意拍摄三类。

（1）运动物体拍摄

运动物体的拍摄，首先要解决拍摄镜头抖动的问题。通常固定镜头和器材的工具主要有三脚架、手机支架和自拍杆等。如图 5–2 所示。

图 5–2　常用拍摄工具

其次要解决拍摄构图问题。包括拍摄角度和距离。拍摄角度分为俯角、仰角和平角三种。拍摄距离分为远、近距离。远距离拍摄用于展示主体全貌，如运动的团队等；近距离拍摄可以展示主体细节，如弹琴的手部细节等。如表 5–4 所示。

表 5–4　常见拍摄手法一览表

拍摄角度	拍摄方法	作用
俯角	俯视拍摄。拍摄小孩和宠物等体积较小人物和动物时可以采用 60°~90° 俯角；拍摄成年人或大型宠物等体积较大人物和动物，用 30°~45° 俯角	展现主体的娇小可爱，常用于拍摄小孩、女生、宠物等可爱人物和动物
仰角	仰视拍摄。拍摄角度不超过 30°，否则构图比例失调，画面失真	用来放大主体局部特征，如修长的腿、伟岸的气质等
平角	平视拍摄。通过下蹲、垫高等借位方式与拍摄主体保持同一高度，将拍摄主体置于屏幕中央位置或左右 3/4 处，突出主体	真实表现拍摄主体

（2）静物拍摄

静物指静止的物体。拍摄时需要注意如何拍摄才能让镜头动起来，呈现出视频的效果。常用方法如表 5–5 所示。

表 5–5　静物拍摄常用方法说明

静物拍摄方法	拍摄者位移法	借助参照物法
操作方法	拍摄者通过旋转、水平位移等方法，拍摄静物全貌，制造连续镜头效果	拍摄的静物旁边有移动的物体，将这些移动物体置于镜头中，借助运动的辅助物体突出静物主体
适用对象	单个静物的拍摄，如树木、桥梁等	需要强烈对比的静物拍摄，如川流不息的人群中孤单的个人等
作用	制造静物立体感和层次感	以运动的辅助物体突出静物，注意辅助物体不能喧宾夺主

（3）创意拍摄

创意拍摄是指不需要用到短视频 App 自带的特效，利用拍摄的暂停和镜头转换就能实现类似特效的拍摄方法。例如，拍摄物体消失的魔术，只需在拍摄物体后，通过暂停，将物体移出镜头之外，然后按拍摄，拍摄没有物体的场景，接着按暂停，把物体移回镜头之内，便完成了简单的物体消失魔术拍摄。

拓展阅读 5-2：常见的短视频拍摄方法

5. 剪辑短视频

如在抖音 App 拍摄的短视频，可以通过添加特效、文字、贴纸等剪辑短视频。除了可以用抖音 App 自带的剪辑功能外，还可以通过电脑端的视频剪辑软件，比如 Adobe Premiere、Edius、爱剪辑、会声会影等和手机端的视频剪辑 App，比如蕉片、VUE、乐秀、巧影等进行剪辑。

6. 发布短视频

在发布界面，首先，要填写短视频的标题，恰当的标题有利于短视频的传播。其次，要给短视频选择吸引眼球的封面，第一时间吸引用户的注意力。再次，选择添加位置，有利于附近的用户搜索到该视频。最后，在“谁可以看”处可以选择公开、好友可见和私密。点击“发布”，完成短视频的发布。

（四）短视频制作注意事项

（1）合理利用现有素材。在短视频制作后期，可以添加音乐素材、模板素材、滤镜素材等。在添加这些素材时要注意版权问题。

（2）镜头转换和流动要自然。短视频作品的镜头转换和流动要自然，镜头的切换要符合逻辑。

（3）少用转场特效。滥用转场特效容易打乱短视频节奏，打断观众的思维，得不偿失。

（4）确定视频剪辑的核心和重点。视频剪辑过程相当于重塑整个短视频的内容，要运用适当的剪辑手法，将短视频内容表达清晰，重点突出。

（5）背景声音与音乐要与视频画面统一。短视频背景声音和音乐的选择要和短视频画面协调。

任务三　民宿数字化营销策略

一、民宿“互联网 +”营销策略

（一）扩大民宿网络宣传力度

可以通过在知名网络社区的旅游版面，发布民宿的宣传信息，或撰写图文并茂的风景区旅游攻略与游记，在文中适当介绍民宿的亮点。民宿还可以自行建立微信公众号、微博账号，通过微信、微博的传播，扩大宣传力度，为更多用户所熟知。

微课视频 5-5：民宿产品数字化营销策略

（二）扩展民宿客户之间的交流渠道

民宿经营者可以通过网站、微信、微博等方式，利用图片、文字和视频，对民宿内各房间情况如报价、提供餐饮情况如特色菜肴、民宿位置和周边环境等进行展示，使得潜在客户可以自行获取大部分所需信息。此外，还可以通过网络论坛与 E-mail 等离线方式，腾讯 QQ、微信群与 Skype（主要面向国外游客）等在线方式与客户进行无障碍沟通。

（三）善于利用民宿预订平台

个体民宿客栈的房间数量虽然有限，但预订信息较多，而且预订信息变更频繁，如客户因特殊原因修改住宿日期、取消订单等。民宿经营者可以利用已有的互联网平台，或自行开发建设具有后台数据库支持的网络预订管理平台，使民宿主人能随时了解房间的空余信息，同时也可以给游客提供 24 小时查询和预订的服务。民宿互联网营销平台包括的内容和功能模块有：民宿宣传信息（民宿外观、周边环境、不同房间信息、特色餐饮等服务等）、房间预订模块、在线交流模块、接站预约模块、意见反馈模块、游客交流论坛等。

（四）积极组织民宿联盟

为规范经营，邻近的若干经营状况良好的民宿可以联合建立类似民宿联盟的组织，由专业民宿或酒店经营团队管理，民宿联盟可以用统一的界面和服务面向客户、落实订单，再分流到具体的民宿。这种模式，可以给客户提供专业化的服务，并逐步淘汰违规经营的部分民宿或促使其整改，使得联盟内的民宿进一步规范化经营。

二、民宿营销数字化路径

微课视频 5-6: 民宿产品营销渠道

在数字化时代，民宿接触顾客的场景更加多元、分散。顾客随时随地比较、分享、决策，再加上现金流不足、能耗等各项运营成本高，给民宿运营造成了极大的负担。在这个背景下，充分利用数字化营销手段，快速精准地连接并服务目标顾客，成为民宿破局的关键。

数字化营销是一种利用互联网、物联网、大数据等技术，以及数字交互式媒体推广产品与服务的营销模式。数字化营销手段动态多变，处在持续迭代升级状态。民宿在开展数字化营销的过程中必须不断推陈出新，积极引进新技术、新模式。民宿通过搭建多元化营销矩阵，整合多种营销渠道，实现对目标顾客的全面覆盖与持续刺激，是民宿企业数字化营销的主流做法。民宿官网、OTA、搜索引擎、问答社区、电子邮件、社交媒体、视频网站等都可以作为民宿的数字化营销渠道。

从诸多实践案例来看，民宿在数字化营销实践过程中，最常用的做法是将多种营销渠道相结合，利用渠道间的协同联动促使营销效果最大化。具体而言，目前民宿采取的主流数字化营销路径主要包括以下方面。

（一）官网与 App 营销

官网是民宿向公众展示民宿形象的重要媒介，具有一定的严谨性，更容易获得顾客的认可与信任。除发布官方信息外，民宿还可以通过官网向顾客提供周边旅游、餐饮、文娱等合作商家的产品和服务，打造集衣、食、住、行于一体的综合解决方案，实现多方合作共赢。民宿 App 为顾客提供了一条方便、快捷的沟通渠道，同时也能让顾客方便、快捷地获取民宿相关的产品与服务。

为迎合流量从线下向线上转移的趋势，民宿可以将基本信息（地理位置、周边环境、交通路线）、客房全景、服务案例等内容通过官网、App 等渠道展示出来，并邀请顾客前往线上体验。顾客可以自主选择想要体验的产品和服务，在留言区分享自己的体验经历、反馈意见等。通过对顾客在留言区留下的信息进行整理、分析，民宿可以挖掘出符合顾客潜在需求的产品和服务，从而改善现有产品和服务中的问题。

（二）OTA 营销

OTA 作为旅游行业的综合性服务平台，为顾客入住民宿提供了丰富、多元的选择。顾客可以在 OTA 平台快速获取各类民宿信息，并从价格、服务、评论等多个维度对民宿产品进行对比。基于这些功能，OTA 平台赢得了大量顾客的认可与支持。为了利用 OTA 的庞大流量获取客源，增加营业收入，民宿普遍选择与携程、去哪儿网、美团等平台合作，来推广自身的产品与服务。一方面，OTA 以平台方的身份对酒店的客房、餐饮、增值服务等的费用进行规范，让民宿进一步让利于顾客；另一方面，OTA 会不定期推出各种营销活动，以平台红包、代金券的形式补贴顾客，为顾客降低入住成本。在这个背景下，民宿的盈利空间确实受到一定程度的挤压，但也通过 OTA 获得了源源不断的客流。为此，在做 OTA 营销时，民宿企业可以推出有特色的产品组合与竞争对手开展差异化竞争，规避价格战；从图文、标题等方面做好产品详情页设计；引导顾客分享入住体验，实现口碑传播等。

（三）新媒体营销

目前，在整个社会范围内，微信、微博、抖音等新媒体拥有极大的影响力，通过新媒体获取信息、资讯已经成为很多网民，特别是“90 后”“00 后”年轻网民的习惯。为了获得这批年轻消费群体的青睐，智能化民宿应该充分利用新媒体这一强大的传播工具开展营销推广。为了扩大传播效果，民宿可以同时在微博、微信、抖音、贴吧、斗鱼等多个新媒体平台运营账号，打造新媒体矩阵，实现营销效果最大化。

拓展阅读 5-3：
数字化全域营销

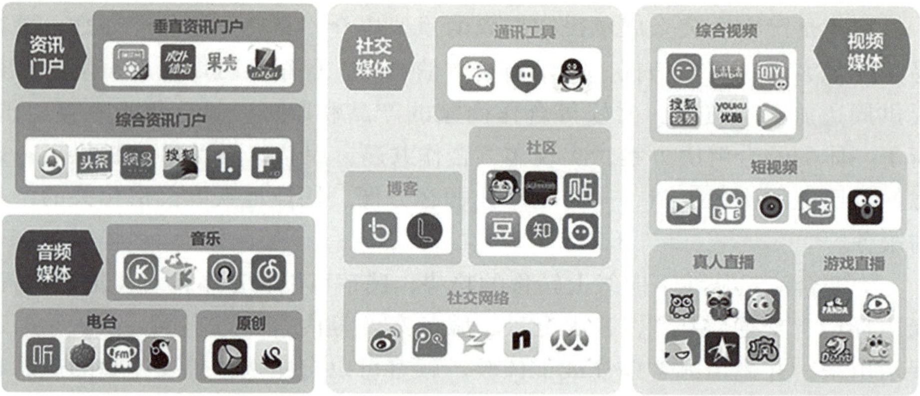

图 5–3　新媒体矩阵举例

以那年晚村的数字化营销为例，该民宿利用社交平台提升自己的品牌声誉，通过社交媒体了解顾客的态度与需求，与顾客建立稳固的联系。民宿曾开展了婚礼策划活动，向微信视频和抖音社交平台上的顾客分享了许多发生在民宿的婚礼故事，为他们提供了很多宝贵的建议。通过这种互动，民宿与社交平台上的大量顾客建立了联系，开发了很多潜在资源，为顾客做出了有针对性的推荐，从而提高自己的经营业绩。

（四）特色服务营销

不同群体的购买力和消费习惯等存在一定的差异，为了提高客房销量，民宿应该积极探索特色服务模式，为自身创造更多的利润来源。例如，民宿在为高收入群体提供高质量服务的同时，也可以针对价格敏感型顾客提供相对平价的标准服务。具体的操作方式是通过大数据分析对普通顾客进行精准定位，在其离店结算时通过提供一定的折扣吸引顾客再次消费，例如顾客预支付 60% 的房费，即可在下次入住时享受全款入住服务。

【课中训练】

请搜索那年晚村民宿相关的产品营销路径的信息，分析其产品数字化营销的特点。

【拓展阅读 5-1】

巧用微信营销

旅行规划师苏子从事民宿营销策划工作近 5 年，他在知乎上发表文章，指点大家如何利用微信营销。

1. 组建微信群后，要记得及时跟客人互动，备注好每一位客人的姓名、来源城市和入住时间，以便未来更好地互动。比如，重庆—杭州最近机票只要 99 元，可以提醒重庆的客人，最近杭州有什么值得游览的地方；也可以在周末组织一次专题活动，针对某一群体的客人，这时候你可以衡量微信好友中重庆客人的数量，预计可以来多少人。几次这样的沟通后，你的客人及他们的朋友要去杭州玩，首先就会想到你。

2. 把朋友圈作为民宿内容输出窗口，从美学的角度发满 9 张图，内容涵盖个人生活、旅行景点、美食以及民宿的新变化（如新给客栈增加了一套餐具等），宣扬精致的生活方式，吸引生活在都市的群体。

3. 推荐周边的民宿，如果你是丽江的，可以推荐几家价位匹配的大理民宿，图片要漂亮，可以针对淡季出行的客人做一个针对性的多日深度定制游，提高客户体验度。

4. 推荐特产要少而精。不要只卖客房，客人预订民宿之后还有很多事情，这时候民宿主要进行精细化服务，仔细和顾客去沟通，从用车到门票，再到特产等都可以为民宿在淡季时带来收入。

5. 邀请客人发朋友圈，并在定位和内容上添加民宿名称，增加曝光率。

每家民宿基本都有自己的客服微信号，每个客服的微信号最多可以添加5000人，这5000人都是你民宿的精准客户。如果你只是让这个客服号执行被动回复功能的话，那就浪费了这个互动性非常高的平台啦！

资料来源：刘荣. 民宿养成指南［M］. 南京：江苏科学技术出版社，2018.

三、民宿信息管理系统更新

随着民宿市场的不断发展，民宿不再是一个非标住宿载体，而成为一个多业态运营的综合体。不断涌现的优秀民宿品牌，都迫切地需要提升客人入住的体验，塑造市场品牌形象，拓展更多售房渠道。在这个大背景下，民宿信息管理系统的与时俱进、同步更新就显得异常重要。

常见的民宿信息管理系统有订单来了、云掌柜、去呼呼、客栈通、番茄来了等。其中“订单来了”因其更适合民宿灵活的经营业态，且在营销管理功能上创新、可靠，成为品牌民宿的首选，现已与国内各大民宿连锁品牌建立起合作伙伴关系，目前客户数量已有上万家。且在国内民宿的头部客户中有较大影响力，其中西坡、大乐之野、原舍、呆住等一线民宿品牌均是其合作客户。

许多民宿信息管理系统在处理日常订单中以房态为主要业态，其他业态在产品设置中仅仅作为住宿业态的附属，这样一来便无法满足民宿日渐增长的全面发展的需求。相比而言，“订单来了”在产品设计时就着眼于多业态，为每一个业态都提供了健全、实用的功能，充分满足民宿各种形式的业务的开展。同时，多维度的报表数据更完整，清晰地呈现民宿的生意脉络，多业态的消费数据在会员管理上也更有参考价值。

【能力训练】

1. 讨论思考

（1）IP是什么？

（2）民宿数字化营销技能包含哪些？

（3）请讨论短视频制作的流程有哪些。

（4）民宿数字化营销的路径有哪些？

2. 操作设计

（1）如何建设民宿 IP？通过一个案例进行分析。

（2）从宛若故里民宿的微信公众号推文中，你能发现哪些文案写作时的特点？

3. 技能实训

实训一：某粉丝较多的民宿公众号要为即将开展的夏季音乐节活动写一篇推文，请为该推文设计一个吸引关注的标题。

实训目标	掌握标题的写作方法。 掌握撰写极具吸引力标题的技巧。
实训要求	要体现该公众号的用户定位。 要体现该公众号"提供折扣信息"的卖点。
实训思路	标题的拟定方法有很多，一般是根据文章的框架、内容来设计。可以采用提问式、恐吓式、悬念式、话题式的写法，只要抓住目标受众感兴趣的内容或者"痛点"都可以。

实训二：在网络上自主搜索一家民宿的相关信息，试着使用三段式结构写作一篇新媒体文案。

实训目标	熟悉三段式写作方法。 运用三段式写法组织文案结构。
实训要求	根据三段式写法拟出该民宿推广的文案的大致写作框架。 该民宿的卖点部分要详细并突出重点。
实训思路	首先选定合适的民宿，搜索相关材料。然后寻找立意点，将其组织为三段式结构。三段式写法结构清晰，可根据销售或推广的营销目标确定各段材料和大意，再对文案首尾语言加以润色即可。

【综合实训 5】一山一水——绿色生态

任务描述：请阅读以下资料，为嘉兴飞鸟集民宿设计一场休闲度假类型的特色活动并撰写策划文案。

最美生态景区中的飞鸟集民宿

飞鸟集民宿位于嘉兴市秀洲区油车港镇银杏天鹅湖景区内，一期拥有 10 栋及多种房型。这里拥有上千亩蔚蓝如洗的浩渺湖泊，黑天鹅在此栖息繁衍；30000 棵银杏绵延成林，春夏绿荫弥漫，秋成金色森林。

在世界环境日即将到来之际，2023 年 5 月 29 日下午，秀洲法院联合油车港镇政府在银杏天鹅湖举行“银杏天鹅湖生态环境司法保护基地”揭牌仪式。据悉，这是秀洲区首个生态湿地司法保护基地。银杏·天鹅湖拥有近1500亩水域，始建之初，从生态角度，打造“水下森林”，通过构建完善的水生态系统，重焕水域生机。现园内湖水蔚蓝见底，晴空万里时，水天一色；夕阳西下时，浮起层层金光。黑天鹅们在湖面自由嬉戏，时有游客泛舟戏水，或静坐湖畔，俨然一幅恬静悠然的生活画卷。

图 5-4　治理整顿后的天鹅湖（图源：范米铖摄）

银杏·天鹅湖原名“南官荡”，20世纪70年代，建立南官荡商品鱼基地，南官荡附近的村民变成了“渔民”，通过养鱼，生活慢慢富了起来。多年来养殖业的发展使得鱼塘底下的淤泥越来越多，加之排入喷水织机的废水，南官荡的水质日益下降。2014年，油车港镇开展淤泥疏浚、鱼塘连通、护岸建设、圩区工程等水环境整治，湖荡水质由劣Ⅴ类水提升至Ⅳ类水。“2016年，又投入1000多万元，实施了水生态修复工程。”银杏·天鹅湖项目负责人说。以绣花功夫推进“微改造，精提升”，2019年银杏·天鹅湖成功创建省级美丽河湖。

飞鸟民宿坐落于万棵银杏林旁，目前由A区1栋接待大堂及10栋独立院落组成，共有包含家庭Loft双床房、亲子双床房、庭院Loft大床房、庭院大床房、浴缸大床房及普通大床房在内的6种房型，合计47间、56个床位，可同时供100余人入住，是亲子度假、企业团建、康养休闲的不二之选。飞鸟民宿为住客提供一价全包式度假体验选择，每逢周末夜晚，根据入住情况，民宿还会在星野营地不定期为住客提供乐队、烟花、烧烤等夜间活动。除此之外，民宿还配有会议室、棋牌室等功能区，以及包栋服务，可满足不同客群需要。

江南水乡，因水而兴，以水为美。在“微改造，精提升”中，银杏·天鹅湖持续高标准推进生态环境建设，打造出一个群众满意的地标性生态景区。

图 5-5　飞鸟集民宿夜景（图源：范米铖摄）

实训成果评价指标

技能评价表

评分项目	评分标准	分值	得分
主题内容	活动主题的合理性和突出性	30	
活动新颖性	策划活动形式创新性和吸引力	15	
活动流程	策划活动时间、外部条件、人员安排合理性、考虑到活动经费和应急方案	15	
活动可行性	活动开展可行性	20	
小组评比展示解说	演讲专业程度、语言技巧和非语言技巧，团队合作配合程度和时间分配的合理性	10	
策划案细节	策划案排版工整性、文字编排工整清楚、格式符合要求，文字流畅、条理清楚、逻辑性较强	10	

素质评价表

素质评价表使用说明：按优秀为 25 分、良好为 20 分、一般为 15 分、合格为 10 分、不合格为 5 分五个等级评价。分为学生自评与小组成员互评。

素质评价指标		得分
自评	团队合作精神和协作能力：能与小组成员合作完成项目	
	交流沟通能力：能良好表达自己的观点，善于倾听他人的观点	
	信息素养和学习能力：善于搜集并借鉴有用资讯和好的思路想法	
	独立思考和创新能力：能提出新的想法、建议和策略	
组员 1	团队合作精神和协作能力：能与小组成员合作完成项目	
	交流沟通能力：能良好表达自己的观点，善于倾听他人的观点	
	信息素养和学习能力：善于搜集并借鉴有用资讯和好的思路想法	
	独立思考和创新能力：能提出新的想法、建议和策略	
组员 2	团队合作精神和协作能力：能与小组成员合作完成项目	
	交流沟通能力：能良好表达自己的观点，善于倾听他人的观点	
	信息素养和学习能力：善于搜集并借鉴有用资讯和好的思路想法	
	独立思考和创新能力：能提出新的想法、建议和策略	
组员 3	团队合作精神和协作能力：能与小组成员合作完成项目	
	交流沟通能力：能良好表达自己的观点，善于倾听他人的观点	
	信息素养和学习能力：善于搜集并借鉴有用资讯和好的思路想法	
	独立思考和创新能力：能提出新的想法、建议和策略	
组员 4	团队合作精神和协作能力：能与小组成员合作完成项目	
	交流沟通能力：能良好表达自己的观点，善于倾听他人的观点	
	信息素养和学习能力：善于搜集并借鉴有用资讯和好的思路想法	
	独立思考和创新能力：能提出新的想法、建议和策略	

项目六

民宿数字化运营

项目导读

本项目主要阐述民宿OTA运营方面的相关知识，在学习、了解民宿的OTA运营知识的同时，重点掌握如何对平台数据进行自我分析和市场分析，如何运用六大技巧提升民宿OTA的运营竞争力。

素质目标

1. 培养学生民宿智慧化运营的思维和智慧化管理的能力。
2. 培养学生洞察线上客户需求的思维和对线上服务设计不断追求创新的精神。
3. 培养学生良好的网络媒体素养。

知识目标

1. 了解民宿 OTA 运营模式。
2. 了解民宿线上平台竞争力的关键要素。
3. 熟悉民宿 OTA 平台数据的分析方法和指标。

能力目标

1. 能够应用民宿 OTA 平台数据提升客房 OTA 预订率的技巧。
2. 能够掌握民宿 OTA 流量、曝光率和转化率提升的方法。
3. 能够应用民宿 OTA 平台数据开展线上营销活动。

思维导图

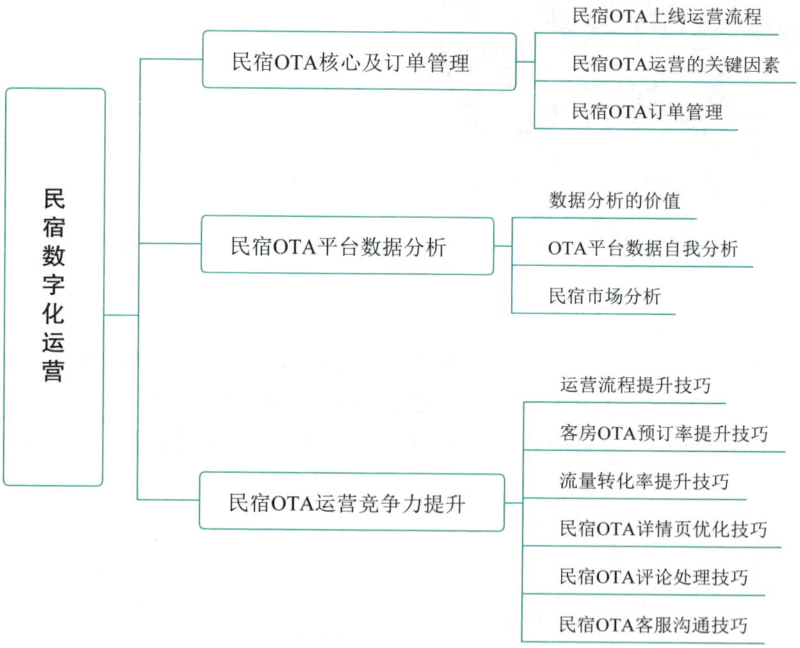

【案例导入】

如何用 OTA 更好赋能民宿运营

民宿是旅游住宿产业的重要组成部分。当前，发展旅游民宿特别是乡村民宿成为了促进文化和旅游消费的重要途径，为全面深化旅游业供给侧结构性改革提供了重要支撑。当前，我国住宿消费结构中，入住民宿的客人比重日益增加。随着移动互联网、电子支付、大数据、人脸识别科技的应用与发展，民宿行业的信息化水平得到极大提升，但整体上，民宿发展规模依然偏小，实力较弱，难以形成专业的运营平台以及开展规模化的宣传推广。

在此背景下，利用发展相对成熟的 OTA 平台，通过网络向旅游者提供旅游产品和服务预订，成为大多数民宿获客的重要渠道。对此，充分了解平台客群特点、运营规则、运营技巧以及违规惩罚机制等，可以令民宿主有效规避风险，进而帮助民宿迅速发挥 OTA 渠道效能引来源源不断的客流。

随着国内民宿线上预订平台的不断发展，美团民宿、途家、携程、小猪短租等平台逐步成形。其中，携程、美团已成为体量最大的 OTA 平台，两大平台均以提供酒店预订业务与民宿预订业务为主，携程民宿由途家运营，美团民宿有专门的运营板块，利用携程、美团各自的 App 上的流量入口，发掘潜在的民宿消费者。

事实上 OTA 平台的成功运营能有效提升民宿曝光访客量以及访客转化率，进而达到提高民宿整体入住率和整体收益的目标。换言之，OTA 订单量与民宿曝光量和转化率两个指标密切相关——曝光量和转化率越高，民宿的订单量一般就越多。影响民宿在 OTA 平台曝光量的主要是排名、营销活动、筛选入口、价格和房态等因素。

资料来源：福建民宿协会 民宿智库 专家解读 | 杨彦锋等

【想一想】

1. OTA 如何影响民宿行业的运营和发展？
2. 民宿 OTA 运营对传统民宿有何影响？
3. 如何提高民宿在 OTA 平台上的曝光量？

任务一　民宿 OTA 核心及订单管理

一、民宿 OTA 上线运营流程

（一）新民宿上线流程

OTA（在线旅游）是民宿高产量和高产值的销售渠道。很多民宿 70% 以上的预订来源于线上渠道。品牌民宿，即使配有专业的销售团队、品牌的海量会员支撑民宿的销售，依然不敢小觑 OTA 的销售火力。新民宿样板房照片完成拍摄后，可在各大 OTA 的后台提交合作申请。OTA 后台收到申请后，会分配负责民宿区域业务的经理与民宿对接。民宿后续按照要求提供资料即可。民宿在线提交申请后，OTA 总部需要 3~5 个工作日的审核。通过审核后，即可开始在 OTA 上售卖房间。

民宿整个上线流程，都是通过 OTA 的后台在线完成。从提交申请到上线销售，大约需要 10 个工作日。如果民宿提前将资料准备齐全，整个上线过程需要 5~7 个工作日。

（二）国内 OTA 市场的竞争格局

随着互联网的不断发展，OTA（Online Travel Agent，在线旅行社）应运而生。OTA 的出现深刻改变了酒店的经营、管理和运作模式。OTA 是一种基于互联网、信息通信等技术为终端消费者提供在线咨询、在线预订、在线支付、在线评论、在线投诉等服务的旅游中介平台，处于酒店旅游产业链的中间环节，具有非常广阔的发展空间。

根据移动互联网大数据监测平台 Trustdata 发布的《2019 年中国在线酒店预订行业发展分析报告》，2019 年，中国在线酒店预订用户持续增长，酒店预订间夜量同比增长 20%，总规模接近 4 亿间。2019 年，我国 OTA 头部企业的业绩总体良好，大型 OTA 平台的主要营业指标同比增长 19% 以上，远超 2018 年我国 OTA 行业的增速 9.3%。目前，我国主流 OTA 平台有携程系（携程、去哪儿网、同程艺龙）、美团系（美团、大众点评）、阿里系（飞猪旅行）。下面对这三大平台的发展情况进行简单分析。

1. 携程系

在 OTA 行业中，携程系一家独大。资料显示，以携程、去哪儿网为主体的携程系所占市场份额达到了 63.9%。

（1）携程

1999 年，携程四君子季琦、范敏、梁建章、沈南鹏在上海创立携程。2003 年，携程作为中国 OTA 第一股在美国纳斯达克成功上市。携程早期业务主要是酒店与机票预订，经过 20 多年的发展，它已经成为中国 OTA 行业的龙头企业，业务涵盖酒店预订、机票预订、旅游度假、商旅管理及旅游资讯等一系列酒店旅行服务。

在抢占国内酒店旅游市场的同时，携程还积极向全球市场扩张。在国内酒店旅游市场方面，携程合并了最大的竞争对手去哪儿网，并入股同程艺龙、途牛等 OTA 企业；在全球市场方面，携程是印度 OTA 巨头 MakeMyTrip 的最大股东，拥有 49% 的总投票权；收购英国的旅行搜索平台天巡（Skyscanner）。天巡是全球最大的机票搜索平台之一，支持 30 多种语言，服务 190 个国家用户，拥有 6 千万月活跃用户。此外，携程还积极投资出行、民宿等细分领域，持续强化自身的综合旅行服务能力。

（2）去哪儿网

去哪儿网于 2005 年 5 月在北京创立，是国内领先的 OTA 平台。基于先进的智能搜索技术，去哪儿网对互联网上的旅游信息进行整合，帮助旅行者高效、便捷地安排旅行计划，其业务涵盖酒店、度假、票务（包括汽车票、火车票、机票、景点门票）、团购、租车、接送机等多个领域。

截至 2019 年 3 月，去哪儿网搜索覆盖全球 68 万多条航线、580 家航空公司、147 万家酒店、9000 家旅游代理商、120 万多条度假线路、1 万多个旅游景点，并与国内外上百家航空公司达成深度合作，打造了一个融合线上、线下全价值链的 OTA 服务生态系统。

（3）同程艺龙

1999 年，艺龙于美国特拉华州成立，主营业务为酒店预订等城市生活服务。2002 年，同程于中国苏州创立，早期业务为网络名片分销，后续又发展了机票、景点门店及酒店预订业务。2007 年，同程旅游集团旗下的同程网络与艺龙旅行网合并为一家新公司“同程艺龙”。2008 年，同程艺龙港股上市。

自成立以来，同程艺龙高度重视技术创新，组建了拥有近 2000 名员工的 IT 部门为公司提供技术支持，公司已经实现业务端自动化，75% 的住宿间夜与 94% 的机票订单都已经实现自动化处理。未来，同程艺龙将深耕智能出行领域，推动酒店旅游产业链不断升级，为用户带来全流程陪伴式管家服务，最终实现从 OTA 向 ITA 的转型升级。

2. 美团系

（1）美团

美团于 2010 年创立，凭借团购业务起家。2013 年，美团开始布局酒店旅游业务，为了避免与携程正面碰撞，美团重点发力三四线城市，通过满足年轻旅客的本地低端酒店需求，发掘了低线城市增量市场。2015 年，美团成立酒店旅游事业群，这标志着酒店旅游正式成为美团的一项战略业务。

低佣金率是美团旅游酒店业务发展壮大的重要因素，而低佣金率的背后是美团强大的 IT 系统技术（如智能推荐、移动支付、路径规划、软硬件开发、无人配送技术等）。除了佣金率较低外，美团还积极通过科技赋能商家，例如为酒店开发 PMS（Property Management System，酒店管理系统）、RMS（Revenue Management System，收益管理系统），帮助酒店快速掌握整体运营情况，安全、高效地开展离线与在线交易，显著增强酒店的获客能力。

（2）大众点评

大众点评于 2003 年成立于上海，定位为本地生活信息及交易平台。2014 年，大众点评开始布局酒店旅游业务；2015 年，大众点评与美团联合发布声明，宣布双方达成战略合作，成立新公司美团大众点评。

大众点评的酒店旅游业务主要通过引流方式完成变现，即引导体验过酒店、旅游景点的用户在平台上进行评论，这些评论又会帮助大众点评吸引大量流量，然后大众点评再以打包的流程分成协议价向酒店、旅游景点等客户收费。

3. 阿里系

阿里系 OTA 平台飞猪旅行由“阿里旅行 · 去啊”升级而来，主营业务为机票、民宿及旅游套餐预订服务。

2009 年，阿里巴巴推出了淘宝旅行，并成立航旅事业部，开始布局旅游市场。2014 年，阿里巴巴将旗下航旅事业部升级为航旅事业群，同时将淘宝旅行升级为独立品牌“阿里旅行 · 去啊”。2016 年，“阿里旅行 · 去啊”升级为飞猪旅行。2018 年，飞猪旅行发布了“新旅行联盟”计划，根据该计划，飞猪旅行将通过联合全球旅行服务商、各国旅游局、阿里巴巴生态伙伴等，打造以消费者为中心的、实现全链路连接的行业新生态。

飞猪旅行得到了阿里巴巴在流量、支付、技术、体验等方面的大力支持。目前，淘宝与支付宝的旅游消费频道（例如手机淘宝的“飞猪旅行”、支付宝的火车票、机票与酒店出游等）都已经向飞猪旅行开放。与此同时，阿里云也为飞猪旅行提供大数据与人工智能算法支持，帮助其实现全域旅游“服务、管理、营销”三位一体。

更关键的是，飞猪旅行没有采用 OTA 平台普遍运用的代理抽佣模式，而是选择了淘宝平台模式。在该模式中，飞猪只负责搭建入口，通过轻量化运营降低成本，商家入驻飞猪旅行平台后自行负责产品销售，只需要向飞猪支付很低比例的佣金。借助该模式，飞猪旅行的机票标品及高端酒店打折券业务实现了迅猛发展。

（三）新民宿上线提前准备事项

1. 地图定位

建议民宿在新店开业前，安排地图定位。

2. 收款账户

OTA 的收款账户，可以选择个人账户或者对公收款账户。

3. 民宿简介

民宿简介一般 300~500 个字即可，是对民宿的整体的概述。

4. 房型信息

房型信息，主要是指客房的房型名称和价格以及房间设施等。

5. 民宿照片 / 视频

照片和视频是民宿在 OTA 上的产量和产值的关键。

二、民宿 OTA 运营的关键因素

OTA 有三大指标：曝光率、浏览率、转化率，做好 OTA 不是简单的做好评分，而是一个系统的工作，需要有数据分析，各个数据指标又相辅相成。民宿 OTA 运营要从这三大指标的关键因素出发。

（一）提升曝光率

微课视频 6-1：民宿 OTA 运营关键因素

1. 平台付费推广

提升排名最快的方式是挂牌，但是挂牌需要满足平台收益线。可以考虑平台付费推广比如金字塔，充值金字塔进行广告投放，设置广告关键词，同时参加其他广告活动，让更多客人到民宿体验。

2. 活动搭配设置

平台在不同时期会推送不同的活动，不建议全部房型参加同一活动，而应该进行合理的活动搭配，比如：针对新客参加一个 8.8 折的活动，同时针对老客户，参加天天特价，这样就能避免老用户无法参加活动而流失。

3. 民宿名称 SEO 优化

每个民宿都有商圈热点，比如机场附近的民宿，在名称中可增加“机场店”后缀，客人搜索机场时就会增加民宿曝光率。

4. 民宿商圈

民宿挂携程金牌后可申请 3 公里以内的双商圈，所以一定要记得跟业务经理申请，增加曝光率。

5. 房价

平台的价格有一个区间范围，比如携程会有 150 元以下、150~300 元、300~450 元、450~600 元以及 600 元以上。民宿价格尽可能满足平台各个区间，不管消费者选择哪个区间都可以搜到你的民宿。

6. 属性标签

有的标签通过业务进行申请，比如商务出行、地铁周边等；有的是通过参加活动获得，比如天天特价。很多消费者关注标签，所以应合理参加活动获得更多标签，以增加曝光率。

7. 评分

评分是影响民宿排名的关键因素，4.8 分以上的民宿更受消费者青睐。怎么提高评分？应从服务和民宿设施入手，切实提高消费者体验，消费者满意了自然会有好评。很多老板遇到差评，第一时间就会考虑如何删除，这肯定是不行的。平台有差评是正常现象，关键在于你如何回复和处理，通过回复内容达到宣传则是最好的方式。

8. 民宿类型

配套服务设施等一定要真实，避免造成客人的投诉。

（二）提高浏览率

1. 民宿首图

首图的主要目的是吸引消费者眼球，必须在列表页，以示与众不同，比如周边民宿使用的是民宿外围环境作为首图，那我们就可以选择房间图片作为首图，避免消费者审美疲劳。

2. 评分和评论数量

也是影响浏览率的重要因素，客人偏好 4.8 分以上的民宿。切记不要刷单，平台是杜绝的。前台要引导客人给予好评，从根本上解决评分的问题，并根据客人的建议积极调整，这样才能形成良性循环。

3. 引流房型和预订热度

携程外网会显示最低房型的房价、折扣以及房量，所以做引流活动力度要引起重视，活动力度越大越能引起消费者青睐。当引流房量低于 5 间时，外网会显示仅剩几间，可达到饥饿营销目的。消费者都有从众心理，预订热度越高则越受欢迎，所以要推行线下扫码、线上推广等多种方式保持住预订热度。

（三）提升转化率

1. 房型首图

尽量设置房间全景图片，切记不要用卫生间的图片。

2. 房价

设置房价可采取一定技巧，比如 158 元的房间，你设置成 258 减 50 的活动，会更吸引消费者。

3. 入住时间

可根据民宿出租率的情况进行调整，比如出租率不是很高，周边民宿的入住时间是 14：00 之后，我们可以调成 12：00 之后，从而增加民宿的竞争力。

4. 民宿介绍

不要简单介绍，尽可能多地介绍你的优势，比如离地铁站的路程，多角度地展示。

5. 取消政策

平时可以设置为 18：00 之前免费取消，节假日可设置成付费取消。

6. 民宿图片

切记一定要真实，不然很容易带来投诉。

7. 房型活动

适当参加，提高曝光。

【课中训练】

请搜索那年晚村民宿相关的 OTA 平台数据，分析影响其线上运营的关键因素。

【拓展阅读 6-1】

民宿 OTA 运营中的重要指标数据

尽管民宿商家对 OTA 平台又爱又恨，它能为民宿带来订单，但高额抽佣也抢走民宿不少利润，对于民宿来说，OTA 仍然是一个非常重要的售房渠道。

而各个 OTA 平台都有一套自己的运营规则，想要做好，民宿必须了解这些规则及运营指标。

民宿 OTA 运营有哪些指标、数据最重要？先明白一个公式：订单量 = 曝光量 × 转化率 − 取消量，而曝光量、订单量，都会受到各种因素影响。

1. 曝光量

①民宿商家维度

销量收益、合作度、运营指标（携程服务质量分、美团 HOS 指数等）、房态良好度（库存、保留房）、活动参与度、点评、价格展现良好度、不违规违约等。

其中，前三项指标权重比例最大，可以较大程度影响民宿的曝光量。

②用户维度

用户点击、浏览、收藏、消费过的店，能够获取优先排名。同时，用户的搜索场景——同城搜索、附近搜索、异地搜索，也会影响到排名。

2. 转化率

在点击、预订、支付三个环节中，都有许多因素影响转化率。

①点击转化率

排名；列表页信息，包括头图、点评、价格、销量、标签等；还有你的竞争对手都会影响到你的点击。

②预订转化率

图片、民宿地理位置、简介等，以及房型信息，包括房型名称、数量、配图、退改政策、注意事项等都会影响到预订转化率。

③支付转化率

包括付款方式、下单流程是否简便等会影响到支付转化率。

总的来说，要保证自己的民宿在 OTA 平台有好的排名、较高评分、较多好评，并且介绍信息完善有吸引力、配图精美、价格有优势，才能获得较好销量。

资料来源：梦旅程 民宿营销系统

三、民宿 OTA 订单管理

民宿商家获取 OTA 订单，大多数是客人主动进行搜索做出的下单选择，而订单管理是 OTA 运营最日常的工作，作为民宿管理者，要理解客人搜索页面、浏览页面、选择产品、最终下单等行为的背后的心理内容，最终才能更加有助于民宿优化出更符合消费者市场的民宿产品，进而达到更多的订单。

微课视频 6-2：民宿 OTA 订单管理

那么，从民宿运营的层面来看，民宿 OTA 预订应该执行哪些操作呢？

（一）OTA 预订操作的四个流程

1. 搜索查询页

打开各类预订 App 后，点击首页的民宿九宫格，或者在首页搜索框中直接输入“××民宿”进行搜索。客人进入网页看到的第一个页面被称为查询页，如图 6–1 所示。在查询页，客人可以根据自身的需求和喜好，点击选择页面。在民宿或民宿查询页发生频次最高的行为是搜索，客人可以通过设定位置、地点、关键词、日期等条件，获得符合自身要求的多家民宿。

图 6–1　客人从各类 App 首页进入查询（图源：美团民宿预订 App 页面截图）

（1）查询搜索的条件

在预订 App 查询页，客人可以设置搜索条件，根据不同条件组合，搜索结果页的民宿展示排序规则也会有所不同。不同的民宿预订 App 查询页的搜索条件会有些不同，但基本都包括模板区域、入离店日期、关键词、位置搜索、价格星级、入住条件、客源类型等内容。

（2）搜索行为分类

根据查询页设定的搜索条件的不同，客人的搜索行为被分为四类：地理位置搜索、PoI 关键词搜索、筛选及关键词搜索、目标直接搜索，如表 6–1 所示。

表 6–1　四类搜索行为的含义说明

搜索分类指标	含义说明
地理位置搜索	以城市定位搜索，没有使用其他筛选或关键词的搜索
PoI 关键词搜索	按照 PoI 关键词搜索，没有使用其他任何关键词
筛选及关键词搜索	使用除了 PoI 以外的筛选项和关键词搜索

续表

搜索分类指标	含义说明
目标直接搜索	在关键词框输入民宿名称直接进行搜索

注：PoI 是“Point of Interest”的缩写，中文可以翻译为“兴趣点”。在地理信息系统中，一个 PoI 可以是一栋房子、一个商铺、一个邮筒、一个公交站等，例如天安门、西湖。

（3）活动推广

查询页作为民宿预订路径中的必要环节，除了搜索功能区之外，还有两个重要推广位置：一是查询页顶部的主推活动；二是查询页第二屏的日常促销，参与促销活动的民宿能由此获得更高的曝光量。

①主推活动。在查询页顶部，客人能看到平台主推或当季活动，如五一假期、暑假期间携程主推的亲子主题房、暑期特惠活动；美团在 5 月 20 日推出“520 约会民宿甄选”一屋子浪漫预订中；飞猪推出 618 奇妙旅行节等。这些活动横幅页会轮流播放展示，点击活动页面即可了解活动详情，参与该活动的民宿会在活动详情页以列表形式展示，供客人浏览选择。

②常规促销。滑动手机屏幕至查询页第二屏，会展示常规促销活动，如携程的天天特价、优享会民宿，飞猪的爆款清单、甄选民宿，美团的特色民宿打造计划，开通了不同风格主题的民宿等。不同时期各类预订 App 重点向客人推荐的促销有所不同，民宿商家可参考该推广位的信息，选择参与当前的主推促销活动。

（4）内容推荐

除了搜索与活动，在查询页第二屏的内容推荐能给民宿带来更精准的流量。内容推荐分为两个方面：一是热门民宿榜单，二是民宿内容。例如携程依托海量数据，按照一定条件甄选出民宿排行榜。榜单将优质民宿推荐给客人，一方面能提升民宿品牌形象，另一方面客人浏览榜单时即可进入民宿详情页进行预订。

①民宿榜单。对于民宿来说，榜单是一个高转化率的流量入口，目前携程主要的榜单有网红民宿、精品民宿口碑榜、TOP 民宿榜、星级人气榜、特色人气榜、热门玩法榜等。

②民宿内容。携程榜单是由平台依托数据向客人推荐的优质民宿，而民宿内容是由客人主动分享、推荐的民宿，一般是由系统从民宿点评中挖掘而来的内容。

2. 选择列表页

客人在查询页设定条件进行搜索，搜索出来的结果展示页面被称为民宿列表页。每家民宿在列表页会展示民宿的名称、起价、首图、点评、位置、标签等信息，通过相关信息比对，客人会决定进入哪一家民宿的详情页。

（1）排序

列表页展示的民宿会按照欢迎度、位置、价格、点评、评分等规则进行排序，客人滑动手机屏幕可以看到更多的民宿信息。

因此，民宿排名越靠前，在客人眼前曝光的机率就会越多。

①欢迎度排序。当客人未使用任何 PoI 关键词或“当前位置”作为查询条件时，所得到的民宿列表页会按照系统默认的“欢迎度排序”进行展示。

②智能排序。当客人使用 PoI 关键词来搜索民宿时，得到的民宿列表页会按照“智能排序”规则进行展示。一般来说，按照“智能排序”规则展示的民宿列表页会结合客人偏好向其推荐民宿。

③好评优先。除了欢迎度排序、智能排序，客人可以点击列表页左上角“欢迎度排序”的下拉菜单，选择其他排序方式。其中“好评优先”排序会综合考虑点评分、点评数来排列民宿。

④点评数多—少。选择“点评数多—少”以后，列表页的民宿会严格按照点评数从高到低展示。

⑤低价优先。选择“低价优先”以后，列表页的民宿会严格按照民宿最低卖价从低到高展示。

⑥距离远—近。可以选择直线距离，也可以选择距离市中心的距离，每个预订 App 所呈现的选择不一样。例如携程在选择“距离近—远”以后，民宿列表页的展示分为以下三种情况。

第一种，查询页设定了具体位置，选择“直线距离近—远”，列表页将按照民宿到设定具体位置的直线距离，严格由近到远排列。

第二种，查询页搜索用户当前所在城市或定位为当前位置，选择“直线距离近—远”，列表页将按照民宿到客人当前所在位置的直线距离，严格由近到远排列。

第三种，查询页搜索到非用户当前所在城市，选择“直线距离近—远”，列表页将按照民宿到城市市中心的直线距离，严格由近到远排列。

（2）筛选

查询页设定的搜索条件不同，会形成按不同规则排序的民宿列表页。在列表页，客人可以点击列表页顶部按钮进行筛选，包括位置距离、价格 / 星级、评分高低、类型主题、设施/服务、餐食筛选、快捷筛选等，以进一步筛选出符合其要求的民宿，提高客人的选择效率。

①按位置距离筛选。多数客人在预订民宿时，心里已经有了计划想去的目的地，如情侣出游的客人、亲子出游的客人、家庭出游的客人、团建的客人等。只要点击列表页顶部“位置距离”按钮，就会显示位置距离的筛选条件，包括直线距离、热门、商圈、机场车站、地铁线、景点、玩乐、行政区、大学、购物、学校、医院等。筛选后的民宿列表页会与客人需求更加匹配。

②按价格/评分筛选。价格是影响客人预订的关键因素之一，对于多数客人来说，其受关注度仅次于民宿的位置。习惯订500元一晚的民宿的客人，对3000元的民宿并不感兴趣，所以客人会点击列表页顶部“价格/评分”，筛选出在自身经济能力范围内的价格与评分指标。

价格筛选。一般提供6~8个价格区间供客人选择，不同消费水平的城市，其价格区间的划分有所差异。此外，客人还可以自定义价格进行筛选。筛选后的民宿列表页会与客人需求更加匹配。民宿涵盖的价格区间越多，被客人筛选出来的概率越大，获取的流量往往就越高。同时，民宿的评分越高，被客人筛选出来的概率也会越大。

③按特色条件筛选。除了位置距离、价格/评分等指标外，预订平台还为客人提供了更多个性化的选择，点击列表页右上角的“筛选”按钮，会显示平台推荐的特色项目，比如优惠促销、特色主题、免费取消等筛选条件，对应标签会在列表页的民宿信息中展示。点击列表页右上角的“筛选”按钮，在下拉菜单里能看到多类别的特色筛选条件：出租类型、房屋设施、品牌民宿、优惠、房型、特殊要求、点评、房屋周边等。

3. 详情页浏览

当客人从列表页看中一家民宿后，会点击进入详情页浏览，该页面提供的信息越有吸引力，客人越容易下单。比如携程民宿详情页是由以下6个关键部分组成的：民宿相册、民宿预订、基础信息、住客评价、评分、详情/设施等。

进入详情页，客人在预订App上首先看到的是民宿图片，点击进入民宿相册，其图片有两个来源：一是官方或房东图片，二是住客达人晒图。

（1）官方或房东图片

官方或房东图片由商家上传至平台，一般分为：外观、休闲、卫生间、卧室、厨房、公共区域、周边、其他等类别。若商家没有提供某一类别的图片，携程App不会显示该类别。

（2）住客达人晒图

住客达人晒图来源于客人写点评时上传的图片，是系统从中精选出来的高质图片。由于是客人实拍的民宿图片，多数未经修饰，一般被客人认为更加真实、客观。

（3）民宿预订

一家民宿在预订平台可售卖的产品分为两个部分：一是民宿客房；二是民宿的特色餐饮等附加产品，客人可以在民宿详情页内完成预订。

①客房预订。客房是民宿的核心产品，客人在挑选房型时，会重点关注房型名称、房型图片、房型设施、房型价格、取消政策、增值服务等，这些信息会展示在预订 App 上。

微视频 6-3：精品民宿鉴赏 6

◎房型名称。如同民宿名称一般，房型名称能够展示产品的特色与属性。

◎房型图片。客人在平台 App 上预订民宿，无法亲自到店挑选房型，通过图片可以帮助客人直观、全面地判断该房型的设施档次、空间大小、卫生程度、景观好坏等。

◎房型设施。设施是房型等级的重要参考项，某一房型提供的设施越丰富，越能满足客人多样化的住宿需求，往往越会受客人青睐。

◎房型价格。价格是决定客人选择的关键要素，多数客人会根据房型信息来判断该房型产品与价格是否匹配，进而做出决定。此外，参与促销活动的房型，其价格会附加优惠提示来刺激预订。

◎取消政策。与线下渠道不同，客人在 OTA 预订民宿时，会更看重预订的房型取消政策。例如携程的取消政策包括不可取消、限时取消、免费取消几种情况，相对宽松的取消政策更容易吸引客人预订。

◎增值服务。除了客房本身，部分民宿在预订平台售卖的房型产品中，还包括了早餐、礼盒、延迟退房等增值服务，既能满足容人的多样化需求，还能给客房产品带来溢价。

②附加产品预订。在房型列表下方，部分民宿会提供店内商城服务，为客人提供美食、旅拍、接驳等附加产品的预订服务。

③预订咨询。客人在挑选民宿房型等产品时，若希望进一步咨询，可以点击详情页页面“问问店家”“房东主页”等，与民宿房东在线沟通，如图 6-2 所示。

图 6–2　详情页联系房东（图源：携程 App 截图）

（4）基础信息

民宿详情页会展示地理位置、民宿标签等基础信息，以帮助客人全面地了解民宿，作为其预订决策的参考。

①地理位置。包括其一，民宿地址。商家提供的民宿地址会在预订平台的详情页展示给客人，一般是以地图的形式展现，方便客人直接导航。App 详情页的地址栏，会精确显示到区、路名及门牌号。其二，位置参照。为给客人提供更直观的位置参照，系统会根据客人所在位置及搜索情况，自动生成参照导航信息，如距离天安门广场驾车约 6.5 公里，约 24 分钟等。其三，导航周边。点击详情页地址栏右侧“地图 / 导航”，客人会在地图上看到民宿所在位置，也可以通过地图进行导航路线查询。

②民宿标签。在详情页会体现和本民宿相关的一些标签，比如超赞房东、适合亲子、早餐很棒、近地铁、胡同里、智能门锁等相关信息。这些标签的出现可以帮助客人在选择民宿时，更加迅速和快捷。

（5）住客评价

超过九成客人表示，几乎每次预订民宿时，都会浏览民宿点评。详情页的点评展示可以分为点评分、点评筛选、点评内容三个版块。

①点评分。每个预订平台的点评分指标不同，一般情况，客人的点评分数

是根据位置、卫生、环境、服务、设施、便捷、沟通、性价比等不同指标单项分计算出来的平均值，而民宿的总点评分由诸多客人的点评分综合计算而成。为给潜在的预订客人提供更具参考价值的点评，不同的预订平台会有不同的做法，比如携程点评页会提供房东其他相似房源点评信息，以及偏好相似住客点评，包括总点评分、点评数、卫生、环境、服务、设施单项评分等。

②点评筛选。不同类型的客人对点评的关注点不同，如想订山景套房民宿的客人更希望看看其他住客对该房型的点评，客人可以通过点评筛选仅查看山景套房的点评，或在顶部搜索带“山景”关键词的点评。

③点评内容。由文字、图片或视频构成。比如携程 App 的点评会结合点评内容的丰富性、时效性来排列。3 分以下的点评会被收录在“差评”类别中，带图片的点评会被收录在“有图”类别中。一家民宿的点评内容中，被多位客人重复提及的关键词会由系统提炼成“点评标签”，如干净卫生、环境不错、早餐丰富等标签，点击对应标签可查看相关的点评内容。

（6）详情 / 设施

点击预订平台 App 详情页，客人可以浏览民宿简介、房屋特点、政策设施、图文详情、交通娱乐，加深对民宿的认知。

①民宿简介。客人进入详情 / 设施页面，会首先看到系统显示的民宿简介或房屋特点以及可提供的优质的服务，还会提供推荐理由，让客人对民宿的定位有初步的认知。

②政策设施。在预订平台 App 详情 / 设施页中，主要由政策、设施、服务组成。

③图文详情。一般会包括民宿图文、民宿文章等版块，通过丰富的图文信息展示，使客人能更深入地了解民宿。民宿图文是商家以图片、文字组合介绍民宿的一种方式。相比单一的文字或图片，民宿图文能传达更多的信息。民宿文章指预订平台有文章提及该民宿，通常会在详情 / 设施总页图文详情中展示。

④交通娱乐。交通娱乐页面会为客人推荐民宿周边的交通、美食、景点、购物等信息，这是系统根据民宿所在位置自动生成并推荐的。

4. 订单页下单

从详情页点击所看中房型右下侧的“预订”，客人便能进入下单环节，该环节分为四步：订单浏览、订单填写、订单支付、订单确认。即使进入下单环节，仍有各类问题会导致订单流失。

（1）订单浏览

进入订单填写页以后，客人会再次确认关键订单信息，包括房型信息、民宿政策、取消政策、本单可享优惠信息等。

◎房型信息。在订单页，客人会看到即将预订的房型信息，包括房型名称、入离日期、床型宽度、房间网络、餐食信息、入住人数、取消政策，点击“房型餐食详情”可查看详情。

◎订房须知。点击“预订须知”，客人可以看到取消政策、民宿提示、入住限制、客房设施说明、重要通知、儿童及加床政策、宠物政策、预订提示、入离时间、发票以及其他等信息。

（2）订单填写

开始填写订单信息往往意味着客人的预订意愿已相当强烈。在 App 订单处理页，商家接收到的新订单会显示客人填写的订单信息详情。

◎入住信息。需填写的入住信息包含房间数、住客姓名、手机号、预计到店时间。为保护客人隐私，手机号码会被系统隐藏，商家可通过虚拟号码联系客人。

◎特别要求。填写订单信息时，若客人对民宿有特别要求，如不要一楼，不要靠近马路的房间，可以填写特别要求，商家在平台订单详情页中，查看要求明细并录入民宿物业管理系统（Property Management System，PMS），可为客人提前做好安排。

◎发票。在 App 订单填写页底部，会显示发票由民宿开具还是由预订平台提供，客人可根据实际情况开具发票。

（3）订单支付

由于支付习惯不同，比如有些人习惯提前支付房费，有些人习惯到店再付房费，所以对于每一类房型，商家可开设不同的支付方式以满足客人的多样化需求。目前支付方式分为三类：在线付款、到店付款、闪住。

（4）订单确认

客人在提交订单以后，等待商家确认接受订单需要一定的时间。在商家确认以后，部分客人还可能因行程变动等原因，想要修改或取消订单。从查询页、列表页、详情页到订单页，这是客人预订民宿的关键路径，每一个细节都有可能导致订单的流失。商家要懂得站在客人的视角，去审视自己的民宿，不断优化客人在各个环节的体验。

（二）订单管理

1. 接收预订单

民宿可以通过多种方式接收 OTA 预订单，例如手机商家版客户端、OTA 公众号平台、民宿 ebooking 等。民宿的 OTA 预订单处理时效关系到民宿在 OTA 平台中的排名，因此，民宿应该尽可能地快速处理 OTA 预订单。

品牌民宿可能有专门的OTA运营专员负责处理OTA预订单，OTA运营专员接收OTA预订单后需要及时反馈给前台人员，避免客人预订民宿后无房可住的情况发生。中小型民宿通常由前台人员完成这项工作，由于前台人员的工作比较繁杂，为了避免前台人员忘记处理OTA预订单，民宿可以在前台安装一个音响，提醒前台人员及时处理。为了方便，我们将这两类人员统称为民宿OTA运营人员。

2. 查询客房流量

民宿OTA运营人员接收到OTA预订单后，要先对民宿客房流量进行查询，确定民宿目前仍有OTA预订单上要求的客房，然后才能确认顾客可以预订。在这一环节，民宿OTA运营人员需要注意以下事项：

①分析民宿预订政策，了解民宿当日预留房情况。

②对于客房供应紧张、保留时间较长、预订客房数量较多等特殊情况下的OTA预订单，民宿OTA运营人员应该要求顾客担保预订。

③实时关注客房出租情况，据此确定预订接受量。

④在OTA后台管理保留房设置，例如将保留房设置成“限量设置”，一旦保留房销售完毕，房态将自动关闭，避免出现爆房问题。

3. 预订信息录入民宿管理系统

民宿OTA运营人员查询完客房流量后，如果确认顾客可以预订，要将预订信息及时录入民宿管理系统。录入信息时，民宿OTA运营人员要保证OTA平台名称、客源类型、佣金政策等关键信息的准确性。

4. 回复确认

回复确认的作用主要是告知顾客预订成功。民宿OTA运营人员可以直接在ebooking后台点击回复，将民宿系统生成的订单号填写在电子订单上，方便顾客查询订单情况。与酒店给人千篇一律的感觉相比，客户可直接与独一无二的民宿主发生联系，因此民宿主的接待与服务在很大程度上会影响客户对民宿的体验，当客户在平台下单后，便进入民宿主的服务环节。

无论是民宿主自己接待，还是有专门的民宿管家来管理，民宿主都需要制订既可复制，又有温度，还不显得太过标准化的流程，让客户有宾至如归的体验。

第一步，身份登记服务。客户下单后，我们需要第一时间跟对方取得联系，并做好身份登记。其中需要核实如下关键信息：入住人数、是否有老人或孩子随行、有无特殊需求等。这一步可以通过途家App后台的“入住登记功能”来实现。民宿主选择好相应的日期和房间，把链接通过微信发送给客户即可。客户登记的信息会自动打上水印，以防止信息外泄。

第二步，确认入住时间。正常情况下，民宿跟酒店一样都是当日下午 2 点后可入住，离店日中午 12 点前退房。民宿主提前跟客户确认时间，一方面可以提前协调保洁员的工作时间。很多民宿主在同一个地方有好几套民宿，如果都需要清洁、打扫，就可以根据不同房间入住时间的早晚来安排打扫顺序。另一方面有利于尽可能满足客户的特殊需求，如需要提前入住、半夜入住或者延迟退房等。

第三步，发送入住指南。入住指南包括房间地址与定位、停车场、停车费用、入住与退房时间提醒等。至于房间密码，建议客户入住当天再发送，以防中途退单等情况发生。

第四步，共情性服务。可以提前把周围的旅游、交通、购物、餐饮等吃喝玩乐信息做成入住指南，发送给客户，这样既可以提高客户的消费体验，又可以避免同一问题被反复询问，还可以争取让客户在退房后能主动给予五星好评。

5. OTA 预订注意事项

①无特殊情况不得拒绝 OTA 订单，如果因为特殊情况而拒绝 OTA 订单，民宿 OTA 运营人员要及时向顾客说明情况，争取得到顾客的谅解。

②节假日等客流高峰期提前做好房控。

③核对预订日期与抵达时间，确保其有效性。

④做好特殊要求备注。有的顾客会提出特殊要求，例如无烟房、连号房、低噪声房、撤掉房间内酒水、提供发票等。民宿 OTA 运营人员要将这些特殊要求备注在订单上，以便工作人员为顾客提供令其满意的服务。

任务二　民宿 OTA 平台数据分析

一、数据分析的价值

民宿商家主要关注本店的出租率、营业额、单房收益等数据，而对于民宿 OTA 渠道的数据分析，除了关注结果数据之外，还要关注过程数据指标，如此才能更好地掌握提升 OTA 销量的方法。

（一）洞察原因

对于传统的营销渠道，如户外广告、报纸杂志、电视、广播等，民宿未必能弄清楚自己投入的钱到底带来了多少回报，而 OTA 平台数据能告诉民宿每一笔投入的回报情况。若民宿近期销量平平，商家也能通过 OTA 数据分析、定位本店销量不佳的原因，了解竞争对手是如何分流本店的订单，定位运营背后的问题与亮点。

（二）市场预测

数据分析是日常经营策略制定的核心依据。对于民宿来说，如何对市场热度做出精准预测，如何保证在 OTA 上的投入产出比最优，都依赖于数据分析来实现。

微课视频 6-4：民宿 OTA 平台数据分析

民宿商家要实现收益最大化，就要对未来一定时期内的价格、出租率等做出预测。以国庆假期、暑期为例，不少客人会提前一两个月就会在预订 App 上预订民宿，那么民宿就必须以上年同期数据作为参考，提前在 OTA 平台做好价格预埋，并根据预订进度及时调整价格。同时，民宿商家还需要考虑营销活动和广告投入的费用。商家可以根据投入产出比来判断是否需要调整广告的投放场景，是否要继续投放。

（三）业绩增长

OTA 平台的销量增长规则透明，人为干扰的因素极少。商家可以根据数据对本店线上运营进行诊断、分析，快速找到增长提升的方向。比如可以根据曝光率、访客量和转化率等指标来衡量本店业绩的增长情况。

二、OTA 平台数据自我分析

民宿商家在进行 OTA 平台数据的自我分析时，首先要找到参照物，既要考虑去年同期的数据，又要了解竞争圈同期的数据，这样才能获得清晰的认识判断。

（一）定位竞争对手

在 OTA 渠道，民宿的竞争对手与线下不同，抢走本店客人的民宿可能会跟本店相隔几十千米。因此，OTA 上的竞争对手范围更广，只有设置好竞争圈，商家才能合理地对本店进行分析，及时把握竞争对手的动作及市场变化。在选择竞争对手民宿时，可以从以下三个角度去设置。

1. 附近同类型民宿

这是指同商圈或同行政区等地理位置相近，且星级、价格、规模相似的民宿，也是绝大多数商家都已经在关注的竞争圈民宿。

2. 排名相近的民宿

这是指不管是在城市列表页还是在同商圈列表页的排名位置与本店相近的民宿，都应列入竞争圈民宿。

3. 分流较多的民宿

当客人在预订 App 浏览过本店，结果没预订，反而跑去另一家民宿下单，那么这家民宿有很大概率是竞争对手。后台数据中心流量分析页面会显示近 7 天的本店订单流失去向。分流本店订单多的民宿应该被设为竞争圈民宿。同时浏览率、下单转化率，其数值越高，意味着该民宿抢走的订单越多。

（二）流量提升分析

设定好本店竞争圈之后，商家即可进入本店 OTA 运营分析的环节。第一步要分析本店流量，从曝光量与曝光转化率两个方面，找到流量不足的原因。首先要了解本店流量概况。在后台数据中心实时数据页面，商家可以查看当天实时的访客量，这只能代表当天的流量变化，要判断民宿流量水平，需要在更长时间周期内，进行横向、纵向对比。比如在携程 eBooking 流量分析页面，提供了昨天、过去 7 天、过去 30 天的总体流量概览，还能对比查看竞争圈民宿的平均流量。

民宿流量主要是由列表页曝光量转化而来，提升曝光量的关键在于提升排名。在 eBooking 数据中心实时数据页面，商家可查看本店当前在所处城市中的实时排名。在排名分析页面则提供了民宿在不同日期的商圈排名查询，默认展示民宿当天的商圈排名。例如民宿在携程平台自然排名的高低是由 eBooking 商机中心的客户价值分、价格感受分、房源保障分、信息优势分、服务质量分、商户诚信分 6 项指标共同决定，当民宿排名下降时，可查看商机中心是否有某项指标出现明显下降，从而有针对性地进行问题诊断。

（三）转化率提升分析

在客人的预订路径中，产生流量只是第一步，将流量转化为订单还要经历多道关卡。后台数据中心展示了民宿预订各个环节的转化率，商家可根据数据反馈来调整计划。

当客人进入详情页后，下单转化率、成交转化率会决定有多少流量转化为订单。通过对用户预订行为的分析，商家要做好转化率的优化工作。

1. 需要对客源特征进行分析

后台数据中心的用户分析页面，预订 App 平台根据民宿过去 6 个月或者更长时间的统计数据，提供该店客人的年龄、性别、来源地、出行类型、消费偏好等特征展示，商家应针对客源特征，采取适合该人群的策略。不同时期的客源若发生变化，商家也要及时调整策略。

2. 预订特征分析

除了客源特征分析，还能提供本店的提前预订天数、连续入住天数、24 小时预订分布等预订特征分析，这些信息可作为民宿转化策略优化的参考。

3. 价格敏感分析

价格是影响转化率的关键要素。预订平台 App 展示本店的客源对民宿星级偏好、价格敏感度、消费能力、早餐 / 优惠券促销类型偏好，商家可以据此来调整本店的价格策略。

4. 民宿产品分析

对于转化率的优化，除了以用户行为数据作为重要参考之外，商家更需要学会以客人思维，模拟客人在携程浏览民宿的心理，不断优化民宿产品在线上的包装与展示。在民宿产品分析中要重点考虑客人的点评分析、价格分析和取消率分析。数据显示，点评是影响转化率的关键要素。在价格方面，客人认为该产品性价比高，下单转化率就会高。

影响订单取消率的因素有两个：一是取消政策，二是订单确认时长。可见，民宿商家要用更短的时间确认订单，且需要设定保留房，能够实现立刻确认。在取消政策的设定上，若普遍采取宽松的免费取消政策，容易导致取消率高；若取消政策过于严格，客人会考虑到取消可能给其带来的金钱损失风险，从而放弃预订民宿。所以，商家应根据市场热度及本店出租率，选择设定不同的取消政策，可优先考虑阶梯取消这类相对折中的政策。

三、民宿市场分析

常言道，知己知彼，方能百战百胜。民宿商家除了要对本店进行数据分析之外，还要通过预订平台 App 的数据中心及时对市场及竞争对手进行分析，以提升民宿竞争力，吸引更多客流。

微课视频 6-5：民宿市场细分策略

民宿商家在对本店进行分析的过程中，会将本店数据与竞争圈平均水平进行对比。除此之外，还应该时刻关注竞争对手以下三个方面的数据值。

（一）实时变价

价格不仅影响下单转化率，还会对列表页的曝光转化率有很大影响。所以，多数民宿商家会关注并记录竞争对手每日多个时段对标产品的房价变化，并调整本店价格，以保证本店在线上的竞争力。

（二）产品定价

在预订平台 App 数据中心，民宿商家能看到本店与竞争圈的价格区间。如果超出竞争圈内最受欢迎的价格区间，则会导致一部分订单流失。

（三）优惠促销

除了关注竞争对手民宿的价格，在预订平台 App 数据中心，可以查看竞争圈的同行们都在参加哪些活动，转化效果如何。

（四）关注标杆

打开预订平台 App 数据中心竞争圈页面，可以查看竞争圈排名榜单。比如携程，民宿商家可以按照售卖起价、点评分、服务质量分、销售额、售卖间夜、访问量、转化率等对竞争圈民宿进行排名。商家可重点关注间夜量、访问量、转化率排名第一的民宿。关注竞争圈榜单，商家能了解到本店相对于竞争圈标杆民宿的优劣势所在，以此为参照并进行优化。

拓展阅读 6-1：2023 年 OTA 住宿预订行业市场环境分析

【课中训练】

请搜索那年晚村民宿相关的 OTA 平台，选择其中一个平台，对民宿的竞争对手、平台流量提升、流量转化进行分析，并形成相应的调查报告。

任务三　民宿 OTA 运营竞争力提升

一、运营流程提升技巧

（一）民宿基础信息的采集和优化

在 OTA 运营时，能够采集民宿基础信息，比如商家 EBK 后台的账号和密码、民宿房型信息、价格体系、设施情况、民宿图片、资质、地址及简介要点、民宿周边信息和民宿对应联系人及联系电话。采集的信息需要及时地做好记录，并在 OTA 平台上上传信息时及时核对改进。

1. 房型图片

确保每种房型的图片都超过四张，让顾客在浏览的时候能够清楚地了解到房间的信息。房型、窗户、卫生间等细节信息都能够一目了然。

2. 图片美观

除了图片的数量要求，对图片的质量也是有一些要求的。一张粗糙的图片和一张精致的图片给客人带来的感受是明显不同的，所以我们应当对平台上的图片提高要求，保证顾客在浏览的时候能够感受到房间的精致。

3. 首图质量

不管一家民宿的设施如何、房型数量多少，如果首图不吸引人的话，就不会有顾客点进来浏览。所以民宿的首图一定要完整、美观，一眼就能够吸引顾客来浏览。

4. 早餐信息

很多时候，民宿会在网站上更新其设施，但是往往忽略早餐的内容。民宿可以在详情页介绍早餐的类型、食物种类、供应时间等内容。

5. 房间数量

有些时候，平台上的民宿房间数量跟实际的房间数量会存在一定的出入。所以在维护平台的时候可以进行重新统计，并且准确注明每种房型的数量。

6. 设施更新

当民宿的设施出现变化的时候，要及时在 OTA 平台上进行更新。例如民宿新增了加湿器、更换了全新的吹风机等，都可以在平台上进行标注。

（二）民宿房态、房价的维护

房态维护是民宿主的必修课，尤其对于前台、销售等岗位的人员。准确的房态管控不仅体现民宿接待服务的质量，也有利于民宿追求更高的收益。民宿主要密切关注民宿的实时房态，并同步更新各 OTA 平台的房态，做好房态检查、预抵订单的排房、及时关房、保留房设置等工作，避免违规。

房态可以在 OTA 平台登录商家的 EBK 后台账号或者致电 OTA 平台客服进行维护调整。运营维护要根据线下民宿的到店客户的淡旺季来灵活地调整房态，因为提供房间给 OTA 平台会压缩一定的利润。调整最好是在旅游旺季，因为这时民宿房间供不应求，及时地调整、维护好线上的房态情况可以占据有利的市场优势。如果民宿出现关房或某种房型被提前预订的话，一定要赶紧对房态进行修改，避免出现客人到店，却发现无房可住的情况。另外，在价格维护方面主要是围绕节假日、旅游旺季根据竞争对手的房价变化来做调整。当旅游旺季即将来临时，我们可以提前准备好当时的房型价格。当顾客想提前安排旅行计划时，如果看到我们民宿房间是可以预订的话，可能就会直接下单。

表 6–2　房价、房态、房量具体内容一览表

指标	具体内容
房价维护	根据往年出租率情况，在流量高峰的时候，适当调价保证收益
房态维护	检查春节期间房态是否都已打开，外网是否正常展示房型
房量维护	将房态良好且充足的房型设置数量，在客人下单时立即确认，无须等待回传，可防止客人因民宿主确认时间长而取消订单

（三）民宿订单的维护

在做民宿订单维护时要注意接单的时长，严格按照“五分钟效率”的准则。订单来的时候尽量使用商家 eBooking 后台进行接单，这样民宿的后台数据的统计才能更准确，在后续制订民宿运营方案时会更加具有针对性。

前台 OTA 运营的重中之重就是订单处理。接单速度会影响民宿的服务质量，从而影响到民宿获取的流量。前台每天要处理的事情很多，忙起来可能会顾不上接单。以携程为例，民宿的订单管理要注意以下几点。

1. 设好订单提醒

在 eBooking 订单处理→订单设置页面，民宿可以设置 7 种订单提醒，尤其是弹窗提醒、声音提醒、微信提醒、App 提醒、电话提醒尽可能都打开。

小技巧：eBooking 没有订单，仍有订单提醒怎么处理？

①清除收藏夹里的 eBooking 网址。

②清除历史浏览器记录和缓存。

③手动输入 ebooking.ctrip.com。

2. 打开设备通知

设置好提醒之后，一定要保证电脑或手机等设备上你的订单提醒是能接收到的，打开携程 eBooking App 的通知及适当调高电脑端音量等。像手机端 App 没有提醒，可以检查：是否手机静音，通知是否打开（苹果手机：设置→通知→携程 eBooking →打开所有通知；安卓手机：设置→通知和状态栏 / 应用和通知→通知管理→携程 eBooking →打开所有通知）、App 程序是否被关闭等。

3. 开通自动接单功能

在 eBooking 订单处理→订单设置页面，民宿可以开通自动接单功能。该功能能减少前台工作量，但并不意味着不用再管后台。

自动确认的订单会显示“知道了”按钮，前台要录入该订单后再点击“知道了”，以免漏单等问题出现。对于特殊订单，例如紧急订单、含特殊要求的订单，可设为不适用自动接单，前台也要注意及时在后台手动确认。

4. 严控拒单行为发生

前台要能识别带有“保留房”或“freesale”标识的订单，对于这类已确认的订单，千万不能拒单。同时也要注意，按照新的服务质量分规则，民宿如果因为涨价或满房等原因拒单，也会被扣分。所以，要提前维护好房态，及时配合销售改价，最大限度减少拒单行为发生。

拓展阅读 6-2：民宿可借鉴中小型酒店与 OTA 直连

当然，除了携程平台，一些民宿还会同时上线多个 OTA 渠道，这类民宿的订单处理更要注意，一旦有客房在某个渠道被预订，那其他的渠道一定要立刻关闭，否则就可能出现重房或错订的情况。但由于各渠道的竞争关系，房态是不能互通的，所以最好的方法就是选择一款可以记录订单来源情况的民宿管理系统，统筹管理好各渠道房态信息，做到有的放矢。

二、客房 OTA 预订率提升技巧

提高客房 OTA 预订率是 OTA 运营中的一项重点工作。在运营实践中，民宿 OTA 运营人员提高客房 OTA 预订率一个简单有效的方式就是模拟顾客预订民宿场景，找到影响顾客下单的高权重因素，然后对 OTA 运营进行针对性优化。一般，顾客在 OTA 平台预订民宿时，主要关注民宿位置、点评、床型、早餐、面积这五个因素具体可参考表 6–3 的内容及应对策略。

微课视频 6–6:
民宿 OTA 运营流程提升

表 6–3　顾客在 OTA 平台预订民宿关注要素一览表

关注要素	具体内容	应对策略
位置	顾客在 OTA 平台预订民宿时，首先考虑的是位置因素。因为住民宿的顾客出行前会确定一个目的地，只有在目的地范围内的民宿才在其考虑范围内	民宿 OTA 运营人员要在 OTA 平台的商家后台如实填写民宿位置信息，并提供具体的路名、门牌号等，确保预订民宿的顾客可以快速到达民宿。有些民宿可能不在一楼或者民宿位置比较偏僻，为了避免顾客在寻找民宿的路上耽搁太多时间，民宿 OTA 运营人员可以在 OTA 平台的民宿店铺问答区详细说明民宿路线，或者主动发送信息告知顾客，还可以为有需要的顾客提供专车接站服务
点评	很多顾客在 OTA 平台预订民宿时会浏览民宿的顾客评论，通过分析评论内容好坏决定是否下单。与民宿的好评相比，顾客可能更加关注民宿的差评，因为部分顾客可能为了得到民宿的红包、优惠券、礼品等在 OTA 平台给予民宿好评，但绝大多数差评都是顾客的真实想法	民宿 OTA 运营人员不仅要重视引导顾客给出高质量的好评，更要重视对差评的处理，例如及时调查事件真相，给予差评顾客一定的补偿，采取有效的改进措施等
床型	让顾客得到良好的休息是民宿的责任与义务，而床型是影响顾客休息质量的主要因素	民宿 OTA 运营人员应保障床的数量、宽度、长度、材质、床上用品、入住人数等床型信息真实有效。除了文字描述外，民宿 OTA 运营人员可以拍摄一些高清实物照片，以便顾客快速了解床型信息

续表

关注要素	具体内容	应对策略
早餐	随着人们生活水平的不断提高，吃健康、营养的早餐已经成为很多人的习惯。有些顾客会因为OTA平台上的民宿不提供早餐或者早餐质量不佳而放弃下单	民宿OTA运营人员应将民宿的早餐产品添加到民宿的页面上，并做好食品的食材、烹任工艺、营养成分等方面的宣传
面积	此处的面积是指客房面积。不同的顾客对客房面积有不同的要求，虽然民宿面积可以用具体的数字表示，例如20平方米、50平方米等，但很多人对这些数字并不敏感，无法根据这些数字想象出房间究竟有多大，而实物图片可以很好地解决这一问题	民宿OTA运营人员上传图片时，要注意上传客房全局照片，让顾客直观地感受客房情况。可以运用拍摄技巧、修图工具等对照片进行美化。但美化要适度，否则顾客有可能因为图片与客房实景不一致而向OTA平台投诉

当然，顾客在OTA平台预订民宿时考虑的并不只局限于上表里提到的五个因素。民宿品牌、周边配套设施、服务质量、是否支持取消订单等都会影响顾客的下单决策，而且不同的顾客关注的重点也各不相同。因此为了更好地引导目标顾客下单，民宿OTA运营人员需要充分考虑目标顾客的特性与需求。

三、流量转化率提升技巧

（一）增加流量

首先要分析本店的流量，然后从曝光量和曝光转化率两个方面找到流量不足的原因，并通过以下步骤来改善流量。

微课视频6-7：民宿流量转化率提升技巧

1. 了解本店流量概况

在数据中心→诊断报告→日报页面，商家可以看到当天实时的访客量。要判断民宿流量水平，需要在更长时间周期内，进行横向、纵向对比。在数据中心→市场分析页面上，提供了民宿昨天、过去7天，过去30天的总体流量概览。民宿还可以对比查看竞争圈民宿的平均流量水平。

2. PSI服务质量分

PSI服务质量分分值是民宿在携程上流量竞争力的体现。

3. 判断流量提升方向

流量 = 曝光量 × 曝光转化率，若民宿流量低于竞争圈均值，商家就要分析是哪个环节出了问题，是民宿排名靠后导致曝光量不足，还是列表页起价、点评、首图存在问题影响曝光转化率。

4. 流量分析

商家每天可以查看流量分析页面，了解本店昨天、过去 7 天，过去 30 天获取的流量情况，与竞争圈民宿进行横向对比，再结合民宿排名等数据，找出流量不足的原因。

流量来源分析：要提升曝光量，在流量分析页面了解民宿的流量来源。如果民宿的主要流量来源是“筛选及关键词”，“城市搜索”在 OTA 流量占比中一般都较高，但本店这一部分的流量只有 20% 左右。要实现流量的跨越性提升，提升城市排名是民宿的一个突破点。

曝光转化率分析：在流量分析→成因分析页面展示本店与竞争圈民宿在起价、图片、点评三个方面相比的优劣之处，以及改进建议。若民宿曝光转化率低于竞争圈水平，应及时找到与竞争对手的差距，并进行针对性优化。

（二）优化民宿排名

基于以下影响排名的主要因素，我们可以逐个改善。虽然民宿位置、距离通常无法改变，但是我们可以通过改善其他的排名影响因素，达到有效改善排名的目的，具体参考方法如下：

1. 位置、距离

要有完善的民宿位置信息，文字准且定位准。你要知道，绝大部分的用户是靠着这个定位上门的。

2. 民宿信息

完善各类民宿信息，保证其真实性与完整性。不断优化民宿图片，尤其是真实又美观的头图更为重要，每个图片类别都有多张图片可供参考。保证联系电话的可拨通、民宿详情信息的准确，这样会提高订单转化率和客户满意度。

3. 方案价格

尽可能给予有竞争力的报价和种类丰富的房型，维持民宿房间稳定供应，以保持民宿在平台的销量稳定且持续提高。

4. 民宿评分

改善服务水平，努力提高民宿评分，鼓励用户给予民宿好评，鼓励用户收藏民宿；避免造成客人投诉，尤其是发票问题、到店无房、到店加价等问题。

5. 活动标签

参与天天特价、门店新客等商家活动，发放商家券吸引用户；多争取活动标签，努力挂牌，当不知道该如何做的时候，可以多跟业务经理沟通。

6. 间夜数量

间夜数量是民宿在平台受欢迎度的体现，民宿用心经营自然会获得回报，进而进入良性循环。要提升间夜数量，民宿必须全方位入手，提升民宿经营水平。

四、民宿 OTA 详情页优化技巧

当顾客在 OTA 平台下单时，通常会经历“OTA 平台首页→列表页→详情页→预订页→支付页”的流程，其中，详情页对顾客下单转化的影响是最为直接的。实践过程中，民宿 OTA 运营人员可以从以下几个方面对 OTA 平台的民宿详情页进行优化。

（一）展现民宿优惠活动——领券优惠、满减

OTA 平台详情页可以用来向顾客展现民宿的代金券、满减等优惠活动，这类活动不仅可以增加民宿的订单量，还有助于提高客单价（例如，顾客为了使用满减优惠增加消费金额）。

（二）展示民宿特点

有特色的民宿向来不缺顾客，OTA 平台的民宿详情页就是展示民宿特色与亮点的重要渠道。以详情页中的头图为例，头图可以用来展现民宿的整体风格、装修设计等；与此同时，民宿还可以借助 AR/VR 视频，向顾客全方位展示民宿特色。头图展现民宿的整体风格如图 6–3 所示。

图 6–3　携程旅行民宿整体风格（图源：网页截图）

（三）实拍民宿客房细节：整体、局部

在 OTA 平台，民宿提供客房细节实拍图往往可以加深客房在顾客心中的印象。好的细节实拍图可以让顾客产生身临其境的感觉，增加顾客下单预订的概率。为了达到这种效果，民宿 OTA 运营人员可以在民宿 OTA 详情页上传客房正面、侧面、内部硬件设施细节图，以及特色物品局部特写图（例如，民宿为顾客准备的伴手礼等）。

（四）增加好评率及评论数量

目前 OTA 平台普遍不显示民宿产品销量，在这种情况下，评论量便成为顾客判断民宿产品销量的重要因素。不难想象，在两家民宿的客房价格、硬件设施相差无几的情况下，大多数顾客会选择评论多的民宿。评论多代表该民宿经过了大量顾客检验，入住该民宿更让人放心。因此，民宿 OTA 运营人员要注意引导顾客积极评论，尽可能地提高民宿的单项评分与综合评分。

（五）设置温馨提示——顾客细节体验

在 OTA 平台详情页，民宿 OTA 运营人员可以将民宿周边环境、停车场、设施、注意事项等信息告知顾客，在增加顾客对民宿了解程度的同时，也给顾客留下良好的印象。这类信息要简洁明了，准确规范，避免误导顾客。

【课中训练】

请搜索那年晚村民宿相关的 OTA 平台，选择其中一个平台，分析其平台详情页特点。

五、民宿 OTA 评论处理技巧

在互联网时代，网络评论对客栈、民宿经营至关重要，评论数量及综合分数是一家客栈、民宿在销售平台上排名的一项重要权重，同时也是潜在客人预订时候的一个重要参考要素。做好评论维护（评论积累、评论回复）对于提高预订转化率来说太重要了。从客人的角度看，客栈、民宿的整体水平（硬件及软件层面）和客人的心理预期是相关联的。客栈、民宿的整体水平高于客人的心理预期，获得好评概率高。客栈、民宿的整体水平低于客人的心理预期，获得差评概率高。客栈、民宿的整体水平持平客人的心理预期，获得中评概率高。

（一）民宿客人的心理预期

客人的心理预期是通过平台信息产生的一个估值。根据客栈、民宿在销

售平台上所展示的信息，客人会和以往住宿经验比较。客栈、民宿在预订平台上通过文字、图片、视频等信息载体来介绍客栈民宿整体情况，这些情况要做到符合实际，不夸大。以下三种情况会导致客栈、民宿整体展示水平低于客人的心理预期，使客人会认为客栈、民宿存在欺骗性。

（1）图片与实际不符合，展示的图片太美，实际效果却很差。

（2）介绍中的硬件设施及其服务与实际不符合，没有或者根本不是描述中的那样。

（3）价格与客栈、民宿实际软硬件不符合。200 元的硬件、软件配置卖 400 元。

因此，在 OTA 平台上要做到以下几个方面。

①文字信息要准确，与客栈、民宿的实际情况相符合，切忌无中生有。本来客栈不提供停车位，结果在网络平台信息上有提供停车位的服务，客人自驾来发现没有停车位，肯定让客人不愉快。还有很多客栈、民宿由于种种原因不提供发票，而在网络平台上没写写明，有的客人在消费完后，索要发票，客栈、民宿拿不出发票，结果可能导致纠纷。

②图片信息尽量符合客栈、民宿的实际情况。客栈、民宿在上传图片的时候，对图片都会进行一系列的优化，最后传达出这样一种信息“我家跟网上的图片一样美”。如果传达出的信息是这样的，实际上怎么跟网上图片差别那么大，无疑这样就会降低客人的心理预期。

③地理位置信息要精确。客栈、民宿在地图上标注的信息一定要精确。在没有接送的情况下，客人来到后往往会根据地图信息来找具体位置。如果地图信息有差错，客人很难找到或者走了很长冤枉路，那么会影响客人的心情，从而造成对客栈、民宿的误判。

④一些特殊信息要写明。如每个房间只能住两个大人、房间不提供加床服务、房间不允许携带宠物等。

（二）容易导致客人差评的要素三事项

十个好评或许才能够吸引一个客人，而一个差评就可能损失十个客人。差评的破坏威力十足。所以客栈、民宿在经营过程中，尽量要避免客人差评。要想避免差评，首先要找出可能导致差评的要素三事项，只有提前把这些要素三事项发生率降到最低，才能够把获得差评的风险降到最低。

容易导致客人差评的要素三事项如下：

房间卫生。被褥上面有污渍、毛发；墙角有蜘蛛网；房间里面有虫蚁、蟑螂等小动物；卫生间马桶上有污渍。

房间基础设施。出现差评概率最高的三个要素——热水、网络、隔音。因为客人在客房内主要需求有三方面：洗澡→热水、上网→网络、睡眠→隔音。

热水。没热水，热水出水速度慢，热水水流小等。

网络。上网速度慢或者网络时有时无。

隔音。隔音差，客栈、民宿外面吵闹或者客栈、民宿里面吵闹，导致客人不能够很好的休息。

民宿主或者民宿工作人员服务。服务不及时、服务不主动、没有服务、服务态度差这四种情况在服务上最容易导致差评。服务是一个放大器，服务做得好，客栈、民宿优点被无限放大。服务做得差，客栈、民宿缺点就会被无限放大。在评论中，服务往往是最能增分或者是最能减分的一项。

房间硬件设施。房间硬件设施陈旧或者有破损，这两种情况最容易导致差评的产生。

客栈、民宿周边配套。客栈、民宿周边配套少，不能给客人提供便利。如餐饮、交通、购物、娱乐、银行等缺乏。

客栈、民宿地理位置。因地理位置偏远，地图标注信息不精准而导致导航出现错误。

（三）对差评的处理

（1）正确看待差评。出现差评是一个合理的事情。由于个体差异化明显，没有哪家客栈、民宿能百分之百让每一个客人满意。出现差评，要思考以下问题：为什么会出现差评？哪些方面出现了问题？接下来怎样去弥补？

微课视频 6-8：民宿投诉处理技巧及策略

（2）要学会合理解释，做差评营销。客栈、民宿的评论答复不仅仅是答复评论的客人，更重要的是写给潜在预订客人看。很多客人在挑选客栈、民宿的时候，往往不会看好评，而是去看差评。如果店家的答复不能够使客人满意，不能够让潜在客人看到答复站到自己这边，那么就会降低潜在客人预订转化率。

下面列举几个可能会出现的问题的具体答复：

关于蚊虫多的差评，客栈、民宿的答复：①分析蚊虫产生的原因→暗示蚊子产生是没办法的事情。②提醒客人防蚊措施。③说明房间灭蚊配置。这样的答复解释，很容易获得点评客人谅解，并且也能够给潜在预订客人提供参考。

关于没热水的差评，客栈、民宿的答复：首先客栈、民宿不可能是没有热水的，出现没有热水的情况可能是当天突发状况或者是客人不会操作引起的。客栈、民宿在解释的时候要把情况说明清楚，让潜在客人知道这只是突发情况，而不是客栈真的没有热水。

关于室内气温低问题的答复：要告诉潜在客人这个时间段天气有点冷，要准备好衣服。如果客栈、民宿没有空调，那么要告诉潜在客人，客栈、民宿有电热毯或者取暖器等取暖设施。这样就会让客人做好准备，降低心理预期。

（3）积极联系客人，和客人好好沟通。对客人不满意的地方，表示歉意，并进行一定形式补偿。如再次入住，可以选择低价入住店里最好的房间，把差评删除或者改为好评。如果一次行不通，可以多联系几次，甚至可以亲自拜访客人进行沟通。店家诚意够足，态度诚恳，客人会被感染的。

（4）对于一些恶意差评和不符合实际情况的差评，客栈、民宿可以进行申诉，申诉成功后，可以除去差评。

（四）获得客人好评的方法

获得好评的方法有很多，最直接的就是提醒客人写好评。第一种是间接暗示法，在房间里面放上一些小纸条，上面写着："如果您觉得满意，记得给我们一个好评哦。"这是一种暗示法，提醒客人不要忘记写好评。第二种就是直接提示法，在客人入住或离店时候，客栈、民宿工作人员提示客人如果写好评，就会享受一些优惠，比如只要写一个好评，就会有礼物或者优惠券相赠。这种方法直接有效，在客栈、民宿经营初期时候值得提倡，但终归不是长久之计。太过刻意很可能适得得反，容易引起客人反感。不提醒客人写好评，客人主动去写好评，主动为客栈做推广，这才是最高境界。想要做到这样，那么就要做到客栈整体水平超出客人的心理预期。

1. 提供优质、个性化服务

客栈、民宿是服务行业，应主动、及时、细心地提供服务，让客人获得被尊崇感。从时间上来说，客栈、民宿提供的服务包括三个时间点，即客人预订前后、客人入住期间、客人离店后。但是很多客栈、民宿提供的服务只是客人入住期间这一时间点，有时候连这一时间点的服务都提供不好。

2. 完善或弥补基础设施

保证热水、网络、隔音、卫生、硬件设施等完好。对于一些不能改变的硬件设施，如客栈、民宿所处的地理位置是不能改变的，如果地理位置比较偏远，那么要提前把路线发给客人而不是让客人自己找，或者派人出去接客人，这样在一定程度上就弥补了客栈地理位置造成的缺陷。

3. 民宿有区别其他的美好体验

客人之所以选择住客栈、民宿而非酒店，是因为客人更想通过住客栈、民宿来体验不一样的东西，比如在客栈、民宿结交有趣的朋友，在客栈、民宿体验当地民俗风情，听听客栈、民宿老板的故事及建立客栈、民宿的初衷等。上面所讲的是基础性的东西，客栈、民宿只有充分把客人这种心理预期满足了，给好评是自然而然的事情。

4.“刺激”客人去写好评

并不是每一个客人都会去写评论。客人去写评论往往受到情绪影响。情绪高亢会写好的评论，情绪低落会写差评。如果是情绪比较平衡，客人一般不会积极去写评论。情绪高亢指的是客人很兴奋、受到感动等产生的情绪。情绪低落是客人心里很压抑，在离店的时候这种情绪并没有消失。

离店的时候，送客人一份小小的礼物，哪怕塞给客人一瓶矿泉水，这种小价值的东西往往能够产生很大的价值。客人离店后，要继续和客人保持联系，比如打个电话或者在微信上问候客人是否安全到家。这两种方法能够有效地刺激客人，让客人感受到客栈、民宿的温度。这时客人的情绪就被调动起来了，写好评甚至是主动去发朋友圈或者微博去宣传都是自然而然的事情。

5. 合理地降低客人的心理预期

要把一些困难提前说给客人，让客人心里有所了解，降低期望值。比如，客人晚上想出去玩，让客栈、民宿帮忙找辆车。但是由于各种原因，这个时间段的车辆很少。客栈、民宿老板在答复客人的时候，先把这个时间段找车的困难提出来，降低客人的心理预期。接着客栈、民宿老板说一定会尽力帮客人找到车。最后经过客栈、民宿老板努力，帮客人找到了车。这个时候，客人的心理预期先降后升，对客栈、民宿老板很感激。

6. 给客人安全感

客人来到一个陌生的地方，安全感不足。客栈、民宿要给予客人一种安全感，例如对客人讲:“出去玩遇到事情就给我们打电话。”“不要拘束，把这里当作你们远方的家。”这时候就把客人和客栈、民宿的感情拉近了，客人也有了安全感。

（五）对优质评论的判定

在网络预订平台上，评论排序一般是按照默认排序，即优质评论会出现在靠前的位置。符合优质评论要满足两个条件。第一，评论文字要多，对客栈、民宿进行很详细的评论。第二，要有图片。优质评论会对潜在客人具有很大的引导性，客人不会有耐性把所有评论都看完。客栈、民宿可以自己去写优质评论，或者请试睡员去写。在优质评论里要突出客栈、民宿的卖点与优势。以“去哪儿”网站为例，评论字数超过 500 字，上传图片超过 3 张，就有机会被认证为专家评论。

（六）对评论答复的应对

答复客人评论实质上是客栈、民宿和客人进行互动。客人的每一条评论最好都要有答复，并且答复要迅速响应。潜在预订客人更关心的是差评答复，答复不要太官方、机械化，要根据评论内容进行针对性答复。

1. 根据点评类型进行回复

OTA 平台中的顾客点评可以分为差评、中评及好评。从感情色彩层面来看，顾客点评可以进一步细分。基于感情色彩的顾客点评分类见表 6–4。

表 6–4　基于感情色彩的顾客点评分类

类别	感情色彩	点评内容
差评	实事求是	九点半到餐厅，早餐已经基本没有了，餐厅太差了！
	情绪型	餐厅太差了！
	混合型	去晚了早餐就没有了！
中评	凑字数，赚积分	呵呵。
	感受普通	还行，过得去。
好评	盲目喜欢	不愧是 ×× 民宿，到哪我都选择它！
	举例说明	×× 民宿的客房洗澡太舒服了！热水出来很快，而且水量充足。

2. 差评回复

移动互联网的强大传播能力使 OTA 平台上每一条顾客差评都有可能演变为民宿的公关危机。因此，为了有效安抚顾客，避免事态扩大，民宿 OTA 运营人员必须及时回复差评。民宿 OTA 人员回复差评时，要先向给出差评的顾客表示感谢。顾客愿意评论说明对民宿有一定的期待。如果问题确实出在民宿方，民宿 OTA 运营人员应该立即向顾客承认错误，并向顾客承诺改进。

如果问题出在顾客身上，民宿 OTA 运营人员应该向顾客耐心解释，让顾客感受到民宿的尊重。无论发生什么情况，民宿 OTA 运营人员都不能与顾客在评论区争论，也不能将责任推卸给某个员工或某个部门。如果民宿可以有效解决顾客提出的问题，OTA 运营人员要向顾客说明民宿的解决方案。如果民宿无法解决顾客提出的问题，OTA 运营人员要向顾客说明原因，争取得到顾客的谅解。对于吐槽民宿产品性价比不高的点评，民宿 OTA 运营人员可以将民宿产品与同类、同区域民宿的产品进行对比，消除顾客对民宿产品性价比不高的疑虑。

3. 中评回复

中评回复对民宿的负面影响相对较低，给出中评的顾客通常认为民宿在某些方面还有进步空间。中评回复可以采用以下技巧：

向顾客表示感谢，并向顾客承诺民宿将继续努力，争取做到让顾客满意；

用幽默的语言回应顾客，如果顾客说“还可以”，民宿 OTA 运营人员可以回复"感谢您选择我们民宿，下次争取让您说'很棒'"；

回复顾客时简单地介绍民宿的最新活动。

4. 好评回复

OTA 平台上的顾客好评非常有助于民宿的口碑与品牌建设。通过回复这类评论，民宿 OTA 运营人员可以提高顾客留下好评的积极性，在吸引新顾客下单的同时，刺激老顾客二次消费。好评回复可以采用以下技巧：

委婉地接受顾客赞美，并邀请顾客再次入住；

挑选部分好评顾客给予奖励，吸引其他顾客留下好评；

发现顾客多次下单时，要向顾客的长期支持表示感谢，并告知顾客民宿未来在改善产品与服务方面的计划，让顾客产生期待。

5. 回复顾客点评的内容技巧

避免长篇大论。回复顾客评论时，民宿 OTA 运营人员应该力求简洁。对于一些需要详细解释的顾客评论，可以适当增加字数，但要注意适可而止，因为很多顾客对长篇大论式的回复根本不感兴趣。可以适当加入民宿的广告信息，例如加入民宿的营销活动、特色产品等。回复要人性化、接地气，避免说套话。避免出现错别字，否则很容易给顾客留下不专业、不认真的印象。

6. 应对差评的不当做法

一直以来，差评处理都是民宿 OTA 运营人员的一项工作难点。处理差评的不当做法见表 6–5。

表 6–5　处理差评的不当做法

不当做法	具体危害
电话骚扰顾客甚至威胁顾客删除差评	这种做法损害了顾客的合法权益，顾客将相关证据提交给 OTA 平台甚至公安人员后，将给民宿造成极大的负面影响。
与顾客争论甚至对顾客恶语相加	这种做法会损害民宿声誉，民宿 OTA 运营人员代表的是整个民宿。与顾客争论、对顾客恶语相加都会严重损害民宿形象。
打官腔，敷衍顾客	当民宿 OTA 运营人员打官腔式地回复顾客时，顾客会认为民宿不重视自己。对于这类民宿，顾客会避而远之。

六、民宿 OTA 客服沟通技巧

民宿 OTA 客服是民宿与 OTA 渠道顾客沟通的桥梁。为了更好地展示民宿形象、为顾客答疑解惑、引导顾客下单预订等，民宿 OTA 客服人员应该掌握以下沟通技巧。

（一）感同身受

民宿 OTA 客服人员要具备同理心，能够想顾客之所想，急顾客之所急。大多数顾客都是明理之人，知道错误很难完全避免。很多时候，他们向 OTA 客服抱怨只不过是想要倾诉心中的不满，获得他人的理解。这时，民宿 OTA 客服人员可以拉近与顾客的距离，主动向顾客自我介绍，称呼顾客的姓名（×× 先生 / 女士）。民宿，OTA 客服人员站在顾客的立场与他们沟通，让顾客明白民宿理解他们，并且愿意帮助他们解决问题。当顾客表示很委屈时，民宿 OTA 客服人员要表示同情，并向顾客真诚地道歉，安抚顾客的情绪。

【用语示例 1】

如果我是您，我也会很生气的……我深有同感……请您不要担心，我非常理解您的心情，我们民宿一定会给您一个满意的结果。

如果是我遇到这种问题，也会有您现在的心情。发生这样的事情，的确给您造成了诸多困扰，不过我们应该积极面对，您说是吗？

我非常理解您现在的心情，请您给我们一些时间，我们把事情调查清楚后一定会给您一个满意的答复。

×× 先生 / 女士，给您造成这么多麻烦，我代表民宿向您说声“对不起”。如果我是您的话，我也会很生气。请您先消消气，给我一点时间，我向您解释一下这件事情可以吗？

表 6-6　民宿 OTA 客服人员与客户沟通不当行为一览表

不当行为	具体表现
反驳顾客	很多顾客与民宿 OTA 客服人员沟通的主要目的是表达心中的不满，或者希望民宿在某些方面做出进一步改善。如果民宿 OTA 客服人员反驳顾客，很容易引发更大的矛盾冲突。
沉默不语	面对怒气冲冲的顾客，一部分民宿 OTA 客服人员可能会沉默不语，以免导致事态进一步扩大。这种做法是非常不明智的，OTA 客服人员沉默不语的行为只会让顾客更加气愤。
让顾客冷静	当民宿 OTA 客服人员希望顾客冷静时，相当于暗示顾客现在处于不理智的状态，从而引发顾客不满。

【用语示例 2】

1. 把错误揽到自己身上

错误示范：您搞错了 / 我刚才已经说得很明白了 / 您把我弄糊涂了。

正确示范：可能是我没有向您解释清楚，让您误解了 / 我们刚才的沟通可能存在误会 / 抱歉，我不太明白您刚才说的话，请您再解释一下好吗？

2. 不卑不亢，尊重对方的选择

错误示范：您应该 / 您需要 / 您不能……

正确示范：您看这样好吗……/ 我建议您可以……/ 您考虑一下这样行吗……当然这仅是我的一个建议，毕竟这件事情要由您做决定。

（二）让顾客觉得被重视

对于重视自己的民宿，顾客也会报以重视。民宿 OTA 客服人员可以使用以下三种用语让顾客感受到民宿对他们的重视。

【用语示例】

×× 先生 / 女士，您是我们多年的老顾客了，请您放心……

×× 先生 / 女士，非常抱歉我们民宿未能提供让您满意的服务，我们民宿非常重视顾客的意见，我会立即将您的意见反馈给相关部门。

×× 先生 / 女士，您这么熟悉我们的服务，肯定是我们的老顾客了。非常抱歉，我们出现了这样的错误，给您和您的同伴带来了不便，实在是万分抱歉。

（三）让顾客感到舒适

民宿 OTA 客服人员如果能让顾客感到舒适，顾客会变得更加包容，为双方的有效沟通打下良好的基础。为了让顾客感到舒适，民宿 OTA 客服人员可以采用以下用语。

【用语示例】

给您带来麻烦了 / 麻烦您了。

您的建议很棒，我非常认同。

出现这样的工作失误，给您造成不便，我们也感到非常惭愧。您刚才的建议我将及时反馈给相关部门的同事。接下来我们将尽可能避免出现类似错误，还请您监督我们。

感谢您对我们民宿的支持，希望我们能有机会继续向您提供高水平的服务 / 您的建议将成为我们接下来的工作重点。

谢谢您的反馈，我们民宿已经注意到了这个问题，目前 ×× 部门的同事正在改进，预计到 × 月 × 日能够完全解决该问题。

非常感谢您的宝贵意见，我为我们民宿有您这样的顾客感到自豪。

有些宽容的顾客并不打算追究民宿相关人员的责任，此时，民宿 OTA 客服人员可以表示"谢谢您给予我们的理解与支持，我们将会引以为戒，不断提高我们的服务品质，决不辜负您对我们的信任"。

（四）学会委婉拒绝

顾客有时提出的诉求超出了民宿的承受范围，在这种情况下，民宿 OTA 客服人员要委婉拒绝。

【用语示例】

××先生/女士，我非常理解您的想法，但很抱歉，您的要求我们暂时无法满足。我会把您的情况及时反馈给领导，争取给您一个满意的答复，您看可以吗？

××先生/女士，您是我们的贵宾，让您满意是我们的使命。您提出的建议确实有一定的道理，如果能做到我们一定会尽最大的努力，不能做到的地方还请您谅解。

××先生/女士，非常感谢您对我们民宿××活动的关注，目前我们还没有收到有关通知，如果有消息我们会在第一时间公布，当然您也可以晚些再咨询我们。

××先生/女士，感谢您为我们民宿提出的宝贵意见，我们会尽最大的努力解决这些问题，也希望您能继续监督我们的工作，非常感谢。

××先生/女士，虽然目前我们民宿无法为您解决这个问题，但我向您承诺……

（五）向顾客搜集信息

当收到顾客反馈的问题时，为了加快问题处理效率，民宿 OTA 客服人员要注意向顾客搜集信息。

微课视频 6-9：点评回复技巧

【用语示例】

您方便向我详细介绍一下这件事情的具体情况吗？我将如实记录下来，便于我的同事为您解决问题，感谢您的配合。

非常抱歉，我们民宿给您带来了不便，还请您详细介绍一下事情经过，我马上记录下来，稍后给您一个满意的答复。

这个问题很可能是我们的工作人员出现了失误，请您向我详细说明一下事情经过，我将立即向有关部门反馈。

感谢您向我们反馈这个问题，请您说明一下事情经过好吗？我会把它记录下来反馈给相关部门。请放心，我们一定会给您一个满意的处理结果。

【拓展阅读 6-1】

民宿“涨价毁约”登上热搜——OTA 平台：将承担最高首晚房费 3 倍差价

随着“五一”假期临近，有部分网友在社交媒体上表示其预订的民宿遭遇临时“毁约”。

对此，飞猪、小猪民宿表示，将严格落实平台规则，保障客人放心入住。

飞猪、小猪民宿表示，如出现民宿商家“毁约”情况，飞猪、小猪民宿将第一时间与客人沟通核实情况，并根据平台用户保障规则，安排客人入住附近同等级别民宿或更高级别的民宿房型，并由平台或商家承担差价，差价金额最高为首晚房费 3 倍；若客人决定不再入住，则将与其协商，在全额退款的基础上，最高赔付首晚房费。

相关负责人还表示，客人在飞猪、小猪民宿平台预订民宿后，在入住过程中出现任何问题，均可随时联系飞猪、小猪民宿客服。

同时，飞猪、小猪民宿还表示，时值假期住宿预订高峰期，平台将加强巡检及管理力度，及时核查处理第三方商家的“毁约”行为，坚决保障消费者合法权益和服务体验。

携程表示，作为平台，严格按照《电商法》和《合同法》规定，为消费者提供酒店代订服务。消费者提交预订订单后，若出现酒店（供应商）确认后推翻或到店无房的情况，携程会按照消费者意愿，协助取消订单或为消费者提供更多解决方案。

具体而言，平台将与酒店协调为客人安排原标准或以上级别的房间入住，并承担由此产生的差价，差价金额上限为原订单首晚房费的 3 倍。若无法安排客人入住原酒店任何房型，携程会帮助客人预订附近同等酒店，并承担由此产生的差价，差价金额上限为原订单首晚房费的 3 倍。

同时，携程称，酒店售价与入住日期、预订时间、房型、含餐情况等多种因素息息相关，且受淡旺季等市场因素波动影响。平台也会依托最新风险控制系统，对供应商发布的价格进行巡查监测，如发现供应商发布的价格高于价格阈值，平台将会予以拦截。一经发现供应商产品售卖价格出现异常，平台首先将关闭相关高价房源，并评估做进一步的违规处罚。

虽然发现异常价格平台会予以拦截，但由于酒店行业的复杂性，携程表示，很难准确界定代理商售卖价格的合理涨幅区间，价格风控工作需要兼顾平衡好合作商的自主定价和消费者合法权益的保护，这也是行业治理共同存在的难点和痛点，携程称也在不断学习完善中。

资料来源：蓝鲸 TMT 齐智颖

【能力训练】

1. 方案策划：某民宿面向的客群市场是亲子群体，马上要到六一儿童节了，请结合所学内容为该民宿在 OTA 平台策划促销活动，提高订单量。

2. 小组讨论：以小组为单位，在携程、飞猪、途牛、美团等预订 App 上，选择 5 家同类型的民宿进行各类指标的对比分析，并阐述提高浏览量、曝光率、订单转化率的做法有哪些。

3. 场景设计：根据图片内容，针对被给予民宿好评信息的商家回复内容，进行优化。

【综合实训 6】一草一木——美丽乡村

任务描述：请阅读以下资料，结合西塘汉服文化周的特点，为民宿贵和园的客户群体设计一系列的休闲活动并撰写策划案。

西塘贵和园

与西塘古镇烟雨长廊仅 1 分钟步行距离的贵和园，由老式民居改造而来。推门而入，别有洞天。江南园林庭院独特，前后的大花园里有假山、凉亭、古井营造野趣，花团锦簇。帷幔深深，入睡与苏醒都仿佛在千年的时光里穿越一回。西塘贵和园庭院精品酒店是明代典型的江南大宅，西塘王氏私邸的绥寿堂具有独特的江南建筑风格，这里的前后大花园、百年假山、黄杨树、小河、凉亭、古井、廊棚、美人靠等，花香草绿，景色怡人。西塘贵和园文化酒店梁上雕刻着各种不同的牡丹花立体图案，四周建有高的围墙，高大的封火墙将起居生活与外界完全隔离，入居其大院顿感古朴、典雅，是宁静、悠然的世外桃源，更是一座古老的私家花园民居客栈。每个房间有各自的风格和特色，设施齐全，带给您温馨舒适、家一般的感觉。

图 6-4　西塘古镇贵和园民宿（图源：贵和园）

实训成果评价指标

技能评价表

评分项目	评分标准	分值	得分
主题内容	活动主题的合理性和突出性	30	
活动新颖性	策划活动形式创新性和吸引力	15	
活动流程	策划活动时间、外部条件、人员安排合理性、考虑到活动经费和应急方案	15	
活动可行性	活动开展可行性	20	
小组评比展示解说	演讲专业程度、语言技巧和非语言技巧，团队合作配合程度和时间分配的合理性	10	
策划案细节	策划案排版工整性、文字编排工整清楚、格式符合要求，文字流畅、条理清楚、逻辑性较强	10	

素质评价表

素质评价表使用说明：按优秀为 25 分、良好为 20 分、一般为 15 分、合格为 10 分、不合格为 5 分五个等级评价。分为学生自评与小组成员互评。

素质评价指标		得分
自评	团队合作精神和协作能力：能与小组成员合作完成项目	
	交流沟通能力：能良好表达自己的观点，善于倾听他人的观点	
	信息素养和学习能力：善于搜集并借鉴有用资讯和好的思路想法	
	独立思考和创新能力：能提出新的想法、建议和策略	
组员 1	团队合作精神和协作能力：能与小组成员合作完成项目	
	交流沟通能力：能良好表达自己的观点，善于倾听他人的观点	
	信息素养和学习能力：善于搜集并借鉴有用资讯和好的思路想法	
	独立思考和创新能力：能提出新的想法、建议和策略	
组员 2	团队合作精神和协作能力：能与小组成员合作完成项目	
	交流沟通能力：能良好表达自己的观点，善于倾听他人的观点	
	信息素养和学习能力：善于搜集并借鉴有用资讯和好的思路想法	
	独立思考和创新能力：能提出新的想法、建议和策略	
组员 3	团队合作精神和协作能力：能与小组成员合作完成项目	
	交流沟通能力：能良好表达自己的观点，善于倾听他人的观点	
	信息素养和学习能力：善于搜集并借鉴有用资讯和好的思路想法	
	独立思考和创新能力：能提出新的想法、建议和策略	
组员 4	团队合作精神和协作能力：能与小组成员合作完成项目	
	交流沟通能力：能良好表达自己的观点，善于倾听他人的观点	
	信息素养和学习能力：善于搜集并借鉴有用资讯和好的思路想法	
	独立思考和创新能力：能提出新的想法、建议和策略	

项目七
民宿安全数字化管理

项目导读

本项目首先从民宿安全管理的重要性展开，详细介绍了民宿安全管理的相关法律法规，接着归纳总结了民宿业常见的几种突发事件并提出详细的应急解决办法，最后介绍了民宿网络安全管理的重要意义及相关管理措施。

素质目标

1. 提升民宿管家为客户服务的觉悟，筑牢民宿安全的底线。
2. 坚决保证民宿设施设备的安全运行，全力保障民宿客户的生命财产安全。

知识目标

1. 了解民宿安全的含义。
2. 了解民宿安全管理的相关法律法规。
3. 学习民宿安全应急管理相关内容。
4. 学习民宿网络安全管理相关内容。

能力目标

1. 运用民宿安全管理知识，正确处理常见的民宿突发事件。
2. 强化民宿网络安全管理意识，掌握相关管理措施。

思维导图

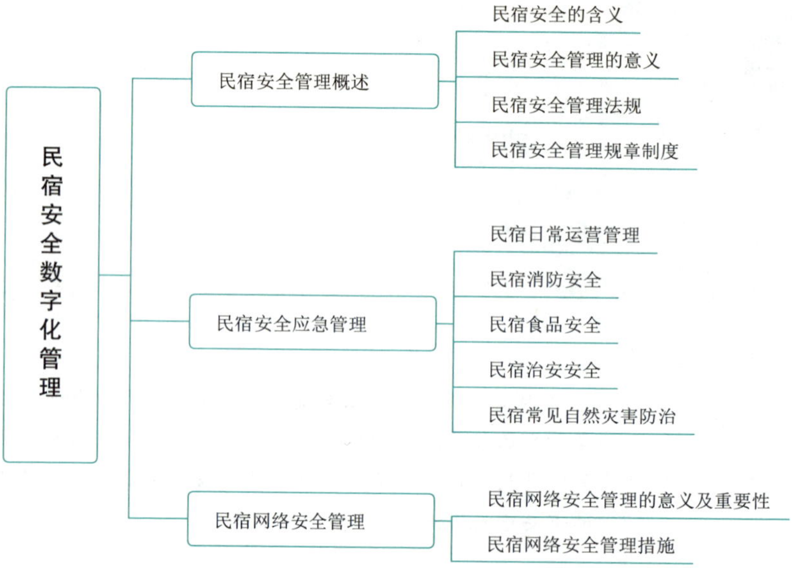

【案例导入】

防患于未然，才能做最好的生意

2021 年 8 月 5 日，吉林长春的白先生一家在某平台上预订了辽宁的一家民宿。在当天下午 4 点左右，因为这家叫作华晟小区的民宿 15 层楼的纱窗破损不结实，白先生 3 岁的女儿在窗台乘凉玩耍时险些坠楼。虽然幸亏父母及时拉住了孩子，但还是使得孩子右手臂划伤。后经检查发现，该民宿安装的并非防盗纱窗，且现有纱窗也已经破损。白先生回忆，当时他和妻子都在卧室内休息，女儿在窗户附近乘凉玩耍，已破损的纱窗显然支撑不住孩子的体重，才导致孩子出现了危险。全家陷入了惊吓之中，立刻停止了订单。意外发生之后，很多人对民宿行业产生了质疑："没有安全保障，没有相关政策，甚至有的连营业执照都没有！""这样的民宿根本不合规！民宿不能住！民宿市场太乱了！"如此说来，民宿前方道路到底该如何走？放弃么？当然不！只有发现问题，才是一个产业走向正规的最快途径！

派途休闲民宿发布的年中数据报告显示，年轻人是住民宿的主力军，四成房客为"95 后"，"安全"和"真实性"是他们反映最集中的民宿问题。

2018 年 11 月 29 日 23 点，云南热门景点雨崩村民宿客栈发生火灾，因房屋密度大，消防隐患较为严重，民宿客栈整体被烧毁，景区暂时封闭。

防患于未然，才能做最好的生意，民宿不仅仅是一张床的事，会遇到各种各样的入住人员，有吸烟的，有爱做饭的，还有一些你想不到的会发生火灾的隐患人员，但民宿入住人员，我们是没办法实时监控的，在这里，房间内安装无线烟感防火报警器就至关重要，在房间内烟雾浓度达到一定程度后会直接联系民宿主人，这时民宿主人可直接联系住客询问缘由，如果问题严重即可直接报警，第一时间拨打火警电话，将损失降到最低。

随着民宿市场的快速增长，安全保障已经成为民宿必须回答的考题，技术创新成为解题的钥匙，物联网技术和智能设备的成熟，为民宿市场健康、壮大提供了支撑。智能化，必然是民宿安全的进化之路。针对"智能＋民宿"，很多民宿经营及研发团队开展了智能化安全设备体系的部署及拓展部署，自主研发了 App 连接智能门锁、无线烟感防火报警器、智能人体红外热感断电设备、空气检验测试仪、高密防火隔音壁纸等。虽然民宿市场的监管在国家尚未有明确的法律条文，但相信在众多业内人士的不断努力下，未来更安全、更具有特色的智能化民宿将在全国发展起来。

资料来源：公众号"派途民宿"，2019-01-15

【想一想】

安全管理数字化时代已经到来，民宿的智慧化安全手段日新月异，如何找到安全的管理技术、设施，促进民宿安全管理水平的迭代升级？

任务一　民宿安全管理概述

对于大多数入住民宿的客人来说，他们在选择入住民宿时，首要的判断标准即是安全，只有在客人感觉到民宿的安全性之后，才会进一步进行特色、地域等方面的考察，进而选择入住。所以对于民宿而言，不仅仅要确保民宿实实在在的安全，还要在客人"看得见的地方"表现出来。关于民宿安全方面的问题，既包括在民宿建筑、装饰、设备设施等硬件条件方面的要求和标准，也包括了很多诸如服务流程、食品安全和客人安全管理等软件方面的问题。所以，无论从客人还是从民宿的角度，都要高度重视民宿的安全管理与运营，尤其是其中涵盖了非常多的细节要求。安全管理是民宿运营和管理中重之又重的首要环节，在所有要素中安全都是第一位的，无论如何强调和重视都不为过。

总之，民宿安全管理是一项重要且必要的工作。通过合理规划、科学管理以及不断完善安全制度，可以有效预防潜在风险，提高服务质量和住店客人满意度，并为民宿业务的健康发展奠定坚实基础。

微课视频 7-1：
民宿安全概述

一、民宿安全的含义

安全是指在各种环境下，人身、财产和信息得到保护和不受威胁的状态。无论是个人、组织还是社会，都需要确保安全以维护稳定和可持续发展。

民宿安全是指在民宿日常经营过程中，为了避免造成旅客及民宿员工人身伤害和财产损失的事故、意外或公共卫生事件而采取相应的预防和控制措施，以保证旅客及民宿员工的住宿安全、保证民宿经营活动得以顺利进行的相关活动。一方面，安全是民宿管理的主要目标，实现了安全目标可避免民宿人、财、物的损失；另一方面，为实现安全的目标和状态，就要落实岗位安全责任，采取系列安全措施，执行各项安全制度，做好应急管理。

二、民宿安全管理的意义

（一）安全管理是提高民宿服务质量的基本保证

安全是人类最基本的需求之一。宾客身处异地他乡，他们对自己的生命安全、心理安全和财产安全格外关注，更加敏感，免遭人身伤害和财产损失的期望比平时更甚。为此，从民宿经营管理的角度，为客人提供安全的食宿环境、满足客人希望受到保护和尊重的安全需求应该成为民宿各项工作和提高服务质量的前提。民宿做好了安全工作，客人们入住就会安心与宽心。

（二）安全管理直接影响民宿的社会效益与经济效益

从法律角度讲，民宿必须牢固树立安全意识，确保民宿内所有人员及所有财产的安全。在经营管理工作中，民宿有义务和责任为来民宿消费的宾客制定出能保证他们安全的服务标准，配备能够保证他们安全的设施，否则，民宿经营者将面临因安全问题而引起的投诉、索赔甚至承担法律责任，从而影响民宿的社会效益和经济效益。

（三）安全管理有助于提高民宿员工积极性

民宿安全管理不仅是对客人安全的管理，同时也包括对员工安全的管理。如果民宿在生产过程中缺乏各种防范和保护措施，将不可避免地产生工伤事故，使员工的身心受到伤害、健康状况受到影响，员工积极而有效地工作也就无从谈起。

作为一个新业态，民宿介于酒店、旅馆和长租房之间，对民宿进行规范管理是涉及公安、消防、旅游、环保、市场监督、卫生等多个政府部门的系统工程，面对当前的市场情况，相关部门应推出更详尽的、适用于民宿的准入机制，将其做成一个产业集群，引导民宿行业健康、有序发展。新行业发展初期必然会面临各种各样的问题，需要相关部门的包容、支持与监管。

同时也需要从业者不断提升个人品位、对行业的认知以及高度的自律来维系行业良性、长远的发展。内部的团结、共同的维护有助于肃清行业不良风气，共同呵护新生之苗，让这一行业能够走得更稳、更快。目前，小猪短租等在线订购平台都开始对入驻的民宿加强审核把关，采用指纹门锁等高新技术手段，接入公安身份信息识别系统对住客进行实名制管理，精细化管理民宿的治安、消防和卫生等各方面问题，极尽所能助力行业发展。

【课中训练】

结合民宿安全管理的知识，分析你认识的民宿进行安全管理的相关措施。

三、民宿安全管理法规

为了促进民宿管理，近年来，国家和各省（市、区）相继出台了一些民宿管理法规，比较重要的有《中华人民共和国旅游法》《旅游业治安管理办法》《农家乐（民宿）建筑防火导则（试行）》和《旅游民宿基本要求与等级划分》。

（一）《中华人民共和国旅游法》

《中华人民共和国旅游法》由中华人民共和国第十二届全国人民代表大会常务委员会第二次会议于2013年4月25日通过，自2013年10月1日起施行。

《中华人民共和国旅游法》根据2016年11月7日第十二届全国人民代表大会常务委员会第二十四次会议《关于修改〈中华人民共和国对外贸易法〉等十二部法律的决定》第一次修订，根据2018年10月26日第十三届全国人民代表大会常务委员会第六次会议《关于修改〈中华人民共和国野生动物保护法〉等十五部法律的决定》第二次修订。该法对旅游行业的经营、管理、监督等方面进行了规范，旨在促进旅游业的发展和保护消费者权益。《中华人民共和国旅游法》主要包括旅行社管理、导游服务、旅游合同、旅游质量监督、旅游投诉处理几个方面的内容。

《中华人民共和国旅游法》的实施对于推动中国旅游业发展、促进旅游市场秩序的规范化具有重要意义。该法为消费者提供了更多保障，并促使企业更加注重服务质量和管理水平的提升。

（二）《旅游业治安管理办法》

《旅游业治安管理办法》是中国国家有关部门根据《中华人民共和国治安管理处罚法》等相关法律法规制定的具体规定，旨在加强对旅游业中治安问题的管理和维护旅游秩序。

该办法于1987年9月23日经国务院批准，1987年11月10日由公安部发布，自发布之日起施行。2011年《旅游业治安管理办法》部分条款做出修改。该办法主要包括景区与景点治安管理、旅行社与导游服务管理、住宿服务管理、交通运输工具治安管理、治安巡逻和应急处置、旅游者权益保护等几个方面的内容。

该办法的实施可以有效维护旅游秩序，提升旅游业形象，保障旅游者的人身财产安全和合法权益。

（三）《农家乐（民宿）建筑防火导则（试行）》

《农家乐（民宿）建筑防火导则（试行）》是中国国家相关部门为了提高农家乐和民宿建筑的防火安全水平而制定的指导性文件。该导则的目的是规范农家乐和民宿建筑的设计、施工、使用等环节，确保其在防火方面符合相关法律法规要求，减少火灾发生的风险，并提供适当的应急措施。

导则共有 6 章、48 条，分别对农家乐（民宿）建筑的消防基础设施要求、消防安全技术措施、日常消防安全管理、施工现场消防安全管理、消防安全职责等问题进行了明确。导则还规定，相关要求主要适用于经营用客房数量不超过 14 个标准间（或单间）、最高 4 层且建筑面积不超过 800 平方米的农家乐（民宿）。超过上述规模或新建的农家乐（民宿），应符合《农村防火规范》GB50039、《旅馆建筑设计规范》JGJ62、《建筑设计防火规范》GB50016 的要求。已经投入使用的农家乐（民宿）的消防安全技术措施不符合本导则要求的，应按本导则要求进行改造，完善消防安全技术措施。

（四）《旅游民宿基本要求与等级划分》

《旅游民宿基本要求与等级划分》（GB/T 41648—2022）是 2023 年 2 月 1 日开始实施的一项中国国家标准。该国家标准为旅游民宿的规范发展提供了参考依据，其长期实施将有助于提升旅游民宿行业规范管理水平，推动旅游民宿规划布局更加合理、管理服务更加规范、业态产品更加多元、人文特质更加彰显、安全发展更加持续。

《旅游民宿基本要求与等级划分》国家标准，对旅游民宿的建筑和设施、卫生和服务、环境和配套等方面提出了要求。《旅游民宿基本要求和等级划分》是为了规范和提高旅游民宿的服务质量，以满足旅游者的需求并保障其权益。

需要注意的是，不同地区或组织对于旅游民宿的要求和等级划分可能有不同的标准与评定体系。一些地区还可能存在其他特殊等级划分，如农家乐、度假村、精品民宿等。因此，在选择旅游民宿时应结合当地相关规定进行评估和判断。

四、民宿安全管理规章制度

安全管理规章制度是长期实践经验和无数事故教训的总结，是保证安全的前提和条件，不同的生产经营单位应根据自身的特点，制定具体可操作的安全管理规章制度。民宿作为小型服务场所，虽然员工数量较少，不少是家庭成员共同经营，但在安全管理这项工作上，与其他单位面临着相似的形势，同样需要严格执行安全管理规章制度。

《中华人民共和国安全生产法》明确要求，生产经营单位应建立健全全员安全生产责任制和安全生产规章制度。安全管理规章制度是以安全责任制为核心的，指引和约束人们在安全生产方面的行为准则，其作用是明确各岗位安全职责、规范安全生产行为、建立和维护安全生产秩序，主要包括安全生产责任制、安全操作规程和基本的安全管理制度。

（一）安全生产责任制

安全生产责任制是最基本的安全制度，是按照安全生产方针和对行业负责人、各职能部门及其有关工程技术人员、生产作业人员，在生产经营中应尽的安全责任加以明确规定的一种制度。其实质是“安全生产，人人有责”，是安全制度的核心和基础。

对一般的单位来说，安全生产责任制通常包括四个部分，即各级领导的安全生产职责：职能部门的安全生产职责；安全生产专职机构的职责；员工的安全生产职责。从民宿的角度出发，民宿主人（出资人、经营负责人）是安全生产第一责任人，对民宿安全生产工作全面负责，应严格执行国家和上级的有关安全生产方针、政策、法律、法规、规定和标准，主动接受安全教育、培训、考核，组织开展好本单位的安全工作。各岗位生产人员要自觉遵守安全制度、严格遵守操作规程，在本岗位上做好安全生产工作。民宿与其他单位有出租、承租情形的，应通过书面协议，明确在安全方面的权利、义务关系，以达到明确职责、共同维护安全的目标。

（二）安全操作规程

安全操作规程是生产工人操作设备、处置物料、进行生产作业时所必须遵守的安全规则。安全操作规程对防止生产操作中的不安全行为有重要作用。

安全操作规程应包括以下内容：作业前安全检查的内容、方法和安全要求；安全操作的步骤、要点和安全注意事项；作业过程中巡查设备运行的内容和安全要求；故障排除方法，事故应急处理措施；作业场所、作业位置、个人防护的安全要求；作业结束的现场清理；特殊作业场所作业时的安全防护要求。民宿内部实施设施设备检修、排除故障、明火作业（电焊气焊）等作业时，均应严格按照安全操作规程进行，防止触电、中毒、烫伤、冻伤、火灾、爆炸等事故的发生。

（三）基本的安全管理制度

为保证国家安全生产方针和安全生产法规得到认真贯彻，单位应建立基本的安全管理制度。

基本的安全管理制度主要有：职工安全守则；安全生产教育制度；安全生产检查制度；危险作业审批制度；特种设备和动力管线的管理制度；安全生产值班制度；职业卫生管理、职业病危害因素监测及评价制度；劳动防护用品发放管理制度；危险化学品装卸、储存、运输和废弃处置安全规则；重大危险源安全监控制度；危险化学品事故应急救援预案等。

任务二　民宿安全应急管理

民宿随着旅游业的发展迅速崛起，成为很多游客出行的首选住宿方式。但同时也带来了一定的风险，如地震、洪涝等自然灾害以及火灾等人为灾害。随着民宿行业的快速发展，加强民宿应急管理的科学性和系统性是非常必要和重要的。应急管理工作不仅是民宿经营者的法定职责，同时也是对游客生命财产安全的保障。在应急预案制定、安全设施配备、应急救援能力提升等方面，应该加强标准规范，不断完善，提高行业整体应急处理能力。

一、民宿日常运营管理

微课视频 7-2：民宿安全应急处理方法

（一）安全应急事件处理原则

对于民宿日常运营管理中各类应急事件的处理，民宿管家要坚持以下原则：

①快速反应原则。管家 3 分钟内赶到现场，店长 3 分种内赶到现场。

②统一指挥原则。处理突发事件由店长负责统一指挥。

③服从命令原则。任何民宿工作人员须无条件服从店长的命令，当日值班人员对突发事件的处理过程做详细记录。

④团结协作原则。各部门、员工之间要紧密配合，抛开一切的个人利益，以大局为重；平时要组织应对突发事件的演练，遇到事故才能有条不紊，从容应对。

（二）民宿常见安全应急事件及处理

1. 水管爆裂

如发现建筑体内有漏水现象，必须立即到现场观察及采取以下措施：

①检查漏水的准确位置及所属水质（消防水、自来水、粪水、污水），并在有能力的情况下，尽快控制现场的漏水现象，如关上水闸、控制水流向等；同时立即通知有关部门寻求支援。

②在等候支援时，要注意观察四周环境，观察水浸是否影响到其他设备，如变电房、电梯、电线槽等，并尽快采取措施。

③利用布袋装沙包堆砌，防止水流向电梯或单元室内等，并尽早在安全的情况下将电梯升到顶层，避免水浸电路板。

④利用现有的设备、工具设法清理现场。

⑤如购买有保险，应尽快通知保险公司，并对现场拍照存档，备日后理赔时查看。

⑥通知清洁部清理现场积水，检查受影响范围，并尽快通知受影响的单元住店客人，避免扩大水浸对单元室内的影响（如木地板、家具、电器、音箱等）。

⑦总结教训，组织人员检查管理范围内有可能存在的隐患，及时防范。

⑧日常巡查，特别在台风袭击、连场暴雨、水管验收试压、室内装修、定期水管维护、清洗蓄水池时，要多加注意检查排水管、渠、泵的使用情况，有问题及时处理。

⑨做好事件报告，汇报管理公司，留档备查。

2. 停水、停电、停气

①任何员工如发现或获知在没有事先通知的情况下，店内发生停水、停电、停气等现象，应立即通知设备管理员并通知店长。

②设备管理员立即向相关机房通报情况，安排专业人员携带专用工具到现场查看，检查店内是否存在其他停水、停电、停气现象。

③若发现机房设备出现了严重故障，工程部总监 / 经理应立即向总经理等高层领导报告，指示相关机房启动应急方案，赶往相关机房现场指挥并要求电话总机通知各部门负责人，随时准备接受相关命令。

④若是市政部门出现供水、供电、供气中断，设备管理员应联系相关部门，将具体原因和恢复的时间尽快通知各部门。

⑤经确认停水、停电、停气问题在短时间内无法解决时，店长应安排专人向相关部门求援。

⑥在停水、停电、停气应急处置过程中，民宿管家应安排专业维修人员分别前往事故现场进一步查明原因，留守观察，及时反馈。

⑦应重点关注监控系统、消防系统等运转情况，做好事故现场的警戒工作，控制现场，防止发生混乱；民宿管家应及时做好对客人的安抚工作。

⑧民宿管家应安排人员做好对客人的解释、安抚工作及客人要求和意见的反馈工作，看管好客人的行李，确保店内指挥通信畅通。

⑨停电时，民宿管家应组织人员携带手电筒等应急照明装置赶往现场巡视，为客人进入房间和离店提供照明；停水时，管家应从库房或其他场所调集矿泉水，及时给客人提供必备的生活用水。

⑩供水、供电、供气恢复后，设备管理员应按规定的程序将设备切换回正常状态，同时对大型设备进行检查，确认是否损坏。

3. 煤气泄漏

①在煤气泄漏或煤气起火事件中，首先应立即通知安全部。如果泄漏严重，无论是在什么地方，勿去碰触任何开关，勿去碰触任何电气设备。

②打开排气装置，关闭煤气闸，并切断煤气来源（对煤气总阀的位置和开关方法应了解、掌握）。

③如果煤气起火，用水降温并防止爆炸。所有电源开关及闸应关闭以防止爆炸。

④如果煤气起火发生在厨房，关闭所有闸门，同时用灭火器或防火地毯灭火。

4. 拾获财物

①在管理区域范围内，如广场、走廊、通道、大堂等地方拾获财物时，应立即向店长报告，并交回大堂暂存，等待失主认领。

②将财物情况详细记录在失物登记本上（如形状、牌子、数量、内含物品、物品状况等）。

③当物主领取失物时，应说出失物日期、地点范围、丢失过程，情况基本符合的，在记录本上签收，并登记有效证件号码，若有可疑处，可报警处理。

④如拾获贵重物品时，应交回管理处处理，并考虑报警处理。

⑤民宿管家应定期通告失物招领，失物存放 1 个月以上仍无人认领的，可作无主物品自行处理。

⑥民宿管家应将每月的失物登记和认领的处理情况记录在册，向总经理汇报，留档备查。

5. 客人受伤或生病

①当发现有住店客人或访客在公共管理区域内突然晕倒或意外受伤时，必须立即通知店长及打电话求助。

②将病者或伤者安置在适当的地方休息，并设法通知其家人或朋友。

③妥善保管好伤者或病者的财物，当警务人员到达时交由警务人员处理。

④唯有受过急救训练者，方可急救伤者和病者。

⑤尽量将伤者或病者与围观者隔开。

⑥将详细情况记录在案，汇报相关部门，存档备查。

6. 客人意外伤亡

①任何员工发现民宿区域内有人意外伤亡事件发生，必须立即报告店长，

同时注意保护好现场。

②民宿管家接到员工报告后，应记录时间、地点、报告人身份及大概伤亡性质，如工伤、疾病、意外事故等，并立即到现场，同时通知总经理；如遇死亡事件，应向公安部门报告。

③民宿管家到达现场后，应立即设立警戒线封锁现场，疏散围观人员。如是设备导致的工伤，由设备管理员关掉有关设备。

④如人员未死亡，应立即组织抢救，店长联系就近医院和急救中心。伤员送往医院酒店需派人同往，同时要求客人的亲属 / 同事 / 领队一同前往。

⑤如确定是意外死亡，店长应立即将现场与外界隔离，遮挡尸体并注意观察和记录现场情况，并立即向公安部门报告。

⑥尽快查清客人的姓名、性别、年龄、地址、所属单位、接待单位、死亡日期、事件地点、原因、医生诊断情况和目击者等情况，由公安机关同接待单位或死者工作单位、家属取得联系。

⑦无论人员当时是否死亡，必须坚持将其送往医院进行抢救。

⑧尽快处理善后工作，清点客人财物；店长负责协助公安部门调查、记录事件发生经过及处理情况；设备管理员负责恢复有关设备；民宿管家负责清理现场。

【课中训练】

结合民宿日常运营管理知识，分析那年晚村民宿要如何进行安全管理。

二、民宿消防安全

县（市、区）或乡（镇、街道）应严格落实意识形态责任和安全生产责任，指导乡村旅游民宿落实社会主义核心价值观要求，配备必要的治安防范设施和消防安全设备，建立完善各类安全管理制度和突发事件应急预案并定期演练，杜绝发生重大安全责任事故和社会反响强烈的负面舆情事件。一旦发生消防事故，要谨记以下注意事项：

①发生情况，尽快向主管提交报告。切勿急躁，保持镇定。

②在可能情况下，以灭火设备扑灭火源，但切勿把自己置身于危险之中。

③如火势不能控制，应使用最近的消防楼梯走到一楼空地，并将火场内情况及时报告给消防队。

④逃生时采用低势沿地板爬行；如必须通过火焰时，请将所穿衣服用水浸湿或毛毯等浸湿后裹住身体迅速冲出。

⑤留守岗位及封锁现场，直到有关方面到现场处理为止。

⑥各个出口，对火警警钟、灭火器、灭火喉的位置以及灭火器的使用方法必须要了解和掌握。

⑦必须了解各主要通道及走火路线。

⑧保持走火通道畅通无阻，确保消防设备处于正常状态，留意保养期限。

⑨烟的上升速度远比人上楼梯来得快，故火警时应加速向地面逃出。

⑩为防止在危急中迷失方向及慌乱，管理员一定要事先学会如何在危急中应变。

三、民宿食品安全

民宿食品安全是指在民宿经营过程中，确保提供给客人食品的安全性，防止食品中毒和其他与食品相关的健康问题。由于民宿通常提供的是家庭式的住宿环境，食品制备和供应可能与传统的餐饮服务有所不同，因此，食品安全管理尤为重要。

①任何员工若发现或获知有客人或员工出现食物中毒症状，发现人应首先了解中毒者国籍、人数、症状程度等基本情况，然后向民宿管家报告，并看护中毒者，不要将中毒者单独留下，不挪动任何物品，保护好现场。

②民宿管家接到报告后，要问清时间、地点、中毒人数、中毒程度、症状等情况并记录，简明扼要向总经理报告并通知有关部门负责人到场，同时向急救中心求援。

③立即成立应急处置指挥机构，了解情况，并视情况决定是否向相关的疾控中心、公安机关及上级部门报告。

④根据具体情况决定是否将中毒者送往医院抢救，或等待急救中心专业人员处理。

⑤如有投毒怀疑，民宿管家需请示总经理决定是否向公安机关报告，并视情况决定是否划定警戒区，及对相关的厨房、餐具、食品进行封存。

⑥民宿管家对中毒者的钱物进行清点，经公安部门确认后交予公安部门或由民宿暂存。

⑦做好对其他客人的解释、安抚工作，稳定客人情绪。必要时，通知中毒者同行人员或家属到场。

【课中训练】

结合民宿食品安全的知识，请为那年晚村民宿制定相应的食品安全应急处理流程图。

四、民宿治安安全

民宿治安安全对于保护客人权益、维护民宿声誉、遵守法律法规、预防意外事故、提供优质服务、保障员工安全以及应对突发事件等方面都具有重要意义。通过采取有效的治安安全措施，民宿能够为客人提供一个安全、舒适的住宿环境，促进其可持续发展。以下是一些关键的治安安全措施，民宿经营者应当遵守。

（一）客人财物丢失

①民宿管家接到报案后，应携带好访问笔录纸、照相机、手电、手套等所需用具。

②认真听取失主对丢失财物过程各个细节的说明，详细询问丢失物品的特征。

③通知相关部门，并留下与案件有关的人员。

④客人明确要求向公安机关报案或丢失财物价值较大时，民宿管家应立即报告公安机关，同时保护好现场，在公安人员到达前现场不许任何人进出，不许移动、拿走或放入任何物品。案件发生在公共场所要划出保护区域进行控制。

⑤失主不要求报告公安机关或公安机关未到现场时，民宿管家应随同失主迅速赶到现场：到达现场后，首先查看现场是否遭到破坏，如现场完好，立即进行拍照；认真听取失主对现场情况的陈述，查看失主物品被翻动的情况，注意发现有无犯罪分子遗留或抛弃的物品，以及可能留下指纹的纸张、杯子、皮夹等；如有，要戴好手套或用干净的软纸小心提取，然后放入干净的塑料袋或纸盒内以备技术鉴定用；如需提取客人物品做鉴定，必须征得客人同意。

⑥做好访问笔录，详细记录以下情况：失主的姓名、年龄、性别、国籍、职务、来店离店日期和具体时间、去向等；丢失物品的准确时间、最后见到所失物品的时间；丢失物品的准确地点、位置；丢失物品的名称、种类、型号、数量、特征、新旧程度、特殊标记、有无上保险等；丢失前是否有人来

过；失主有无怀疑对象、证据等；失主有何要求，例如开据丢失证明或要求酒店赔偿。

⑦对现场进行仔细检查，对衣柜里外、酒柜、电视柜里外、沙发、窗帘、浴室、浴室顶棚、冰箱等处都要查到；委婉地征得客人同意后对其包进行查找；楼道里的服务车和有关部位也要检查。

⑧进行调查和处理，调查、处理时，要摆事实、讲道理、重证据。

⑨拿出处理意见。

（二）醉酒客人处理

①在民宿区域内严禁留下醉酒客人独处或不管不问，避免因醉酒而引发的其他人身伤害或财产损失。

②民宿管家及工作人员应及时提供醒酒物品（药物、冷毛巾、浓茶或咖啡），备好盛接呕吐物的容器，避免呕吐物污染地面或家具、织物。

③民宿管家及时、迅速联系醉酒者亲友，争取尽快由醉酒者亲友接手对其进行看护。

④不要忽视了受醉酒者影响的其他客人，应及时表达歉意并做出合理调整减少这些客人受到的影响。

（三）打架斗殴

（1）民宿工作人员在巡逻中发现管理区域内 / 外有打架斗殴的行为或接到打架斗殴的报案时：

①应立即上前制止或迅速赶赴现场进行制止，防止该行为扩大而造成不必要的损伤。同时，报告店长现场情况（具体位置、已伤的人数、参与打架斗殴造成伤亡的人数及请求支援的范围）等。

②将现场围观的人员隔离或劝离现场，维护现场的道路交通秩序，保护好现场。

③将参与打架斗殴伤亡的人员，视其伤势的轻重送医院抢救。

（2）民宿管家接到报告后，立即通过电话指挥、调遣工作人员对现场进行保护，并迅速赶赴现场指挥：

①要求工作人员对现场进行保护。

②调遣车辆将受伤有生命危险的人员送医院抢救。

③对事态轻微的事件进行调解；经理收集有关资料及信息后应做好工作安排，处理善后的工作；事态严重造成人员伤亡时，应立即与公安机关协调有关的处理工作。

五、民宿常见自然灾害防治

民宿在选址、设计及经营过程中，应考虑自然灾害的风险，并采取相应的防治措施，以保障客人和员工的安全。同时，民宿应制订应急预案，以应对自然灾害的发生。

①如发生地震（汛情、极端气候灾害）应保持镇定，避免引起客人恐慌。

②检查通信系统，保持电话线路畅通。

③配合相关政府职能部门并做好相关后勤保障工作。

④民宿管家保护好相关票据和现金的安全。

⑤设备管理人员保持消防通道的畅通，对相关危险区域进行隔离。

⑥民宿相关工作人员检查相关设施设备并协助做好营救被困人员工作。

⑦若获知汛情或极端气候情况发生，应立即安排人员赶赴现场核查情况。

⑧调集人员进行堵漏、排水工作，对重点要害岗位、库房等区域增加人力及防汛器材和工具，防止次生灾害事件发生。

⑨设备管理人员视情决定是否应切断受灾区域的电源，要及时组织人员携带工具到达现场抢险。

⑩民宿管家根据指令对发生灾害区域的岗位增派人员执勤，劝阻无关人员进入受影响区域，安排人员在楼层进行巡逻，维护公共区域秩序并及时检查民宿外墙的玻璃窗是否关闭，将外围用电和电源关闭，以免造成短路火灾。

任务三　民宿网络安全管理

网络安全管理是指保护网络系统的硬件、软件及其所处理的信息免受破坏、泄露、窃取等的措施。网络安全管理的目标是确保网络系统的正常运行，防止对网络系统的非法入侵和非法操作，确保网络中的信息和数据不受损失、泄露或被恶意篡改。

一、民宿网络安全管理的意义及重要性

民宿网络安全管理对于保障客户信息安全、维护民宿声誉、遵守法规要求、确保业务连续性、预防潜在风险以及促进民宿发展具有非常重要的作用。因此，民宿业主应高度重视网络安全管理，采取相应措施确保网络环境安全可靠。民宿网络安全管理重

微视频 7-3：
精品民宿鉴赏 7

要性具体体现在以下方面。

①保护客户隐私。民宿往往需要收集客户的个人信息，如姓名、电话、住址等。确保网络安全可以防止这些敏感信息被黑客窃取或恶意篡改，从而保护客户的隐私权。

②维护民宿声誉。如果民宿的网络安全出现问题，可能导致客户信息泄露或服务中断，从而损害民宿的声誉。保持网络安全有助于维护民宿的良好声誉，为业务发展提供保障。

③遵守法规要求。许多国家和地区对网络安全有明确的法规要求。民宿需要确保网络安全的措施到位，以遵守这些法规要求，避免面临法律风险。

④确保业务连续性。网络安全出现问题可能导致民宿网络中断，影响客户预订、支付、入住等业务环节。保持网络安全有助于确保民宿业务的连续性，为客户带来更好的体验。

⑤预防潜在风险。网络攻击和黑客入侵可能导致民宿系统崩溃、数据丢失等问题。通过加强网络安全管理，民宿可以预防这些潜在风险，确保业务的稳定运行。

⑥促进民宿发展。随着互联网的普及和信息技术的不断发展，民宿网络安全对于提高服务质量、吸引更多客户以及实现可持续发展具有重要意义。

可见，网络安全管理对于民宿的正常运营、客户信任、品牌形象以及遵守法律法规具有重要意义。

二、民宿网络安全管理措施

民宿网络安全管理措施是指确保民宿网络环境中的信息和数据安全的一系列方案。以下是一些民宿网络安全管理措施的建议。

（一）安装防火墙

民宿作为一种新兴的住宿方式，越来越受到人们的欢迎。为了保障民宿的网络安全，安装防火墙是一种非常有效的方法。以下是民宿安装防火墙的一些建议。

①选择合适的防火墙设备。民宿可以选择适合自己网络环境的防火墙设备，如硬件防火墙、软件防火墙等。选择防火墙设备时应考虑设备的性能、安全功能、易用性等因素。

②配置防火墙规则。防火墙设备需要配置规则，允许或拒绝特定的网络流量。民宿应根据自己的网络需求，配置合适的防火墙规则，防止恶意流量入侵。

③监控防火墙日志。防火墙可以记录网络流量日志，民宿应定期查看防火墙日志，了解网络使用情况，及时发现并处理安全事件。

④及时更新防火墙规则。随着网络环境的变化，防火墙规则也需要不断更新。民宿应定期更新防火墙规则，以保障网络的安全性。

⑤保障防火墙设备的物理安全。民宿应保障防火墙设备的物理安全，防止设备被盗或被恶意篡改。

总之，民宿安装防火墙是保障网络安全的有效措施。民宿应选择合适的防火墙设备、配置规则、监控日志，并及时更新规则，保障网络的安全性。

（二）采用强密码

民宿采用强密码是保障网络安全的重要措施之一。强密码是指密码长度较长，包含大小写字母、数字和特殊字符的密码。以下是民宿采用强密码的一些建议。

①使用强密码。民宿应使用强密码，密码长度至少为 8 个字符，包含大小写字母、数字和特殊字符。例如，可以使用“P@ssw0rd!”样的密码。

②避免使用弱密码。民宿不应使用容易被猜到的密码，如生日、电话号码等。同时，避免使用重复的密码，不同的账户应使用不同的密码。

③定期更换密码。民宿应定期更换密码，至少每 3 个月更换一次。更换密码时，应保证新密码依然是一个强密码。

④使用密码管理工具。民宿可以使用密码管理工具如 LastPass、1Password 等来管理密码。密码管理工具可以生成强密码，并自动填充密码，方便又安全。

⑤保障密码安全。民宿应保障密码安全，不将密码泄露给他人。同时，避免在公共场合输入密码，防止他人偷窥。

民宿采用强密码是保障网络安全的重要措施。民宿应使用强密码，避免使用弱密码，定期更换密码，并使用密码管理工具，保障密码的安全性。

（三）数据加密

对于民宿网络中的敏感数据，使用数据加密技术来保护信息的安全。这可以防止未经授权的访问和数据泄露。民宿数据加密是保护数据安全的重要措施。民宿应选择合适的加密算法，加密关键数据，管理好密钥，并定期备份数据，保障数据的安全性和可靠性。民宿数据加密可以有效保护民宿的客户数据、财务数据等敏感信息，防止数据泄露、篡改和丢失。以下是民宿数据加密的一些建议。

①密钥管理。民宿应建立完善的密钥管理制度，密钥应保密、唯一且定期更新。同时，应备份密钥，防止密钥丢失或损坏。

②数据备份。民宿应定期备份数据，并将备份数据存放在安全的地方。同时，应测试备份数据的可恢复性，确保数据不会丢失。

③安全传输。民宿应使用安全的数据传输方式，如 HTTPS 等，保证数据在传输过程中的安全性和可靠性。

（四）网络隔离

在民宿网络中，将公共区域（如客厅、厨房等）与客房内的私人空间进行网络隔离。这样可以确保客人的隐私得到保护，同时避免公共区域的数据泄露。

民宿可以配置防火墙，设置安全策略，将内部网络和外部网络隔离，防止未授权访问和恶意攻击。同时，民宿应确保网络设备的安全性，如路由器、交换机等，采用安全配置，防止未授权访问和恶意攻击。

（五）安全软件和更新

民宿安全软件和更新是保障网络安全的重要措施之一。安全软件可以防止恶意软件、病毒和网络攻击等安全风险，而及时更新可以修复安全漏洞，提高系统的安全性和可靠性。以下是民宿安全软件和更新的一些建议。

①安装杀毒软件。民宿应安装杀毒软件，防止恶意软件、病毒和网络攻击等安全风险。同时，应定期更新病毒库，保障杀毒软件的有效性。

②安装防火墙。民宿应安装防火墙，设置安全策略，防止未授权访问和恶意攻击。同时，应定期更新防火墙规则，保障防火墙的有效性。

③安装安全补丁。民宿应安装操作系统和软件的安全补丁，修复安全漏洞，防止未授权访问和恶意攻击。同时，应定期更新安全补丁，保障系统的安全性和可靠性。

④使用安全浏览器。民宿应使用安全浏览器，如谷歌 Chrome 等，防止恶意软件、病毒和网络攻击等安全风险。同时，应定期更新浏览器，保障浏览器的有效性。

⑤使用安全软件。民宿应使用安全软件，如 360 安全卫士、腾讯电脑管家等，保障系统的安全性和可靠性。同时，应定期更新安全软件，保障安全软件的有效性。

（六）网络安全培训

为员工提供网络安全培训，提高他们的安全意识和行为，降低由于人为因素导致的安全漏洞。了解并遵守当地和国家的网络安全法律法规，确保民宿网络安全管理符合相关要求。

民宿应制定网络安全政策，明确网络安全的责任人和职责，制定相应的规章制度，确保网络安全；民宿应定期开展网络安全培训，教育员工如何识别网络威胁，提高员工的安全意识，防止网络攻击和数据泄露等安全事故的发生；民宿员工应学习网络安全知识，了解常见的网络攻击手段和防护措施，提高保障网络安全的意识和能力；民宿应定期进行网络安全检查，检查网络设备的安全配置，检测网络漏洞和风险，及时修复安全问题，确保网络的安全性；民宿应建立网络安全应急预案，制定应急响应流程，明确应急响应的责任人和职责，确保在发生网络安全事件时能够及时、有效地应对。

总之，在当前信息化和数字化日益普及的情况下，网络安全的重要性日益凸显。政府、企业和个人都需要加强网络安全意识，采取有效的措施保护网络系统和数据的安全。通过实施以上措施，民宿可以有效降低网络安全风险，保护客人和员工的数据和隐私。

【能力训练】

1. 讨论思考：以小组为单位，收集近年来国内外发生灾害、事故的案例，分析有哪些类型，事故的教训在哪些方面，组织讨论后提出针对性的对策措施。

2. 技能操作：请在以下民宿类型中任选一类，做一份民宿的突发事件应急预案：海边渔家乐民宿、草原帐篷民宿、山区民宿、茶园民宿、湖景民宿、都市民宿。

3. 案例分析：请认真阅读下面的案例，讨论这个案例中民宿的服务亮点有哪些。

林女士在晚间入住了一家民宿。进入客房后准备先冲凉洗澡，不料刚进洗手间，手一拉浴室玻璃门，整个玻璃门就碎掉了，划伤了林女士的大腿、手臂，导致出血。万幸林女士穿了拖鞋，脚底没有踩到玻璃碎片。惊魂未定的林女士赶紧退出浴室，打电话给前台说明情况。前台值班的小王接到电话后马上通知了值班经理，并紧急联系车辆第一时间将林女士送到医院包扎伤口。事后民宿的负责人来到医院慰问林女士，并表示会赔偿林女士所有治疗费用及其后期去疤费用。诚恳的态度换来了林女士的谅解，她决定不再更多追究民宿责任了。

【综合实训 7】一宅一户——共同富裕

任务描述：民宿是乡村文旅的新型载体，是满足民众美好生活需求的新兴业态。在高质量建设共同富裕示范区的大背景下，发展乡村民宿产业成为实现乡村振兴、缩小城乡差距的重要路径。请结合案例材料，为商玉客栈的营销制定一份策划书。

“民宿＋”共同富裕 “住”入新动力——商玉客栈

风景区游人如织，节庆盛事气氛热烈，游客住在乡村民宿惬意舒适……“五一”假期，丰富多彩的活动引燃了海盐县澉浦镇（南北湖风景区）旅游市场，假日消费持续升温，各家民宿也迎来入住高峰。近年来，澉浦镇（南北湖风景区）借助资源优势、交通区位优势和产业发展优势，盘活闲置住宅，改造成集优美自然环境、深厚文化底蕴、完善的服务设施于一体的特色民宿，大力发展“民宿+”经济，越来越多的人吃上了“旅游饭”。

2013 年以来，商玉客栈以“紫金坐望”为主题，先后实施了一期、二期、三期项目，集中改造了 10 幢农户空余房屋。其中，全新系列民宿“杏会”和“朴宿”是这座古色古香的庭院民宿群品质生活的“升级”，它们位处村落中央，屋舍果树环绕，稻田小径相依，内部风格中西兼并，功能配套完善，房间用品舒适，是充分考虑现代人审美感受和生活习惯的现代中式乡村别墅。

商玉客栈除了综合配套设施完善、功能齐全外，近年来建设的非遗民俗馆，推出的乡村民俗文化体验活动，都深受游客喜爱。“我们根据团队需要定制服务内容，团队想要体验非遗民俗文化的，我们可以提前安排非遗传承人教学；亲子游团队想要采摘的，我们周围有吾味农场、仙桃缘农场等。”商玉客栈负责人胡明峰说。在丰富旅游内容的同时，也带动村里人一起吃上“旅游饭”，不断推陈出新，让民宿焕发新活力。同时，发挥“共富工坊”的作用，丰富旅游内容，串起本地产业，让“民宿＋旅游”成为乡村经济发展的新引擎。

“周边业态的不断丰富，为我的民宿引来了人流。同时，民宿也为他们带去了客流量。可以说，我们一同搭上了‘旅游经济’的快车。”商玉客栈员工冯呈艺说。

近年来，民宿作为一种乡村新业态，已成为乡村振兴的新赛道、新引擎。澉浦镇（南北湖风景区）“小民宿”巧借东风，用“特色装修、地道餐饮、本地文化”谱写着一篇拉动消费、实现共富的“大文章”。

实训成果评价指标

技能评价表

评分项目	评分标准	分值	得分
主题内容	活动主题的合理性和突出性	30	
活动新颖性	策划活动形式创新性和吸引力	15	
活动流程	策划活动时间、外部条件、人员安排合理性、考虑到活动经费和应急方案	15	
活动可行性	活动开展可行性	20	
小组评比展示解说	演讲专业程度、语言技巧和非语言技巧，团队合作配合程度和时间分配的合理性	10	
策划案细节	策划案排版工整性、文字编排工整清楚、格式符合要求，文字流畅、条理清楚、逻辑性较强	10	

素质评价表

素质评价表使用说明：按优秀为 25 分、良好为 20 分、一般为 15 分、合格为 10 分、不合格为 5 分五个等级评价。分为学生自评与小组成员互评。

素质评价指标		得分
自评	团队合作精神和协作能力：能与小组成员合作完成项目	
	交流沟通能力：能良好表达自己的观点，善于倾听他人的观点	
	信息素养和学习能力：善于搜集并借鉴有用资讯和好的思路想法	
	独立思考和创新能力：能提出新的想法、建议和策略	
组员 1	团队合作精神和协作能力：能与小组成员合作完成项目	
	交流沟通能力：能良好表达自己的观点，善于倾听他人的观点	
	信息素养和学习能力：善于搜集并借鉴有用资讯和好的思路想法	
	独立思考和创新能力：能提出新的想法、建议和策略	

续表

素质评价指标		得分
组员 2	团队合作精神和协作能力：能与小组成员合作完成项目	
	交流沟通能力：能良好表达自己的观点，善于倾听他人的观点	
	信息素养和学习能力：善于搜集并借鉴有用资讯和好的思路想法	
	独立思考和创新能力：能提出新的想法、建议和策略	
组员 3	团队合作精神和协作能力：能与小组成员合作完成项目	
	交流沟通能力：能良好表达自己的观点，善于倾听他人的观点	
	信息素养和学习能力：善于搜集并借鉴有用资讯和好的思路想法	
	独立思考和创新能力：能提出新的想法、建议和策略	
组员 4	团队合作精神和协作能力：能与小组成员合作完成项目	
	交流沟通能力：能良好表达自己的观点，善于倾听他人的观点	
	信息素养和学习能力：善于搜集并借鉴有用资讯和好的思路想法	
	独立思考和创新能力：能提出新的想法、建议和策略	

参考文献

1. 江美亮 . 酒店餐饮民宿经营与管理指南系列——民宿客栈怎样做——策划 · 运营 · 推广 · 管理［M］. 北京：化学工业出版社，2020.

2. 徐灵枝，吴静，李超 . 旅游民宿运营实操手册［M］. 广州：广东旅游出版社，2022.

3. 李雨轩，杨晓星 . 民宿管理与运营［M］. 北京：机械工业出版社，2023.

4. Airbnb 爱彼迎中国专家委员会 . 现代乡村民宿经营与管理实务［M］. 北京：中国旅游出版社，2020.

5. 杨彦锋 . 民宿管理与运营［M］. 北京：中国旅游出版社，2021.

6. 张琰，侯新冬 . 民宿服务管理［M］. 上海：上海交通大学出版社，2019.

7. 黄伟祥 . 微型旅宿经营学［M］. 广州：广东经济出版社，2019.

8. 中国旅游协会民宿客栈与精品酒店分会 .2021 全国民宿产业发展研究报告［M］. 北京：中国旅游出版社，2022.

9. 何艳琳 . 乡村振兴背景下北京乡村民宿发展研究［M］. 北京：中国财富出版社，2023.

10. 邓俊枫 . 酒店数字化营销［M］. 北京：清华大学出版社，2023.

11. 董珍慧 . 高等职业院校新兴专业 · 民宿管理与运营系列——民宿开发与运营管理［M］. 北京：中国旅游出版社，2022.

12. 安蓉泉 . 文化民宿（“钱塘江故事”丛书）［M］. 杭州：浙江工商大学出版社，2019.

13. 叶秀霜，章艺 . 民宿服务与管理［M］. 北京：高等教育出版社，2021.

14. 刘荣 . 民宿养成指南［M］. 南京：江苏科学技术出版社，2018.

15. 范亚昆 . 地道风物 · 民宿时代［M］. 北京：中信出版社，2017.